U0019567

美國夢
的
破碎與重建

從總統大選看新冷戰與國家學習能力

朱雲鵬、吳崇涵、歐宜佩　著

謹以本書紀念恩師
施建生　Mancur L. Olson Jr.

並獻給
John H. Y. Adams
吳建成　葉麗芬
Zoe　　Yvonne

目錄

瞭解美國內政　台灣更能自保

蘇起（台北論壇董事長，前國安會秘書長、陸委會主委）

　　全球若以親美程度排名，台灣肯定名列前茅。其中有歷史的感情因素，也有安全與經濟的現實考量。奇怪的是，雖然親美，但國人對美國的理解似乎普遍不深，多半透過好萊塢或旅遊訪問形成各自的印象。美國實際的歷史、地理、政治、經濟、社會、種族、宗教、文學等等，不但一般人一知半解，連長期從事研究的學者也不多見，著作當然不夠多。在台灣，美國好像無所不在，卻又總在虛無縹緲間。

　　這個盲點可以存在更久也無大礙。但川普四年既改變了二戰以後的世界秩序，又把美國國內的疑難雜症一個個掀到檯面上。就在此時川普為了反中，蔡政府領導的台灣為了抗中，走得更加親密。台灣更依賴美國作為靠山，也同時把自己命運更緊密地跟美國內政綁在一起。

　　所謂「外交是內政的延長」，美國內政如有變化，對外

政策自然也會變化，台灣過去可以忽視美國內政，將來卻逃不掉美國內政變化的衝擊。更重要的是，大國可犯錯，常犯錯，政策可迴旋，常迴旋，但小國不然。台灣如果只知一廂情願，殷殷相望，對美國毫無研究及預防，海嘯一來就容易滅頂。

所以台灣千萬不能只聽信少數幾個友台人士的場面話就信以為真，而必須開始認真研究美國這個國家的內政，瞭解美國內政如何驅動它的對外政策，它內部深層源頭何在，未來可能走向為何等等。這是為了研究，更是為了台灣的自保！

雲鵬兄等三位的鉅著正好填補台灣出版界的一大空白。這不是一本純經濟的專書，它兼及政治與社會。如所周知，學界早已慣用「政治經濟學」來統稱，因為許多經濟問題必須從政治裡面去找答案，而政治人如不懂經濟，一定被罵「笨蛋」。本書以相當大的篇幅討論美國當前的社會、經濟與思想背景，對平時不易接觸這些資料的國人來說，是一大滋補。川普是美國百年一遇的政治狂人，他的崛起當然不是橫空出世，而是有一定的土壤。本書談美國夢的破碎、保守民粹主義的興起、社會經濟結構的轉變以及過去階段性演變的軌跡，可說把美國當前內政做了一個總釐清。看了本書，今後追蹤美國外交或它的台海政策，一定會比以前更有穿透力。

我很喜歡雲鵬兄提的「學習能力」。這是分析當前美國情勢很重要的自我提醒。美國目前情勢確實混亂，但過去也

亂過好幾次，後來都能成功再生。關鍵就在美國人的學習能力很強，所以國家的韌性特別大。這情況與政經制度似乎關係不大。中國大陸七十年也經歷過風風雨雨，跌倒又爬起來。所以只要國民有學習向上的意願與能力，領導人知道如何團結動員民眾，困頓應只是暫時的。

本書付梓時，逐鹿白宮的兩個七旬老人還在賽跑。沒人能預料誰最能帶領美國重生。或許兩個人都行，也或許都不行。我們必須持續關注。這不是杞人憂天，實在是台灣命運已經更大程度交到美國手裡。我們對美國的未來，不能像以前那樣漠不關心，更不能太一廂情願。我們必須開始認真且冷靜地研究美國這個國家，不帶偏見，不存幻想。而《美國夢的破碎與重建》絕對是讀者書架上必備的常用書。爰敬為之序。

瞭解當今世局的絕好參考書

林建甫（中信金控首席經濟學家、台大經濟系
名譽教授，前台灣經濟研究院院長）

要瞭解美國近年政治經濟的發展，這是一本很好的參考書。

這本書的標題要談美國夢、大選、新冷戰，進一步還談美國夢的破碎與重建，以及國家學習能力。看起來好像很硬的課題，讀起來卻一點都不生澀，因為書中有大量接地氣的有趣案例，讓讀者印象深刻，達到極好的學習效果。其實這正是本書第一位作者朱雲鵬，我台大經濟系的學長，他的上課特色。

雲鵬是早我幾屆的大學部學長。大學時無緣認識，但我從 1992 年回國後就陸續跟他密切接觸。他一直是我非常佩服的先行者。我在 2000 年開始擔任系主任，首要工作就是幫系上找最好的老師，確保系上每一門叫座課程的師資。他主聘在中研院社科所，在系上擔任大學部重要課程「經濟發

展」的授課老師。他當時已經非常忙碌，擔任過公平交易委員會委員。他對於經濟理論與實務都有深厚的瞭解，上課幽默風趣，同學對他的教學非常欣賞，因為朱老師上課，除了生硬的理論能夠深入淺出的介紹，有很多有趣的例子穿插其間，讓同學收獲滿滿。

社會科學沒有絕對的對，也沒有絕對的錯，但要懂得自圓其說。而且社會科學涵蓋的面相非常的廣，所有政治、經濟、法律及社會問題，都涵蓋其中。雖有學科的分野，但所有問題盤根錯節，如何分析？需要抽象，才能抽絲剝繭；需要智慧，才能看見因果；需要經驗，才能做出好的決策。所以社會科學裡面沒有君王之路，意思是學習社會科學沒有天才，不可能有速成。這也讓我們社會科學的教授能夠在上了年紀之後，仍有用武之地，甚至就像老酒越陳越香。雲鵬偕同兩位新秀，分析美國現在的大問題，在這庚子年疫情方興未艾、美國大選正夯之際，有這一本鉅作的問世，就可以有一個很好的依據來瞭解及分析世局。

本書涵蓋美國近代的所有重要經社問題。第一章〈勞動階級美國夢的破碎讓川普當選〉，從川普如何當選開始講起。但前提什麼是美國夢？美國夢是如何形成的？美國夢為何會破滅？因此就引出了歐巴馬時代的民粹主義。而背後的遠因，就是更久遠的美國經濟社會組織及逐漸演變的人口結構。這個議題貫穿本書，各章中都有詳細的討論。

本書各章都是重點，其中最值得台灣讀者注意的地方，

是第四章的大選結果對全球政經局勢與兩岸關係的影響。從本章，我們可以瞭解兩大國的思維。台灣雖小，也需學習如何在夾縫中求生存；要如古代孟子講的：「以小事大以智」，有智慧的面對大國。奉勸台灣的民粹人士，切莫不瞭解世界和台灣的問題，就大放厥詞，而該來好好地讀這一本書。

　　本書第八章及第九章談國家的學習能力與創新，是當今最重要的國家治理觀念。文中提出「國家學習能力」的檢驗，並從國家政治和經濟演變解釋國家學習能力的消長。具體而微，國家縮小到組織或個人，也都可以從「學習能力」的角度出發，重新檢視自己競爭力。這對我們個人及美國和中國都有很好的啟發。個人要努力，才能突破。中美兩大國則更應該提升自我能力，擺脫「修昔底德陷阱」，避免雙方可能的互相毀滅。

　　最後，冠狀病毒疫情終會過去，但帶給人類社會的衝擊並不會終止，國際社會的詭譎多變也不會停止，台灣何去何從？治國一定要注重教育，培養有競爭力的國民，讓國家有學習能力，有創新的實力，才能夠面對接踵而來的挑戰。這個的出發點，應該就是打開本書，仔細研讀其中的微言大義。

從美國總統大選
得到寶貴啟示

歐巴馬在 2008 年贏得美國總統大選，成為美國歷史上第一位黑人總統。

當時聽到消息，只能用八個字形容自己的反應：「不敢相信、尊敬佩服」。

在美國留學的日子離現在有些久遠，但仍清楚記得，為撰寫論文而住在明尼蘇達州聖保羅市的時候，有一位同樣來自台灣的學生，一位女士，準備和白人同學踏上紅毯。他們很高興地籌備婚禮、選場地、選婚紗、發請帖。結果，有一天，他們收到了一封匿名來信，上面詛咒他們的婚禮，說這種不同種族間的通婚，必遭天譴。

顯然在收到請帖或以其他方式得知這件婚禮的社交小圈裡，有人發出了不滿的聲音。明尼蘇達州在美國中西部已經算比較開明、進步，居然還有人會發這樣的信，那其他比較

保守的州，更可想而知。當時心想，美國的種族問題，如此深植在社會的各個角落，以後要如何解決，將是一大難題。

萬萬沒有想到，到了 2008 年，美國人民居然已經可以選出一位黑人總統，而且他就是黑白通婚的後裔。這確實證明美國是一個偉大的國家。

但當時更沒有想到的是，幾乎從歐巴馬擔任總統的第一天開始，就有美國人開始反撲。他推動健保改革，讓更多的美國人有機會享有健保，但立刻遭到保守派巨大反彈。「茶黨」的代表人物，阿拉斯加州州長裴琳居然說，這等於讓生病的美國人面臨國家「死亡小組」的審判──生死不是由醫生決定，而是由政府官員定奪。美國保守派的反撲，讓眾多茶黨支持的候選人在 2010 年期中選舉進入國會，造就共和黨的大勝。

緊接著而來的，是保守派發動其他一波接一波的攻勢和示威，包含對歐巴馬出生地的質疑；出來示威的人中，還有人把歐巴馬描述為魔鬼和希特勒。這樣的鬥爭，持續了八年，一直到他任期終了。

美國自由派和保守派的意識形態南轅北轍，而多數自由派支持民主黨，多數保守派支持共和黨，從而也造就了政黨的對立。

在經濟上，勞方和資方的對立，農人和鐵路資本家的對立，從內戰之後、美國經濟快速發展的時期就已經開始。美國出現了兩位羅斯福總統，第一位站出來抑制獨占企業，第

二位站出來倡導新政，讓美國在大蕭條的深淵中看到曙光，也帶領美國走向二次大戰的勝利。兩位都對勞資關係的調節做出貢獻，在一定程度上維持了資本主義的社會基礎。

新政和戰後經濟政策的成功，造就了美國歷史上少有的黃金時代，但也埋下保守派反撲的種子。這些種子，到了1980 年雷根當選總統而茁壯；進入這個世紀，經過茶黨的重新演化，四年前又把川普送進白宮。他上任之後，美國的分裂沒有消失的跡象，依舊嚴重。

四年之後的現在，共和黨的川普將與民主黨的拜登對決，煙硝四起，戰況激烈。誰能勝出？這個問題的答案將牽動全球局勢與兩岸關係。

在對外政策上，兩黨有其共同之處，「都是以美國利益為優先」。但這樣說，只是看到表面。美國的國內問題，由不同的人領導、不同的黨領導，會有不同的結局，而這些結局會讓不同的政治人物對何謂美國利益有不同的定義，也就牽動美國的對外政策，進而影響到世界。如果說全世界像個游泳池，美國就是這個池裡體型最大的巨獸；不論因任何內部或外部原因，美國在池裡轉個身，整個池水就會晃動，導致其他國家也跟著晃動。

台灣也在這個池裡，而且很容易被浪打到。我們必須瞭解美國的內部結構，對於保守派和自由派此消彼長的歷史軌跡，有深入的認識，才能掌握世界未來的可能動態，進而追求生存與發展之道。

而且，從美國的演變，我們也可以得到啟示。本書將提出「國家學習能力」的觀念，並從美國的政治和經濟演變，解釋國家學習能力的消長。所有國家、組織或個人，都可以從「學習能力」的角度出發，重新檢視自己的競爭力。美國就像一面鏡子，大家可以從這面鏡子中，學到寶貴的教訓。

朱雲鵬

第一章

勞動階級美國夢的破碎
讓川普當選

一、什麼是美國夢？

什麼是「美國夢」？

對於不同的人，可能有不同的答案。一個多數美國人應當可以接受的答案是：

「只要辛勤工作，就可以過一個有尊嚴的生活。」

除了這種經濟上的解釋，可以有其他的解釋，和這個答案不排斥。但至少在國民生計的層面，這個答案的內涵不但多數美國人可以接受，而且可以充分理解——因為大多數家庭經歷過這樣一個夢的實現。

美國有一位著名的紀錄片導演麥可·摩爾[1]，曾經拍過一部片子，叫做《資本主義：一個愛的故事》。[2] 這部影片的前半段生動地描述了他自己出身的故事：

- 爸爸在汽車廠當工人；
- 爸爸的薪水足以養活全家，媽媽要工作也可以，但不必為家用而工作；
- 有能力買一棟自己的（別墅型）房子，最後付清貸款；
- 有能力每隔幾年換一部國產新車；
- 有能力每年帶小孩到紐約或國內其他地方旅遊；
- 小孩如進入大學，有能力付小孩的學費，讓他們完成大學教育。

這六件事加起來，有一個最好的形容詞，就是「中產階級」。[3] 在二次戰後的四分之一世紀，美國工業領先全球，經濟快速成長，而且中下階層家庭所得的成長高於頂層家庭，所得分配趨於平均；那是一個「均富」的黃金時代。

在那個時代，成千上萬個藍領工人家庭，在工會的帶動下，逐年加薪，生活改善，漸漸成為中產階級的一員；這些中產階級的消費，又帶動了國內需求，提供了經濟繼續成長的動力，形成一個良性循環。

難怪摩爾導演在該片中說，

「如果這就是資本主義，我們都愛上它了！」

不僅如此，在那個時代，人們可以親眼看到國家的進步，感受到生活品質的提升：

- 美國完成了世界上頂尖的州際高速公路網。
- 美國在各地建立公立學校，讓教育更普及，包含公立大學。

- 美國在 1953 年出現彩色電視節目，而後慢慢普及，取代黑白電視。
- 美國人在 1959 年發明積體電路。
- 美國紐約在 1964-1965 年舉行世界博覽會。
- 美國建立聯邦醫療保險制度，服務 65 歲以上老人、身障、低收入者。[4]
- 美國第一次載人太空船於 1961 年成功回航；1969 年派人登陸月球。
- 美國在 1965 年出現第一台家用微波爐，其後逐漸普及。[5]
- 美國人的預期壽命從 1960 年的 69.8 歲增加到 1979 年的 73.8 歲。[6]

圖像 1.1　1980 年生產的美國奇異牌微波爐：2020 年還可以用

圖片來源：朱雲鵬。

所以，美國的中產階級不止本身收入改善、壽命延長，他們家裡面所使用的設備在進步，開的車也在進步，更重要的，他們看到整個國家的進步、在世界上享有崇高地位。[7]

這，就是美國夢的完整實現。

二、美國夢的破碎

不幸的是，這個美國夢從戰後開始，撐到 1970 年代，開始出現破口。

兩次石油危機，帶來了失業和通貨膨脹，工會不同意削減薪資，反而要求照物價指數加薪，雪上加霜，美國的經濟成長開始走下坡。

1. 雷根的預算赤字和貨幣緊縮造就了「鐵鏽地帶」的出現

1980 年雷根當選總統，拿著一面「供給面經濟學」的旗子，說「減稅可以刺激經濟，稅收反而會增加，使得預算平衡」。實際上，他大減富人的所得稅和營利事業的所得稅，又大幅增加軍事預算，最後的結果是政府赤字暴增。為了提供赤字的財源，政府大幅發行公債，但同時又聽從貨幣學派的建言，以緊縮貨幣來控制物價，導致利率最高曾飆到 20%。

這麼高的利率，使得企業成本暴增，倒閉頻傳；高利率

也導致房貸負擔劇增，許多人付不出房貸而倒帳，房屋遭銀行拍賣。雙雙夾擊，美國在 1982 年陷入經濟衰退，失業率曾接近 11%；尤其是紐約州西部以帶狀向西延伸，到大湖附近中西部的幾個州，這些原來有很多製造業而被稱為「製造業地帶」或「鋼帶」的州[8]，很多工廠歇業，大幅辭退員工，所以被改稱為「鐵鏽地帶」（Rust Belt）。[9]

2. 1990 年代初期的「無就業復甦」：「笨蛋！問題在經濟」

其後由於油價下滑，經濟逐漸恢復。但是到了 1990 年，又因為緊縮的貨幣政策和伊拉克入侵科威特造成油價上漲，而發生了經濟衰退。這次衰退的時間不長、幅度不大，但是在其後的復甦當中，很奇怪地，就業成長緩慢，失業率居高不下；所以那次的復甦被稱為「無就業復甦」（jobless recovery）或「失業型復甦」。[10] 到了 1992 年底，失業率還超過 7%。那年克林頓擊敗尋求連任的老布希，當選總統，而他競選時的名言就是：「笨蛋！問題在經濟」。

3. 從 2000 年的網路公司泡沫化到 2008 年的金融海嘯

網路科技公司的股價從 1995 年開始上漲，科技公司聚集的美國那斯達克指數，從該年到 2000 年 3 月，一共漲了四倍；然後開始暴跌，到 2002 年 10 月，跌掉了 78%。大大

小小許多科技公司，掀起一波波倒閉潮。[11]2001 年，在此波復甦還沒有站穩腳步的時候，又發生 911 事件。[12]9 月 17 日華爾街股市開始恢復交易，道瓊斯指數下跌 7.1%，後來繼續下跌，該週總共下跌 14.3%，創下當時股市有史以來最大的一週跌幅。

網路公司泡沫化、911 事件、股市大跌和 2002 年美國爆發多起大公司作假帳的會計醜聞[13]之後，在葛林斯班主席[14]領導下的美國聯準會（類似中央銀行）[15]，決定加足油門，大量發行貨幣，導引利率下跌，「錢淹腳目」。在股市的信心還沒有完全恢復的情況下，熱錢流竄到房地產。加上美國銀行界為了拼業績，把錢借給還款能力有疑慮的（次級）[16]房屋購買者，然後又把這些債權經過巧妙的包裝，賣給債券發行機構，造成此類債券廣泛出現在各國商業銀行、投資銀行、保險公司的資產裡。

到了 2006 和 2007 年，美國房地產價格開始急速下跌，許多次級房貸變成呆帳，由其衍生的債券也因此倒帳，衝擊全球，包含台灣在內；許多金融機構瀕臨倒閉，在當時被稱為「金融海嘯」。[17]小布希總統即將卸任之前，在他的內閣主導之下，美國國會通過了高達 7,000 億美元的紓困方案，灑錢救大銀行和保險公司。

然後，聯準會新主席柏南克開始進行三波的「量化寬鬆」[18]政策，由中央銀行直接購買政府公債和民間債券，包含以房貸為抵押的債券。美國中央銀行所持有這些債券的總額，

從金融海嘯前的不到 8,000 億，增加到 2010 年 6 月的 2 萬 1 千億，也就是 2.1 兆。這等於是全面灑錢，注資到金融市場裡。

4. 工作流失、工資比 44 年前低、貧富差距擴大、中產階級凋零

雖然如此，經濟下滑的慘況還是空前。失業率從 2007 年 5 月的 4.4%，飆升到 2009 年 10 月的 10%；其後緩慢下降，但是從 2009 年 4 月到 2011 年 9 月的兩年半期間，失業率都高於 9%。

在薪資方面，慘況持續，一片哀嚎。即使到了 2016 年 10 月，也就是 2016 年川普贏得美國總統大選的前夕，以 1982-84 年價格表示的美國民營生產與非管理階層員工的平均薪資，只有每小時 9.21 元，比 44 年前，也就是 1972 年的年平均 9.27 元還低。[19]

這是平均薪資，還沒有考慮到在不同員工之間的差異。由於美國工業的衰微，本來擁有大量生產工人的營造業和製造業，在全部受雇人數中已經愈來愈不重要。例如在 1965 年 1 月，此二業占全部非農受雇者的比例還有接近 1/3，但是到了 2020 年 1 月，只剩下 13.4%。[20]

至於所得分配，就更慘了。稅前所得最高的 1% 成年人所得總和，占全體稅前所得比例，從 1940 年之前在 16-21% 之間擺盪，下降到 1970 年後期的不到 12%，其後明顯上升，到了 2015-2019 年，已經超過 20%，甚至接近 21%；這表示，

美國貧富不均的水準，已經回到了 1930 年代大蕭條時代。稅前所得較低的一半成年人所得總和所占比例，則相對地從 1970 年代的 21%，逐年下降，到了最近幾年，只剩下不到 13%。[21]

早期由藍領工人轉成中產階級家庭的情況已經不復見。根據皮尤研究中心（Pew Research Center）的調查，美國成年人中屬於中產階級家庭者的比例，已經從 1971 年的 61%，下降到 2016 年的 52%，顯然在凋零當中；在此同時，屬於低收入家庭的比例，從 25% 增加到 29%；而屬於高收入者的比例，從 14% 增加到 19%。[22]

三、俄亥俄州代頓市（Dayton, Ohio）的故事

中西部的鐵鏽地帶，在金融海嘯之後就更鏽了。

2018 年 9 月美國期中選舉前夕，美國公共廣播服務公司（Public Broadcasting Services）於「前線」（Frontline）節目播出一部名為《失落的美國》（Left Behind America）紀錄片。[23] 此片由記者麥吉斯（Alec MacGills）講述美國俄亥俄州代頓市（Dayton, Ohio）的工人階級家庭生活情況。俄亥俄州是所謂的鐵鏽地帶之一，也是在 2016 年轉變為支持共和黨總統候選人的決戰州（Battle States）之一。

《失落的美國》以寫實的手法敘述金融海嘯 10 年後的社會發展情況：美國多數大城市經濟開始復甦，但許多與代

頓市類似的中小型城市,至今仍未真正走出經濟低潮。很難想像,代頓市曾經是美國航空、汽車與收銀機等領域創新的重鎮;但在 2018 年,貧窮率達到 34%,近乎是全國平均水準的 3 倍。

在紀錄片中,代頓市市長談到:她是通用汽車(GM)製造廠工人的女兒,曾經也是「美國夢」時代下的受惠者。她回憶說:在那個年代,一個普通工人階級的家庭,其薪水足以支付一家生活之所需,一般家庭也有足夠經濟能力購買房屋,並送子女上大學。

然而,數十年來的演變,加上 2008 年的金融海嘯,這樣的狀況已不復存在。2008 年底,因為經濟不景氣、銷售額下降,通用汽車公司在聖誕節的前兩天宣布永久關閉代頓市郊區的冰磧(Moraine)組裝廠,共解雇了 2,000 多名工人。紀錄片中採訪當時一位遭解聘的資深工人,談起過去的情況:他在汽車廠工作了 14 年,之前每小時能夠賺取 35 美金。[24]

之後,這間組裝廠被一家名叫福耀玻璃(Fuyao Glass America)公司收購[25],這是一家中國企業,主要生產汽車玻璃。這位工人也在新廠啟動後獲聘,但工資已大不如過去,每小時僅 13 到 15 美金。這樣的工資並非該廠特例,而是現在代頓市一般工廠工人的平均工資水準。紀錄片中也同時採訪了工廠的新投資者,問他,每小時 13 到 15 美金的工資水準是否過低?工廠新老闆回答說:「工資的高低要看跟誰比較,如果跟華爾街比,這樣的工資只是零頭;但如果跟印度

圖像 1.2　通用汽車在冰磧（代頓都會區）工廠（Moraine Assembly, Ohio）：關閉日前一天

圖片來源：Kim Clay from Louisville, Kentucky - General Motors Moraine Assembly, CC BY-SA 2.0, https://commons.wikimedia.org/w/index.php?curid=83236604；原始圖片為彩色。於 2008 年 12 月 23 日拍攝，此為工廠關閉前最後一日。

或墨西哥的工資來比，則算是相當高。」

這部紀錄片傳遞出的一個訊息，對於一個工人階級的家庭來說，即使兩夫妻都在外上班，每小時 15 美金的工作也不足以讓他們過小康生活。影片中採訪了代頓市眾多「食物銀行」[26] 之一的聖文生保羅（St. Vincent de Paul）中心，其對外事務部主任賴恩（Sunnie Lain）女士。她在受訪中談到：「大多數來和我們領取食物的人……都面臨著類似的情況；2008年的大衰退……對一般民眾的生活帶來天翻地覆的改變。過去從來不需要資助的民眾也來我們這裡領食物……有些就業機會回來了，但顯然與過去工作的報酬有很大的不同……每小時收入只有 10 到 12 美元……完全無法回到過去榮景。」

基本上，代頓市從來沒有真正從 2008-09 的金融海嘯中回復過來：工廠關閉、高薪工作消失、眾多工作家庭陷入近貧、公益救濟的食物銀行大排長龍、毒品濫用嚴重、代頓西城屬於食物沙漠沒有超市……等，問題繼續留存下來。

在美國中西部地區，有數百萬工人階級家庭的生活感受，和俄亥俄州的代頓市居民一樣，他們期待改變。如同《中美貿易戰》（朱雲鵬、歐宜佩，2019）一書所言，美國的勞動階級到了 2016 年，已經忍無可忍。代頓所屬的蒙哥馬利郡，在過去 28 年總統大選都支持民主黨，2016 年變盤了，投給了川普。

歐巴馬在 2008 年與麥肯（John McCain）對決時，他在全美贏了大約 1 千萬票。那次他在中西部和南部贏得的州中，

有印第安那和北卡羅萊納兩州，到了 2012 年倒戈，改投共
和黨的羅姆尼（Mitt Romney），且兩黨候選人得票差距縮
小到 5 百萬票，投票率則從 58.2% 降到 54.9%。

2016 年，倒戈的州增加到六個：愛荷華、威斯康辛、密
西根、俄亥俄、賓夕凡尼亞和佛羅里達。前五個都在中西部，
其中密西根、俄亥俄、賓夕凡尼亞都是原來美國製造業的重
鎮，而在近幾十年來遭遇到無比的變局，成為鐵鏽地帶。

2008 年歐巴馬的競選口號之一是「改變」（Change），
人民給了他機會。四年之後，他用的口號是「前進」
（Forward），人民又給了他機會。但是，到了 2016 年，許
多中西部勞動階級的家庭已經無法再給民主黨機會了，他們
在川普身上看到了真正可能「轉運」的夢想；他們給了川普
一個機會。

四、北卡羅萊納胡桃木市（Hickory, North Carolina）的故事

有許多人說，美國製造業的衰退主要由全球化造成。
廉價的進口品，包含來自中國大陸的產品，不斷進來，打
擊了美國同類製造業的就業。但諾貝爾獎得主克魯曼（Paul
Krugman）教授在 2019 年一場演講中指出 [27]，大多數像他
一樣的貿易學者，都認為貿易不是影響就業最重要的因素：
就業淨變動裡最多約 1/5-1/10 是受到貿易影響而產生的。由

於就業變動本就只占就業總額的一小部分，貿易又只影響其1/5-1/10，所以沒有獲得重視。

不過，這裡有一個大問題，克魯曼回想說，整體效果是這樣沒有錯，但是包含他在內的學者們，忽略了地方效果。製造業有區域集中特性，如果某產業集中在某州的某鎮，雖然全國效果不大，對那個鎮而言，仍可能屬於晴天霹靂。他舉的例子是家具業。

美國家具業逐漸被進口品替代，在 2000-2007 年快速萎縮。全國而言，家具業就業的下降率很低，約千分之一；北卡羅萊納州（簡稱北卡）盛產家具，對該州而言，影響就業也還不到 1%。但對該州「胡桃木市」這個原先被稱為「家具城」的地方而言，家具業就業則從 2000 年的水準下降近7%，相當嚴重。克魯曼說，很難相信該市被解雇的家具業工人，可以很快地在同市其他部門找到新工作，或有能力快速移居到其他工作機會較多的城市。

假設中國進口是美國部分地方城市製造業下降的原因，我們可以從資料上，去找到那些行業和職業受到影響。從表1.1 可以看出，1996 到 2019 年的 23 年間，美國從中國大陸進口共增加 4,001.6 億美元，其中最大的前八名，增加額均在 500 億以上者，分別是室內電話機、電腦、電視機、汽車或巴士等車輛零件、雜項玩具、座椅、其他家具和電熱器。

接下來，我們來看看那些地區的那些職業受到影響。以上這些產品，最直接影響的行職業類別為（1）電氣、電子

表 1.1　美國於 1996 到 2019 年間自中國進口增加最多的品項

排名	美國自中國進口之增額（百萬美元）	占全體增加比率	累積比率	HTS 代碼	品名
1	58,065	14.5%	14.5%	8517	電話機：有線電話或電報器具，包括附無線手機之有線電話機及載波電流線路系統用或數位線路系統用之通訊器具；影像電話機
2	43,363	10.8%	25.3%	8471	電腦：自動資料處理機及其單元；磁性或光學閱讀機、其他用於翻譯和處理編碼數據的機器
3	11,191	2.8%	28.1%	8528	電視機：電視接受器，包含影像監視器及影像投射機
4	8,869	2.2%	30.4%	8708	車輛零件：拖拉機之零件與附件，大眾運輸車輛、機動車輛、貨物運輸機動車輛和特殊用途機動車輛
5	8,331	2.1%	32.4%	9503	玩具（雜項類）：其他玩具、比例模型等，拼圖及其零件與附件
6	8,328	2.1%	34.5%	9401	座椅：除理髮椅、牙科椅和類似椅子外，不論是否折疊成床，及其零件
7	8,168	2.0%	36.6%	9403	其他家具：座椅，醫療，外科，牙科或獸醫用以外，及其零件
8	5,283	1.3%	37.9%	8516	電熱器：電加熱器等、空間和土壤電加熱氣；電熱頭髮器具（捲曲器等），乾髮器及其零件

資料來源：美國國際貿易委員會（USITC）。

表 1.2　美國四種行職業類別在主要州的分布：2019 年 5 月

行職業別及主要集中的產業		州	就業（人）	每千人就業數
行職業別	產業			
51-20281 電 氣、電子和機電組裝人員；繞線機，錐度機和篩濾機除外	導航及控制器材製造、半導體及其他電子零件製造、電機製造	印第安那州	1,170	0.38
		北卡羅萊納州	1,250	0.28
		賓夕法尼亞州	1,050	0.18
		德州	1,160	0.09
51-4031 金屬和塑料切割、沖孔和沖壓機裝置員、操作員和承包工	金屬製品、汽車零件、塑膠製品、機械製品	密西根州	23,170	5.33
		印第安那州	16,050	5.22
		俄亥俄州	17,480	3.21
		德州	14,970	1.20
51-4072 金屬和塑料成型、制芯和鑄造機裝置員、操作員和承包工	塑膠製品、鑄造業、汽車零件、金屬加工機械	密西根州	21,150	4.87
		印第安那州	13,700	4.46
		威斯康辛州	9,600	3.34
		俄亥俄州	16,390	3.01
51-6093 沙發工／室內裝潢人員	家具製造、居家用具修繕、汽車修理、汽車零件、船舶製造	密西西比州	3,200	2.84
		北卡羅萊納州	6,090	1.36
		印第安那州	1,700	0.55
		加州	2,760	0.16

資料來源：美國勞動統計局。

和機電組裝人員；繞線機，錐度機和篩濾機除外；（2）金屬和塑料切割、沖孔和沖壓機裝置員、操作員和承包工；（3）金屬和塑料成型、製芯和鑄造機裝置員、操作員和承包工；與（4）沙發工／室內裝潢人員。

依據最新（2019 年 5 月）美國勞動統計局的資料，可看出這些行職業在美國的區域分布，如表 1.2 所示。此表就每一種行職業代號，選出就業密度最高，也就是該行職業就業占全州就業人口比率最高的四個州。結果發現：在所列的州裡，很多屬於總統大選「決戰州」，也就是兩黨支持比率不相上下，而其結果將對最終勝負有關鍵影響者：北卡、賓州、密西根、威州都在裡面。[28] 可見克魯曼所說的區域效果可能確實對政治選項有影響。事實上，如前所述，2016 年川普能夠當選，就和這幾個州的轉向有密切關係。

第二個發現是，就業量大不一定代表密度高。以沙發工為例，加州有 2760 位就業者，但只占其全州就業萬分之 1.6。但對北卡就不同了，六千多位沙發工就業者，占全州就業的千分之 1.4。而在北卡之內的城鎮呢？依據美國勞動統計局，沙發工最密集的就是胡桃木 - 樂諾 - 摩根頓（Hickory-Lenoir-Morganton）都會區，全州約一半的沙發工在此區工作，占該區總就業的 2.1%；如果把其他與家具相關的行職業別，包含木箱製作、油漆與打光等加入，那就更高了。可見克魯曼選擇胡桃木市為例，不是信手拈來，而是抓到了重點。

五、川普刻畫的「美國夢」：用反全球化和反移民讓美國再度偉大

「讓美國再度偉大」[29] 是川普在 2012 年羅姆尼敗選後

六天，就登記了商標的口號。而他在 2016 年選戰要主打的實際訴求，只要聽過川普宣布參選共和黨總統初選的那篇演說，就再清楚不過了；其實只有兩件事，一是反全球化，二是反移民。

他講白了要在貿易上對付中國大陸、日本和墨西哥，因為這些國家搶走了美國的工作。他講白了要對付移民，因為來自美墨邊界的中南美洲移民，到了美國，造就了治安問題，也搶走了美國人的工作機會。

他通篇演說，大約有 2/3 時間在講可惡的外國競爭對手，1/3 在講可惡的移民。他幾乎沒有講任何其他大論，他主打的就是「經濟訴求」。[30]

這樣的訴求，加上從來沒有擔任過公共職務的非典型形象和個人特質，帶動了保守勢力的集結，讓他當選總統。

那一年，投票率是 55.7%，希拉蕊（Hillary Clinton）贏了近 3 百萬票，但是好幾個中西部的州改投共和黨，使得川普掌握了較多的選舉人票，進入白宮。[31]

他的當選，讓美國的對外關係出現巨大變化。

如同導言中所說，美國在游泳池裡轉了個身，全球為之震動。

- 他退出了跨太平洋夥伴全面進步協定。
- 他退出了防止全球暖化的溫室氣體協定。
- 他退出了和俄國的戰略核武削減協議。
- 他對所有鋼和鋁製品的進口課徵關稅，並要求和加、墨

重簽貿易協定。

- 他對中國大陸發起了貿易戰、科技戰和其他對壘。
- 他要求日本、南韓和歐洲負擔更多的美軍費用。
- 他退出了伊朗協議。
- 他宣布退出世界衛生組織。

以上各地震中，有關貿易戰的部分，其對大陸和台灣的影響，已經在《中美貿易戰》中有所著墨。接下來要問的問題是，本次總統大選，他會不會連任？如果他連任，未來還會有什麼地震？對美中關係有何影響？對兩岸關係有何影響？對台灣有何影響？如果他不連任，由拜登當選，又如何？這些，將是我們所要探討的主要議題。

以下，我們會先回顧在歐巴馬執政的八年當中，茶黨的興起、茶黨和共和黨以及川普的關係、大政府 vs. 小政府的意識形態爭議、種族爭議、槍枝管制爭議和移民政策爭議。這些爭議所導致的美國社會分裂，所造就的不同族群間在政治上的對立，影響了歐巴馬的執政成果，也種下了川普當選的種子。我們需要瞭解在歐巴馬時代所累積起來的保守勢力[32]——這些川普的基本支持群眾，在川普執政四年後的今天，是否還有相同的集結力量？對於這些力量消長的分析，將有助於我們瞭解美國未來兩黨政治版圖的變化。

附錄

用 1982-84 年的平均物價來表示實質工資，美國民營生產與非管理級員工平均每小時工資在 1972 和 1973 年均達到 9.3 元，其後逐年下滑，到 1993-95 年間只剩下 7.8 元，如圖 1A.1 所示。

後來雖然逐漸上升，到了 2016 年，也就是川普當選總統的那年，此薪資才不過是 9.2 元，還不到 44 年以前的水準。[33]

圖 1A.1　民營生產與非管理級員工每小時實質薪資的年平均（以 1982-84 年貨幣表示，元）：1964-2020 年前五月

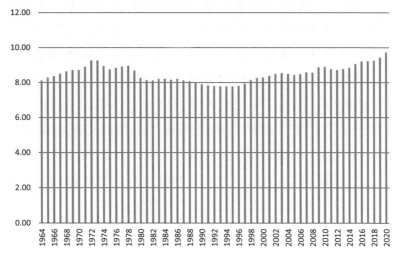

註：2020 年為前五個月。
資料來源：美國勞工部。

服務業大幅擴張，其中有些行業薪資很高，像金融；資本主的收入則大多來自資本所得，也很高。綜合來看美國的整體所得分配，從圖 1A.2 可以看出，從戰前較不平均的年代，到戰後開始趨於平均，但到了 1970-1980 年出現轉折，轉為愈來愈不平均。

圖 1A.2　美國稅前所得分配的趨勢：1913-2019 年

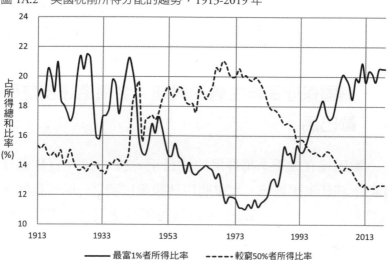

註：(1) 依稅前家戶所得除以戶內成年人數計算，來自報稅資料。
　　(2) 1963 與 1965 年缺資料，圖中設定為前後年的平均。
資料來源：World Inequality Database。

第二章

從歐巴馬到川普：
美國保守主義的勢力有多大？

一、美國保守民粹主義的興起：名嘴造謠及羞辱
歐巴馬

　　歐巴馬在成千上萬群眾的注目下，於 2008 年宣誓就任第四十四任美國總統。大家期待他競選口號之一的「是的，我們可以」（Yes, we can），將為美國政治與歷史帶來新的一頁。

　　這是美國歷史上第一次，由黑人（亦可稱非洲裔或非裔）[1] 當選總統。歐巴馬出生在美國夏威夷，1983 年從哥倫比亞大學畢業後，在芝加哥做一名社區活動組織者。1988 年歐巴馬進入哈佛法學院，畢業後擔任律師，並從 1997 年至 2004 年在芝加哥大學法學院任憲制性法律 [2] 教授。1997 年當選伊利諾州參議員，2004 年起擔任聯邦參議員，2008 年

競選總統並當選，達到他政治生涯的顛峰。

　　然而，歐巴馬的當選，預告了美國保守主義的再起。美國保守主義的代表人物之一，是阿拉斯加州長莎拉‧裴琳（Sarah Palin）。她在 2008 年成為美國總統選舉共和黨候選人約翰‧麥肯的競選搭檔時，就帶動了保守主義的聲量。裴琳在許多議題上，展現基督教福音派的觀點，包括她強烈反對同性戀與墮胎政策，甚至揚言要把同性戀「趕出圖書館」等強烈言論。

　　在選舉時的報導中，裴琳普遍被認為不瞭解國家事務。有媒體報導她一直以為「非洲不是大陸而是一個國家」，並且她也不清楚北美自由貿易協定的加盟國（美國、加拿大、墨西哥）。除此之外，她發表過「從阿拉斯加可以看見俄羅斯」、「總統是一位參議員」等言論。《洛杉磯時報》甚至指出：「這是印象中各主要政黨所提出的正式候選人裡，最不合適的一位。」但是，狂熱的支持者不在乎，他們認為是媒體在刻意醜化裴琳，將她塑造成一個只會說大話的女性。

　　麥肯和裴琳沒有當選，美國保守派沒有隨之消沉，剛好相反，2008 年歐巴馬當選後，美國保守主義反而走向高峰。歐巴馬的求好心切與自由派觀點，為美國保守主義圈帶來很大的衝擊。相關衝擊可以從歐巴馬的健保政策、槍枝管制，與移民政策看出端倪。

　　試圖擴大保障對象以減少無醫療保險者比率的「歐記健保」（Obamacare），是歐巴馬上任後推動的重點政策。

他試圖尋求跨黨派支持，但失敗了。最後變成兩黨對決，於2010年通過立法；他於該年 3 月 23 日簽署法案，使其成為法律。

在反對歐記健保的過程中，保守派無所不用其極。裴琳甚至使用「死亡小組」（death panel）來形容新法，說以後美國人生重病，其生死不是由醫生決定，而是由一組政府官員判定病人「社會生產力」是否合格，而決定要不要救，如同判生死。這個與事實不符，但在保守派的抗議中掀起了巨

圖 2.1　歐巴馬簽署歐記健保法案：2010 年 3 月

圖片來源：Pete Souza - President Obama Signs Health Insurance Legislation Into Law, Public Domain, https://commons.wikimedia.org/w/index.php?curid=9821547；原圖為彩色。[3]

大波瀾，被 *PolitiFact* 選為 2019 年的「年度謊言」。[4]

但裴琳不是唯一的攻擊者，其他著名的還有：

名嘴 1：拉什・林博（Rush Limbaugh）

他從 1988 年開始主持 call-in 電台節目，其極端右派保守主義立場，吸引很多聽眾，成為收聽率最高的節目。

他曾經在節目上發出以下的聲音：

- 歐巴馬不是美國公民：他說歐巴馬並非出生在美國，不是美國公民。[5]

- 用帶有種族歧視的語言描述黑人：2007 年他取笑性地稱歐巴馬是「半非美國人」（Halfrican American）——父親來自肯亞，母親是白人。2019 年他說美國加州參議員賀錦麗（卡瑪拉・哈里斯，Kamala Harris，2020 年成為民主黨副總統候選人）不能算非裔美國人，因為她父親是牙買加裔黑人，母親是印度泰米爾人，和非洲一點關係都沒有；他說他們這些不是真正「非洲裔」，喜歡被稱做非裔，是要扮演「被迫害」的角色。[6]

- 不認同與女性發生性行為要先經過對方同意：他認為「同意」這個字是左派發明出來的玩意。2014 年，俄亥俄州立大學鼓勵學生在性行為之前要先取得對方口頭同意，他對此有所批評，還說，有多少男人知道說女性「不」，其實就是「同意」。[7]

- 非裔美國人仇恨美國：他認為相對於其他少數族群，非

裔美國人在社會上落後，是因為他們自小就被教導要仇恨美國。[8]

- 自由派鼓勵來自南美移民：他認為自由派故意鼓勵南美人移民到美國，又不讓他們融入社會，造成種族不平等，然後用這個來獲得政治支持。他認為，繼續允許移民將讓美國的代議民主和法治崩盤。[9]

- 嘲笑愛滋病患者：在 1990 年代，他用歧視語言描述愛滋病患者，把其病毒稱為「洛克遜疾病」[10]，並說這是唯一被聯邦（中央）政府「保護」的病毒。

- 歐巴馬故意讓西非的伊波拉病毒傳播到美國：他說賴比瑞亞是源於美國奴隸制度而產生的西非獨立國[11]，歐巴馬政府基於「原罪」，故意讓那邊的病毒傳回美國，因為這是美國人「應得的懲罰」。[12]

- 火山爆發是上帝對歐記健保的懲罰：他說 2010 年冰島艾雅法拉活火山大爆發，是國會通過歐記健保後，上帝給地球的懲罰。[13]

- 新冠病毒只是普通感冒：他在 2020 年 2 月 24 日的節目上說，他百分之百確定，新冠病毒只是普通感冒。[14]

- 聲稱全球暖化是騙局：他說無證據顯示有氣候變遷，也無證據顯示氟氯碳化物的使用導致地球臭氧層的流失。他說所謂的科學共識，只是科學家的一個政治提案。他並以「環保怪胎」（environmentalist wacko）稱呼左派的支持環保人士，和與他立場不同的氣候或環境科學專業人士。[15]

- 稱呼一位女大學生為「蕩婦」和「娼妓」：喬治城大學法律系學生珊德拉・弗盧克（Sandra Fluke）在 2012 年就歐記健保修法案到國會作證時，主張保險給付應當包含避孕支出，結果他在節目中將該學生稱為「蕩婦」和「娼妓」。[16]

Politifact 曾對他發言的真偽性進行統計，結果發現有 84% 為「大多為假」或「完全虛構」，只有 5% 是「大多為真」或「真實」。他虛假的言論除了上列外，還包含歐巴馬要強迫美國人採行割禮、大猩猩的存在證明演化論是假的，以及麻州民主黨籍參議員泰德・甘迺迪與俄國人串通來打擊雷根總統等等。[17]

名嘴 2：格林・貝克（Glenn Beck）

著名電視和廣播節目主持人，曾任職於福斯電視（Fox TV）。他曾經對歐巴馬做過以下的指控：

- 歐巴馬主張要興建聯邦緊急事務管理署的集中營，來關押政敵。[18]
- 歐巴馬要製造一個類似奧克拉荷馬城大爆炸案的虛假恐怖攻擊來增加人民對其政權的支持度。[19]
- 將歐巴馬比喻為希特勒。[20]
- 歐巴馬任命的白宮科技政策辦公室主任荷登（John Holdren）提議（1）把殺精劑加在飲用水內、（2）強迫墮胎，來控制人口數量。[21]

- 歐巴馬痛恨白人和白人文化……是一個「種族歧視者」
  （racist）。[22]
- 他在 eBay 上拍賣一個玻璃瓶，裡面有歐巴馬塑像浸在黃色液體裡，他說這個液體是他的尿。[23]

　　他在 2010 年於一個保守派政治行動委員會[24]大會上演講，在黑板上寫下 progressivism（進步主義）這個字，然後說，這是一個疾病，是癌細胞，要吃掉美國憲法。他說，像杜威、克羅利、李普曼這些鼓吹進步主義的人[25]，影響了老羅斯福總統[26]和威爾遜總統[27]的政策，後來成為羅斯福總統[28]「新政」（New Deal）[29]的基礎。這些進步主義思想已經污染了兩大黨，而且會毀壞原始的美國立國基礎。

　　他在福斯電視台以其名字為名的節目，第一集的來賓就是斐琳。他的大膽和煽動性作風讓其收視率節節上升，後來（2009 年 3 月）躍居同時段第一名，而且超過同時段其他最知名三個頻道的總和。[30]但是他亂說話的作風，讓電視台飽受輿論界批評——說福斯電視並非一般新聞媒體，而是一種有特殊政治傾向的動員團體；後來福斯在社會壓力下把他的節目拿掉。在 2011 年 6 月 30 日最後一集節目中，他說：「這個節目已經成為了一種運動。它不是一個電視節目，所以不再屬於電視。它屬於你的家庭，屬於你的社區。」[31]

名嘴3：肖恩‧漢尼提（Sean Hannity）

　　著名廣播和電視談話性節目主持人；作風大膽，喜歡講

「陰謀故事」，完全支持川普，並和川普有很深私交。據說川普每個星期會和他通好幾次電話；有一位川普的幕僚說他和川普接近的程度，就好像他在白宮有辦公桌一樣；川普有一個好友名單，他們的來電可以由總機直接轉給總統，他是其中之一。[32]

他在福斯電視的節目 *Hannity*，在 2020 年第一季，為有線電視晚上黃金時段[33] 全國收視率最高的節目，平均觀眾數量達到 420 萬人，創歷史新高。到 2020 年第二季，被同台 Tucker Carlson Tonight 超過，但仍然吸引了高達 4 百 31 萬的觀眾。[34]

他的爭議性觀點有：

- 川普在 2011 年重新把歐巴馬出生地的議題炒熱時，他邀請川普上節目，並附和之；他要求歐巴馬出示出生證明，雖然早在 2008 年歐巴馬就出示過。[35]

- 2016 年共和黨舉行初選時，他協助川普鋪陳一個虛假故事，就是同黨初選候選人泰德・克魯茲（Ted Cruz）的父親和刺殺甘迺迪總統的奧斯華相識。[36]

- 2016 年福斯新聞的總裁艾爾斯（Roger Ailes）爆發性醜聞；有超過十位在福斯工作過的女性員工指控他性騷擾，其中一位是前主播卡爾遜（Gretchen Carlson），她說艾爾斯要求上床，她拒絕，後來就被撤換[37]；數月後艾爾斯應福斯大老闆麥道（Rupert Murdoch）的要求而辭職。過程中漢尼提極力為艾爾斯辯護，而且在 2017 年艾爾斯

病故時，特別去致意，說：「他就像是我第二個父親一樣……我要告訴艾爾斯的敵人，小心他在下輩子來生時對付你們。」[38]

- 比爾·歐萊利在福斯新聞主持新聞評論節目 *The O'Reilly Factor*，長達 20 餘年，而從 2001 年起，連續 16 年，躍居美國有線電視新聞節目收視率第一名。2017 年紐約時報揭露他和福斯新聞曾經用 1,300 萬元，擺平六件性騷擾官司，且受害人紛紛出面指責後，他被福斯新聞開除。數月之後，漢尼提邀他上節目，而歐萊利在節目中說他是自由派（liberal）媒體的受害者，漢尼提說深有同感。[39]

- 他認為全球暖化是一個騙局。他說這是左派想出來的一個假科學議題，也說科學家無法決定全球暖化是科學事實還是憑空想像。[40]

- 他是最早在電視節目上宣傳歐記健保中有「死亡小組」的主持人之一。斐琳在臉書上宣稱「死亡小組」一事後，他極力支持，並說他同意斐琳寫的每一句話。漢尼提也宣稱他在法案的文字中找到「死亡小組」的證據。

- 他贊成用水刑的方式對犯人進行刑求。[41]

- 2020 年 3 月，他說新冠病毒是假的，而且可能是政府內部左派陰謀者的詭計。[42]

歐巴馬當選後，其他在媒體上發聲的保守派名嘴還有很多，例如史提夫·班農（Steve Bannon）。他是美國極右網

路媒體布萊巴特新聞（Breitbart News Network）的創始人之一，也是 2012 年之後的執行董事。[43]2016 年他被川普延攬為競選主任，並於川普當選後短暫出任高級顧問兼首席策略長。[44]

2018 年 3 月自白宮卸任後，他前往法國參加該國激進右派國家前線黨（National Fronts）的大會，致詞時說：「他們說你們有種族歧視，說你們仇外……把這些稱呼像勳章一樣戴著」[45]，他接著說：「因為，一天接著一天，我們更強大，他們更虛弱……歷史站在我們這邊，最後的勝利屬於我們。」[46]

他是從歐巴馬當選，就激烈反對歐巴馬的名嘴之一。[47]他入閣前所主持的布萊特巴特新聞網，是極右媒體，曾公開宣稱歐巴馬是出身於肯亞的回教徒。[48]這個新聞網還在 2016 年刊登羅杰·史東（Roger Stone）的文章，說希拉蕊的助理涉及恐怖主義。[49]

二、茶黨的興起

有了這些名嘴的推波助瀾，美國在 2009 年掀起了一場「茶黨」運動。該年美國還在金融海嘯中掙扎，很多本來屬於中產階級的家庭，因為失去工作，沒錢支付房貸，快要面臨銀行用法律程序把他們逐出自家的命運；歐巴馬政府有鑑於此，推出一個法案，要動用聯邦資源，幫助這些家庭可以

圖像 2.2　明尼蘇達州明尼亞波利斯（Minneapolis, Minnesota）茶黨抗議歐記健保：2010 年 4 月

圖片來源：Fibonacci Blue (https://commons.wikimedia.org/wiki/Category: Demonstrations_and_protests_against_the_Patient_Protection_and_Affordable_ Care_Act#/media/File:Tea_Party_tax_day_protest_2010_(4526037142).jpg)。原圖為彩色。

暫時留住房子，等以後經濟恢復時再繳貸款。

　　這樣一個構想，導致很多保守人士的不滿。美國國家廣播公司旗下財經頻道 CNBC 一位評論員，常駐芝加哥期貨市場，名叫瑞克・山特立（Rick Santelli），就發出不滿聲音，反對政府出面救濟「失敗者」（魯蛇）。[50] 他在罵完政府後，

不經意地建議在場的交易員說：「我們在 7 月 1 日辦一個茶會（tea party），把衍生性商品倒到芝加哥河裡！」[51]

這段新聞對話經過媒體轉貼，被瘋傳。幾天以內福斯新聞就在討論「茶黨」的誕生。一週之後，以茶黨為名義的活動同步在全美 40 個城市展開。不少人分析，從這就可以看出，雖然這個名詞的出現應屬偶然，但到了後來，能夠進行全國性協調並舉辦活動，顯然後面有金主在支持。

依據那士比（Jeff Nesbit, 2016）和梅耶爾（Jane Mayer, 2017）的分析，主要的金主是全球最富第二名的科赫家族（Charles and David Koch）。[52] 此家族所擁有的科氏工業集團（Koch Industries）經營煉油、石化、能源、纖維、肥料、紙業還有金融等，是全美第二大的非上市公司。[53]

梅耶爾在書中說，「科赫家族……為了自己的利益，成為現代保守主義運動興起與發展的幕後黑手。透過慈善家和政治捐款人名義，將上億美元資金投入智庫、捐給政治團體、成立獎學金，使反政府和反稅收政策為社會所接受，從而得以保護他們的企業和個人財富。」[54]

在這些金主的策劃和支持下，打著「減稅」和「減少政府干預」的旗號，茶黨運動迅速在全美蔓延。[55]2010 年期中選舉，茶黨動員支持共和黨候選人，結果共和黨大贏，在眾院淨取 63 席，以 242 對 193 席遙遙領先，是該黨自 1938 年以來在眾院最大的勝利。[56] 在參院，共和黨從民主黨手中淨取 6 席，讓差距大幅縮小。依據統計，茶黨支持的 130 位眾

議員參選人中有 40 位當選，10 位參議員參選人中有 5 位當選。[57]

　　那屆國會議員，以及其後 2012 年選舉中屬於茶黨支持而出線，包含以下著名人士：

- 邁克・蓬佩奧（Mike Pompeo）：2010 年堪薩斯州選出來的共和黨眾議員；曾經被川普延攬擔任中央情報局局長，現任美國國務卿，是川普最重要的外交政策幕僚和執行者。
- 馬可・盧比奧（Marco Rubio）：古巴裔，來自佛羅里達州，2010 年由茶黨支持當選參議員，連任至今。曾經參加 2016 年共和黨總統大選黨內初選，但後來退讓給川普。
- 蘭德・保羅（Rand Paul）：2010 年由茶黨支持，當選肯塔基州的聯邦參議員，且連任至今；2016 年參與共和黨總統大選黨內初選但後來退讓給川普。[58]
- 泰德・克魯茲（Ted Cruz）：2012 年由茶黨支持，當選德州的聯邦參議員，且連任至今，亦為古巴裔；2016 年參與共和黨總統大選黨內初選但後來退讓給川普。
- 保羅・萊恩（Paul Ryan）：來自威斯康辛州的眾議員；早在 1998 年就當選，理念和茶黨接近，逐漸贏得後者的支持。2012 年，在茶黨的歡呼下，他被共和黨的總統候選人羅姆尼選為競選搭檔。2015 年，眾議院議長共和黨籍波納（John Boehner）因為採取溫和政策，和歐巴馬總

統協商，而被同黨議員非議，後來辭職，他當選繼任的議長，成功地把當時分裂的共和黨眾議員重新組合起來，後繼續擔任議長到 2018 年宣布退休為止。

三、美國走向更大分裂：槍枝管制

共和黨於 2011 年初成為眾議院多數，立即於 2011 年 1 月 19 日以 245 票支持、189 票反對，推翻歐記健保；但在參議院，因民主黨仍是多數，廢除案未被排上議程，歐記健保得以保留。2012 年 6 月 28 日美國最高法院宣判絕大部分的法案是合憲的，而使法案於 2013 至 2014 年間逐步實施。

槍枝問題是另一個促成歐巴馬與保守勢力決裂的關鍵。歐巴馬 2012 年連任不久後，12 月 14 日在美國康乃狄克州牛頓鎮的桑迪胡克（Sandy Hook）小學發生槍擊案。在槍手亞當·蘭澤（Adam Lanza）自殺之前，槍殺了 18 名兒童和 6 名成人，另有 3 名兒童受重傷被送至醫院，其中 2 名其後死亡。這件事震驚全美；歐巴馬甚至在記者會上落淚。

他誓言要在他任期之內，對全美的槍枝管制訂立法案，希望同樣的悲劇不再發生。美國國會朝野本來有共識，基本上目標是對槍枝進行若干管制，對購槍者的背景審查訂立更嚴謹的規定。然而，就在表決前夕，在保守派媒體和民眾的大力反對下，占有多數席位的共和黨團集體跑票，讓歐巴馬在任期內無法對槍枝管制做出任何法律規範。

其實全美民調還是支持歐巴馬的槍枝政策，接近 80% 受訪者認為可以透過法律防止心理不正常的人購買槍枝，70% 支持設立全國性售槍資料庫。但是，為何美國政府就是無法制定相關法令，來約束擁槍者呢？問題就出在國會。支持擁槍者的保守派團體和群眾，透過政治行動委員會提供金援給反對限制擁槍的國會議員，使國會在槍枝議題上很難通過相關的管制法令。2012 年共和黨繼續在眾院為多數，2014 年期中選舉後，共和黨在參眾兩院均成為多數黨，槍枝管制更無法成功。

此外，美國選舉制度也是造成槍枝管制的問題所在。支持擁槍的州多為人口較為稀疏，以鄉村為主的地區。以參議員巴拉索（John Barrasso）和恩齊（Mike Enzi）代表的懷俄明州來說，反對槍枝管制，他們有兩票；然而，支持槍枝管制的加州聯邦參議員范士丹（Dianne Feinstein）和巴克瑟（Barbara Boxer）同樣有兩票。但懷州人口僅 58 萬 4 千人，加州人口則有 3880 萬人。支持槍枝管制的多在人口稠密的區域，但他們在參議院的票數，無法撼動美國的槍枝管制。在這種政治體制之下，槍枝議題很難得到解決。

歐巴馬就在這一系列試圖推動槍枝立法的過程中，節節敗退，支持率也逐步下降。

四、非裔種族事件和歐巴馬的移民政策引發抗議

2014 年密蘇里州佛格森市（Ferguson, Missouri），白人

員警槍殺無武裝黑人 [59] 青年麥可‧布朗（Michael Brown），引發一連串抗議。後來聖路易郡檢察官宣布，大陪審團決定不起訴開槍的員警威爾森，激發一連串全美示威活動：包括紐約時報廣場、甘迺迪大橋，以及芝加哥、西雅圖，加州奧克蘭等大城，都有大批示威者上街遊行，表達要為布朗討公道。聖路易市更有民眾對空鳴槍，導致該市國際機場實施局部航空管制，要求所有抵達班機改降其他機場。

2015年6月17日，南卡羅萊納州查爾斯頓市（Charleston, South Carolina）一所黑人教堂發生種族仇恨槍擊案。一位後來被發現為白人至上主義者（white supremacist）、來自北卡羅萊納州的盧夫（Dylann Roof），持槍進入教堂，殺死了9位黑人，包含一位州參議員在內；在全美引發軒然大波。

歐巴馬在黑人種族爭議問題上一直很低調，包含布朗事件：他認為他是全民的總統，而不僅是黑人的總統。但2015年教堂屠殺案的嚴重性，讓他不得不站出來。他選擇直接到查爾斯頓的非裔教堂發表講話，並帶動合唱「奇異恩典」（amazing grace）。他在致詞中再次談到美國近年來頻繁發生的槍枝暴力事件：「現在是我們哀悼和治癒傷痛的時候，但是我們要記住，作為一個國家，我們必須要正視這個事實，那就是這類嚴重暴力事件不會發生在其他先進國家。這類事件不會在其他地方如此頻繁發生。我們有能力來解決這個問題。」但是，實際上，槍枝管制的立法仍然無法通過。

讓歐巴馬更為苦惱的，則是激進保守主義者開始對移民

政策展開攻勢。在 2012 年歐巴馬連任成功之初，兩黨在國會內都想對移民制定較為友善的政策，以吸引年輕選票。然而，茶黨、共和黨保守派人士並不贊同此舉，在史提夫·班農的鼓動下，激進保守主義開始對共和黨建制派進行攻擊。一連串媒體與網路的聲浪，造成當時眾議院多數黨領袖艾瑞克·康特（Eric Cantor）在 2014 年共和黨的初選中，被茶黨推出的大衛·布萊（David Brat）擊敗，且後者後來當選；這是較溫和的共和黨建制派，被極端保守主義者釘上以後的下場。茶黨把後者稱為「假共和黨」（Republicans in Name Only，簡稱 RINOs），並從 2010 年開始的歷次選舉中，動員支持者把這些人在共和黨初選階段就拉下來。所以有人說，自此以後，共和黨等於是被茶黨綁架了。[60]

但是茶黨培養出來的幾位新人，包含馬可·盧比奧、蘭德·保羅、泰德·克魯茲，在 2016 年共和黨總統初選中，都輸給了從來沒有擔任過公職的川普，一如前述。川普言詞激烈程度，和鼓動風潮的能力，超過他們每一個人。川普當選後，茶黨的招牌式微了，被川普所取代。[61]

五、政治走向兩極化的根源

美國在世界上所帶來的民主化，為其本身優勢所在。但民主化發展至今天，似乎已經在揮霍其優勢。世界各國學者發出警訊，認為有幾個相互連結的特徵，正在促使原為歷史

優勢的民主制度崩毀。

民主崩解的首要因素是政治上的不妥協與極度兩極化。民主發展至今，因為選舉制度的改變、選務的繁雜、選舉經費的高漲，使政治發展朝向兩極化發展。而且不只是政治兩極化，全體美國人都趨向兩極化。以 2016 年的總統大選結果為例，民主黨支持者主要在東西兩岸和幾個都會區，而內陸與鄉村地區則幾乎都投給共和黨候選人。

1. 兩黨的不同世界觀

一個值得討論的問題就是思想的兩極化如何影響美國民主。美國北卡羅萊納教堂山分校政治系教授馬克・海瑟林頓（Marc Hetherington）與強納森・偉勒（Johnathan Weiler）在他們的專書《極端政治的誕生》（2019）[62] 中提出，美國人在政治的選項與民主的發展上，朝向更為極端方向前進，主要原因是受「世界觀」的影響。

所謂的「世界觀」，就是選民依據國際社會產生的世界觀，來影響國內政治選項上的偏好。在他們的研究當中，一般人可被分為兩種對立的族群。一種是「固定」的世界觀，而另一種是「流動」的世界觀。「固定」世界觀指的是「對社會與文化變遷更加謹慎小心的人，他們比較習慣於固有的人事物，對外來者總是比較懷疑，只喜歡自己熟悉的事物。」另一種「流動」世界觀的人，「對社會與文化規範不斷的變化表示支持和理解，他們喜歡嘗試新事物，對外觀不一樣和

語言不一樣的人保持開放，表示歡迎。」[63]

　　以上對立的兩派人馬，基本上在很多議題上看法都相異。而這些相異點，正好解釋今日美國政治衝突和兩極化為何難以控制。固定派和流動派已經分別占據了共和黨與民主黨兩大主流論述，而兩黨論述因為要迎合選民的口味，也就往固定與流動兩個光譜移動。不同的世界觀讓選民分化，政黨在競選時就必須更激烈，以符合人民的期待與需求。這樣的惡性循環，造就了今日美國民主的極端化。

　　然而，早期美國民眾在政治上的選擇並不是那麼的對立。比方說，在大蕭條和隨後幾十年中，共和黨與民主黨的分歧主要不是在世界觀的不同，而是以財政和政府支出為區別。民主黨的羅斯福總統主張提供大量政府資源來幫助非裔美國人和南方白人，而北方共和黨員則希望政府能節制一點，不要花太多錢在不必要的開支上。當時民主黨陣營主要在南方，共和黨則是在北方各州。[64]

　　但共和黨並不滿足於局限在北方勢力。在《崛起的多數共和黨》（1969）[65]一書中，作者凱文・菲利浦斯（Kevin Phillips）強調，民主黨主宰美國政壇近四十年的新政聯盟已經走到了終點，一個新的保守主義時代正在萌芽。共和黨必須踏出東北的傳統大本營並往南方和西南方——他所謂的陽光帶——爭取白人的支持，還應當爭取全國各地郊區的支持——那裡是各種兩極化的種族和社會議題交鋒之地。

　　到了越戰時期，共和黨開始採取傳統的立場，反對教育

和工作上的族群融合政策，反對這些家庭、文化和個人關係上的改變。之後的共和黨總統，不管是從尼克森、雷根、小布希到川普，共和黨朝更固定和保守的政黨前進。反觀，民主黨則更接納民權、女權、移民、同性戀等較為流動的世界觀。

　　兩大黨在最近幾十年的重新定位，讓美國選民的世界觀和政黨傾向更為一致。南方各州認同固定的世界觀，投票傾向整個偏向了共和黨。而民主黨在大都會地區和東西兩岸所提倡的社會福利、移民和多元聲音，獲得具有流動世界觀選民的青睞。兩大黨不僅僅在問題的解決方式上分歧，連基本的共識都無法達成，將對方視為一種困惑甚至威脅。舉例來說，在移民問題方面，固定派將移民視為阻止國家前進的動力、消耗社會成本與剝奪工作權利的外來影響力；而流動派則認為固定派這種說法缺乏同理心與人權普世價值，與美國傳統立國的概念背道而馳。單就一個移民問題，兩派人馬就視對方為威脅，不用說是共識，基本上已經到達嚴重分裂的地步。

2. 需要事先登記的投票制度不利於窮人

　　選舉是民主的精髓，但不是民主的全部。如果一國的憲法規定這個國家是民主體制，但這個國家只有一部分的人民投票，或有人想投票卻不能投票，就發生問題。美國投票式民主產生的第一個問題，是將近一半的美國公民從不投票。

就算他們想投票，也往往因為成本因素而作罷。

　　依據學者指出，在最近四次美國總統選舉中，有資格投票卻沒出來投總統的選民將近一億人。而較低職位的公職人員選舉，投票率更是出奇的低。這和美國發展兩百年的投票式民主有很大的關係，主要是人民在投票上所要花費的時間和金錢成本過高。在準備投票之初，選民必須先去車輛管理局（Department of Motor Vehicle, DMV）登記，才能具有選舉權。之後，具有投票權的民眾必須花時間開車到投票所排隊投票。這些都會降低人民投票的意願。

　　美國知名地理學與生物學者賈德·戴蒙（Jared Diamond, 2019）認為，只要公民的聲音沒有得到平等的展現，大部分的資源會只投資在少數菁英分子；美國人民過低的投票率及投票機制不公正，會造成美國民主的反面發展甚至衰敗。[66]

　　戴蒙認為，美國雖為老牌的民主國家，但它長期「干擾」合格選民去投票。例如，美國女性從立國以來，直到 1919 年才具有投票權。再如非洲裔的選民，早期也被排除在得以投票的選民之外；而阻擋他們投票的，就是有些州制訂的「祖父條款」——若你的祖父不能投票，則你也不能登記成合格選民去投票（戴蒙，2019）。

　　這些規定已經成為歷史，但在近年美國總統大選上，仍出現各州地方政府阻止選民登記投票的情況發生。舉例來說，2008 年佛羅里達州就出現高達十萬名支持民主黨的潛在選民（大多為拉丁裔），因為不能登記投票，而使民主黨候

選人艾爾・高爾（Al Gore）最後在州的選舉人票上，輸給了共和黨候選人喬治・布希（小布希；George Bush, Jr.）。[67]

規定人民先去登記才能選舉的制度，限縮了人民普遍參與政治的權力。研究發現，擁有駕照的選民中，白人比非裔或拉丁裔的比率高出許多。此外，有錢人比窮人更有機會在選舉前準備好駕照；因為窮人有很大機會沒有付交通罰款，駕照因此被吊銷而不能登記。

此外，美國在各州登記選舉的制度上不太一致。阿拉巴馬州在大量非裔的郡內關閉了車輛管理局（DMV）；而德州則只在三分之一的地方設置了車輛管理局。因此以上兩州的部分民眾，都必須開很遠的距離才能辦理駕照參與投票登記。這樣的制度，會造成選民在投票上的障礙，進而使投票率下降。[68]

六、民粹主義與政黨對立的崛起

隨著政治兩極化而起的是民粹主義（populism），福山（Fukuyama）則更精準地稱為民粹國族主義（populist nationalism）。[69]

無論是戴蒙或是海瑟林頓，很多學者的研究探討了不同世界觀造成美國人民政治的兩極化和民粹主義產生，並且警告世人，這樣的分裂並不只有在美國發生，全世界所有民主國家都可能有相同的情況。這點與朱雲鵬等在《理想國的磚

塊》（2017）的論述中不謀而合。朱雲鵬等指出，連以長時間民主為自豪的印度都無法對付「盲目民粹」的盛行，造成了行政效率的低落和國家集體弱智化。

　　「盲目民粹」有許多項特質，包括「競爭性民粹」、「侍從主義」、「欠缺審議」、「群眾動員」、「決策死結」、等……當這盲目民粹盛行的時候，專業和代議式民主的特質就會被消弭；政治人物會為了選票而在大眾媒體前譁眾取寵，對政策的審議、制度的改善、社會的和諧都沒有助益（Bardhan，2012[70]；朱雲鵬等，2017）。且不論是在公共政策的辯論、評估、理性選擇提案，或是在地方財政預算上的參與和審議，都沒有達到全民公平參與的目標。

　　當今政治人物愛用推特（Twitter）發表各式言論，以情感用語與選民直接溝通。另在媒體推波助瀾之下，政黨亦得以運用媒體來分化支持者。社群媒體上常出現錯誤訊息與煽動情緒，讓意識形態相似的民眾獲得他們想要的資訊。坎貝爾（Campbell, 2016）發現，不只是政黨，選民也走向高度的兩極化：自由派（liberals）與保守派（conservatives）之間水火不容；如此一來，美國選民明顯被切割成不同陣營，也使不同政黨關注的議題涇渭分明。

　　表 2.1 是坎貝爾整理美國選舉研究（American National Election Studies, ANES）後得出，自 1972 年至 2012 年間，總統選舉選民兩極化的數據。其中「與政黨意識形態一致」（ideologically aligned partisan）選項，代表選民認同崇尚自

由派的民主黨或崇尚保守派的共和黨。「與政黨意識形態相異」（ideologically misaligned partisan）代表選民認同保守派的民主黨或是自由派的共和黨；而「無政黨意識形態」（unaligned）則是代表選民中立、無意識形態或不知道如何區分意識形態。從表中我們可以看出選民對政黨意識形態的一致性自 1972 年以來大幅上升，這個結果清楚顯示美國政治生態愈趨極化（Campbell，2016）。

表 2.1　1972-2012 年美國選民的政黨極化傾向

總統選舉年	政黨傾向與自我意識形態傾向認同（%）		
	與政黨 意識形態一致	無政黨意識形態	與政黨 意識形態相異
1972	33.0	53.4	13.7
1976	34.4	55.0	10.7
1980	35.8	52.4	11.8
1984	39.1	49.5	11.5
1988	41.0	47.7	11.3
1992	41.5	47.5	11.0
1996	46.3	42.9	10.8
2000	43.1	46.3	10.6
2004	48.7	44.2	7.1
2008	50.0	43.0	6.9
2012	54.8	38.0	7.1
1972 至 2012 間之差距	+21.8	-15.4	-6.6

資料來源：Campbell，2016。

李維茲基（Steven Levitsky）與齊布拉特（Daniel Ziblatt）在他們專著《民主是如何終結的》（2018）[71] 中，也闡述當今西方世界，特別是美國民主遭遇的問題；他們認為美國民主已經到了危急存亡之秋；政客視自己的對手為敵人，威脅媒體自由，並傷害法院、情報機構等民主機構，將美國從「民主的實驗室」轉變為「獨裁的實驗室」（Levitsky and Ziblatt, 2018）。

　　美國社會資本日漸匱乏，代表人民之間缺乏互動與溝通。在缺乏溝通的情況下，因為沒有經過足夠的思考（Fishkin, 2004），只要政治人物或政黨稍加操作，便會影響人民，最終產生兩極化的政治生態；群眾運動等激烈手段也因此孕育而生。政治人物的操作、煽動言論與極端的思想，造成美國幾百年來民主發展受到嚴重打擊。人民雖然是民主概念中最重要的一個部分，但同時也可以覆舟。如何妥善處理人民角色，使人民適當參與政治，將是美國避免走向民主危機的重要關鍵。

第三章

美國社會與經濟結構分析：
那些人支持川普？

一、川普支持群眾的特徵

要評估川普的政治策略，瞭解他的政策走向，必須先瞭解美國的「民情」，也可稱為社會力的分析，從而瞭解他支持者的特性。第一個要處理的分類就是種族或族群。

美國是一個移民國家，加上原先有奴隸制度，種族或族群相當多元。依照美國人口統計局所使用的方法，美國人口大致有以下各種分類：

- 西裔：英文是 Hispanic：指西班牙裔或拉丁美洲裔（Latino）美國人，係來自中南美洲的移民或其後裔。西裔不是一個種族名稱，而是指移民來源地；中南美人有白人、黑人或其他種族，所以西裔中也可能有白人、黑人或其他種族。在 2019 年大約占全部人口 18.5%。[1]

- 非西裔白人：指非來自中南美的白種人，祖先是來自歐洲等國家的移民或其後代。在 2019 年大約占全部人口 60.1%。[2]

- 非裔或黑人：是指其本人或祖先原始來自非洲的黑人種族；包含任何人在人口調查時申報其種族為「黑人」或「非裔美國人」，或使用其他用語如「肯亞裔」、「奈及利亞裔」或「海地裔」。[3] 有些人認為直接使用「黑人」二字不妥當，應當使用「非裔」，但也有些人認為顏色是中性的，可以使用黑人二字。本書採取與美國人口調查局相同的語辭，就是「黑人」與「非裔」通用。在 2019 年大約占全部人口 13.4%。

- 亞裔：祖先來自東亞、東南亞或印度次大陸者；在 2019 年大約占全部人口 5.9%。[4]

- 其他：原住民包含美洲原住民、阿拉斯加原住民、夏威夷原住民等[5]，人口加起來占全人口 1.5%；另有 2.8% 的人申報為混合種族，亦即同屬兩個或以上種族。

　　以下用分析性的民意調查，來探求川普和拜登支持者的特性。此地主要引用皮尤研究中心（Pew Research Center）的民意調查，以及美國全國公共廣播電台／公共廣播電視網新聞時段 / 馬瑞斯特聯合民調。[6]

1. 種族與宗教：非西裔白人福音派基督徒對川普的支持率最高

- 非西裔非天主教基督徒中福音派白人[7]對川普支持度最高，超過八成。
- 非天主教非福音派對川普的支持也超過六成。
- 天主教非西裔白人對川普的支持超過六成，但由於大多數西裔成年人為天主教徒，而後者多支持拜登，故全體天主教徒有超過五成支持拜登。
- 新教徒黑人有八成八支持拜登。
- 無宗教者有超過七成支持拜登。

  詳見表 3.1。

表 3.1　皮尤中心的投票傾向調查：分宗教與族群

			占樣本成年人比	支持川普	支持拜登
成年人			100%	44%	54%
基督教			70.6%	55%	43%
	非天主教		49.8%	58%	40%
		福音派非西裔白人	18.7%	82%	17%
		非福音派非西裔白人	17.4%	61%	37%
		非西裔黑人	7.5%	8%	88%
	天主教		20.8%	47%	52%
		非西裔白人	12.2%	57%	42%
無宗教			22.8%	25%	72%

註：「占成年人比」是依據皮尤的 Religious Landscape Study（2014）所公布的粗百分比資料計算而來，調查樣本共約 3.5 萬人。「支持某某」是指「如果今天投票，請問您會投給誰或傾向投給誰？」；此投票傾向係於 2020 年 6 月 16-22 日進行調查，樣本來源為皮尤創建的 The American Trends Panel（ATP）：本次共調查 6,080 人，其中 4,708 人回答了問題。另，獲支持度較高者用粗體表示。
資料來源：Pew Research Center at https://pewrsr.ch/3g7TClQ，2020 年 7 月。[8]

2. 主流種族：非西裔白人對川普支持度較高

- 非西裔白人對川普的支持較高，有 53%。
- 西裔對拜登的支持率較高，達到約 2/3。
- 非西裔黑人對拜登的支持率相當高，接近 90%。

  詳表 3.2。

表 3.2　主流種族支持的人選

	成年人口比率	支持川普	支持拜登
非西裔白人	62.9%	53%	45%
西裔	16.0%	32%	66%
非西裔黑人	12.2%	7%	89%
成年人口比率合計	91.1%		

註：「支持某某」的意義與來源同表 3.1。
資料來源：成年人口比率來自 US Census Bureau 的 2019 年 7 月 1 日資料；「支持某某」的比率來自 Pew Research Center；樣本誤差同表 3.1。

3. 年齡：登記選民中年輕者較支持拜登

- 從「65 歲以上」到「50-64 歲」，到「30-49 歲」，再到「18-29 歲」，川普的支持率從 52%，降到 50%，再降到 38%，最後降到 28%。
- 反之，拜登的支持率，在此四年齡區間，從老到年輕，其支持度從 46%，升到 51%，再升到 60%，最後升到 68%。詳表 3.3。

表 3.3　不同年齡層支持的人選

	支持川普	支持拜登
18-29 歲	28%	68%
30-49 歲	38%	60%
50-64 歲	50%	48%
65 歲以上	52%	46%

資料來源：皮尤中心。[9]

4. 教育程度：登記選民中教育程度愈高則愈支持拜登

- 從「研究所」到「大專畢業」，到「大專肄業」，再到「高中或以下」，川普的支持率從 34%，升到 36%，再升到 47%，最後升到 52%。
- 反之，拜登的支持率，在此四類教育程度別中，從高教育到低教育，其支持度從前兩類的 64%，降到 51%，最後降到 46%。

詳表 3.4。

表 3.4 不同教育程度支持的人選

	支持川普	支持拜登
研究所	34%	64%
大專畢業	36%	64%
大專肄業	47%	51%
高中或以下	52%	46%

資料來源：同表 3.1。樣本誤差亦同。

5. 性別與政黨傾向：政黨傾向涇渭分明，但女性較男性更支持拜登

- 政黨傾向為民主黨者絕大多數支持拜登，女性尤然。
- 政黨傾向為共和黨者絕大多數支持川普，其中男性的支持度有 95%，女性比較低，為 88%。
- 政黨傾向為支持獨立候選人者，男性支持川普較多，女性則有 55% 支持拜登。

詳表 3.5。

表 3.5 不同政黨傾向及性別支持的人選

	占登記選民比	支持拜登	支持川普
民主黨男性	15%	91%	6%
民主黨女性	23%	97%	1%
共和黨男性	16%	3%	95%

共和黨女性	15%	12%	88%
獨立候選人男性	16%	40%	48%
獨立後選人女性	13%	55%	39%
合計	98%		

資料來源：NPR/PBS NewsHour/Marist poll。調查時間為 2020/6/22-2020/6/
24，樣本數 1515 人。樣本誤差為正負 3.5 百分點。

6. 城鄉別：都市居民較支持拜登，鄉村則支持川普

- 在大都市中，拜登的支持率達到近七成，在小都市中也超過五成。
- 在小鎮，川普的支持率達到五成五，而在鄉村地區則達到六成一。
- 郊區人口占全部登記選民人數約四分之一，是兵家必爭之地。

詳表 3.6。

表 3.6　城鄉別選民支持之人選

	占登記選民比	支持拜登	支持川普
大都市	20%	69%	26%
小都市	20%	51%	45%
郊區	24%	60%	35%
小鎮	19%	42%	55%
鄉村	18%	33%	61%
合計	100%		

註：由於四捨五入，占登記選民比之實際加總可能非 100%。
資料來源：同表 3.5。

在上表中，郊區選民的意向尤為關鍵。依據同樣的民調公司分析指出，2016 年時川普在郊區票數是以 49% 對 45% 贏了希拉蕊，但目前他在郊區民調卻以 35% 對 60% 輸給拜登。其實，這樣的變化在 2018 年期中選舉時已經出現，當時主要也是由於郊區選民的支持改變，導致民主黨重新掌握眾議院。

7. 在搖擺州決勝負

如前所述，美國總統選舉是間接而非直接選舉，最後勝負是由各州「選舉人票」決定。絕大多數的州採取「贏者全拿」制，也就是如候選人在該州獲得多數支持，則該州所有選舉人票都必須投給此位獲勝者。

在這個制度下，從全體選民來看，得到多數選民人數支持的候選人未必當選總統。例如 2000 年高爾比小布希多拿了 54 萬多票，但輸了選舉；2016 年希拉蕊則贏了接近 3 百萬票，但還是輸了選舉。

在此制度之下，有些州在傳統上對民主黨總統候選人有利，很難撼動，被稱為「藍色州」，也有不少州傳統上支持共和黨總統候選人，少有例外，被稱為「紅色州」。

依據皮尤民調，目前難於判定顏色的有六個州，勝負難料，可稱為「搖擺州」或「決戰州」[10]。這六個州以及相對應的選舉人票如下表所示：

表 3.7　美國 2020 年總統大選六個決戰州的選舉人票數

	選舉人票	占全美比率（%）
亞利桑那州	11	2.0
佛羅里達州	29	5.4
密西根州	16	3.0
北卡羅萊納州	15	2.8
賓夕凡尼亞州	20	3.7
威斯康辛州	10	1.9
六州合計	101	18.8
全美合計	538	100.0

資料來源：美國國家檔案局，見：https://www.archives.gov/electoral-college/allocation。

由以上分析可知，不同的族群分布和城鎮分布，對於不同的候選人會有顯著差異。但這些差異不是一夜之間形成，在短期也難有重大改變。以上這六個州各有其人口組成和城鄉分布特色，兩大黨的候選人都可以在其中找到支持者，而且雙方旗鼓相當，這樣才使得他們成為「搖擺州」。

8. 關鍵在投票率：用激情催出支持者投票比獲得全體選民支持重要

美國總統大選的投票率，也就是實際投票人數占 18 歲或以上公民的比率，通常都只有五成多，一如前述。所以，就算一位候選人贏得較多公民的支持，如果這些支持者沒有足夠的熱情出來投票，還是白搭。[11]

而這也是 2016 年川普的選戰策略。當時他的競選策士班農明白表示，川普的競選不強調團結，不求面面俱到，而是追求激情，追求死忠者出來投票。

　　從表 3.8 可以看出，投票率較高的族群通常是非西裔白人，而在 2008 年黑人投票率達到 64.7%，接近前者的 66.1%。到了歐巴馬追求連任的 2012 年前，反過來了，非西裔白人投票率下降，但黑人投票率上升，達到 66.2%，比前者還高。由於黑人支持歐巴馬的比率較高，這應該是 2012 年他獲得連任的重要因素。

　　到了 2016 年，剛好相反。黑人支持希拉蕊的比率較高，但其投票率只有 59.4%；非西裔白人支持川普的比率較高，而其投票率高，達到 65.3%，這應是川普當選的重要因素。

　　另外，同表可看出，年齡愈長，投票率愈高，另外女性的投票率通常比男性高，但在 65 歲或以上族群則相反。

　　投票率的重要，從 2018 年的期中選舉可以看出。該次選舉中民主黨頗有斬獲，重新獲得了眾議院的多數，有一個重要原因就是傳統支持該黨的選民，出來投票，衝高了投票率。

　　例如，較支持民主黨的女性，在 2014 年期中選舉時投票率僅為 45%，但到了 2018 年時躍升到 55%；較支持該黨的西裔選民，其投票率從 27% 升為 40.4%；同理，大學及以上學歷者，其平均投票率增加了 12 個百分點以上；大都市地區選民，其投票率增加了 13.3 個百分點；如表 3.9 所示。所以，民主黨眾議員是贏在投票的意願和熱情。

表 3.8　不同年齡及種族的投票率：2008-2016 年三次總統大選

人口依歲數	年	公民人口						全部人口	
		人口	全體	非西裔白人	黑人	亞洲人	西班牙裔	男性	女性
		千人	%						
全體	2016	245,502	61.4	65.3	59.4	49.0	47.6	53.8	58.1
	2012	235,248	61.8	64.1	66.2	47.3	48.0	54.4	58.5
	2008	225,499	63.6	66.1	64.7	47.6	49.9	55.7	60.4
18-24	2016	29,320	43.0	46.6	42.3	38.0	34.3	36.5	42.4
	2012	29,878	41.2	42.0	48.7	30.9	34.2	34.7	41.3
	2008	28,263	48.5	49.4	55.4	40.6	38.8	41.0	47.7
25-44	2016	83,699	56.5	60.0	56.7	47.5	46.1	45.5	52.3
	2012	80,770	57.3	58.8	65.0	46.9	46.6	46.2	56.4
	2008	81,701	60.0	62.1	64.0	47.3	47.7	48.4	55.3
45-64	2016	83,799	66.6	69.6	65.6	52.5	54.5	59.9	63.3
	2012	82,087	67.9	69.5	72.3	50.5	55.6	61.7	68.8
	2008	78,078	69.2	71.2	68.7	51.0	58.1	63.0	66.9
65+	2016	48,684	70.9	73.4	68.5	52.6	56.7	70.1	67.1
	2012	42,514	72.0	73.4	74.7	53.7	59.9	71.9	68.0
	2008	37,458	70.3	72.6	68.0	45.1	56.0	70.2	66.5

資料來源：US Census Bureau。

表 3.9　期中選舉投票選民占合格公民的比率：2014 與 2018 年

特徵	2014 投票率	2018 投票率	差額
全體	41.9	53.4	11.5
年齡			
18-29	19.9	35.6	15.7
30-44	35.6	48.8	13.2

45-64	49.6	59.5	9.9
65+	59.4	66.1	6.7
性別			
男性	40.8	51.8	10.9
女性	43.0	55.0	12.0
種族與西班牙裔			
非西裔白人	46	57.5	11.7
非西裔黑人	40.6	51.4	10.8
非西裔亞洲人	26.9	40.2	13.3
西班牙裔 (所有種族)	27.0	40.4	13.4
受教育程度			
高中學歷以下	22.2	27.2	5.0
高中或同等學歷	33.9	42.1	8.2
大學肄業或副學士學位	41.7	54.5	12.8
學士學位	53.2	65.7	12.5
高等學位	62.0	74.0	12.0
公民身分			
本地生公民	42.7	54.2	11.5
歸化公民	34.1	45.7	11.7
都市狀態			
都會區	41.5	53.7	12.2
主要城市	39.1	52.4	13.3
其他	42.9	54.4	11.5
非都會區	44.3	52.1	7.7

資料來源：US Census Bureau。[12]

綜合以上分析，可以看出，對川普最死忠的支持者來自福音派基督教徒、無大專學歷非西裔白人，以及鄉村人口。這些人的投票率如果衝高，川普容易連任；反之就不一定。

從上一章對美國大分裂的分析可以看出，這樣的支持者群像，並非偶然形成，而是從歐巴馬時代就埋下的種子。支持茶黨、對種族平等持不同意見、反歐巴馬、質疑歐巴馬美國人身分、反對政府對槍枝和健保的積極作為、反對擴大社會福利、看保守派電視主持人節目、聽保守派收音節目、看保守派社群媒體內容、參加右派人士遊行的，有很大的同質性。

在本書後面還會描述，這些思想上保守派的反撲，甚至在羅斯福總統實施新政時代，就已經開始醞釀。他們的反撲，到了1980年雷根當選總統開始成功，而2016年川普的當選，則是保守派擴大戰果的最新高峰。

不過，保守派畢竟不是全國百姓。就全民而言，對川普的滿意度從他上任以來大約都在 40-50% 之間徘徊，在 2020年五月曾經因為疫情減緩而升高，但之後發生重大種族爭議，且疫情重起，他的民調又開始掉落，不過隨著景氣的恢復，他的民調也逐漸升高。

而且，如同全美公共廣播電台／公共廣播電視網新聞時段，馬瑞斯特聯合民調所說，拜登在西裔或拉丁裔的選民中支持度還沒有打開。2020年6月時此群選民有59%支持他，但還是比2016年希拉蕊贏得的 2/3 比率低。[13]

2020年八月中旬的 NBC ／華爾街日報的民調顯示[14]：

- 全國有 50% 支持拜登，比川普的 41% 多 9 個百分點；比 7 月時的 11 個百分點縮小。
- 拜登的支持者來自黑人（88% 支持拜登 vs. 8% 支持川普）、中南美裔（57% vs. 31%）、18-34 歲選民（54% vs. 30%）、獨立選民（49% vs. 25%）、大學程度以上百人（58% vs. 35% percent）、女性（57% vs. 36% percent）及年長者（50% vs. 43%）。
- 川普的支持者來自白人（49% 支持川普 vs. 42% 支持拜登）、男性（47% vs. 43%）及大學以下學歷百人（59% vs. 27%）。
- 61% 的受訪者對於美國處理新冠疫情覺得不成功。
- 經濟和治安是川普強項；拜登則在其他方面領先，包含領導人特質、外交政策、移民、醫療、控制疫情、團結、種族關係等。
- 選民最關心的議題依次是經濟（51%）、團結（43%）、領導人特質、（34%）、醫療（29%）及疫情（27%）。

從以上結果可推測出，在所有變動因素中，可能決定 2020 年大選中六個決戰州的最後勝負，乃至其他所有州的勝負，至少應該有兩件事：一是疫情下的經濟（民眾第一關心議題），另一是種族（也就是團結；民眾第二關心議題）。以下先分析疫情。

二、川普的美國夢實現了嗎：被疫情打亂的格局

在 2020 年 2 月初，美國還沒有疫情的時候，川普的經濟政策曾獲得廣泛的支持。依據蓋洛普在 2 月 4 日發布的民意調查，川普的經濟成績獲得 63% 的支持率，比同機構在一季之前所發布者升高了 6 個百分點，成為過去 19 年所有總統中最高者。[15]

美國夢的經濟解釋，已在第一章中說明。而且該章也清楚指出，這個夢從 1980 年之後，就開始逐漸破碎。所得分配不平均的問題，到了 2014 年左右，可以說到了破碎的高峰，也就是不平均的歷史上高點。實質薪資雖然從 1994-95 年開始回升，到了 2016 年也還不到 44 年前（1972 年）的水準。

川普上台後，推動的主要經濟政策是以租稅特赦鼓勵海外資金回流、減稅、減少福利支出，還有採取單邊主義處理貿易問題。第一項政策至少在短期，會有刺激景氣的效果，對整體經濟情勢有推升的作用。長期而言，對於美國夢的維持將有相反效果，因為可能會導致所得分配更不平均，也會使得未來政府預算赤字更高。[16] 不過，對追求連任的川普而言，短期效果當然比長期效果重要。

事實上，經濟情況的好轉從歐巴馬任期最後一年的年中已經開始，等川普當選後，繼續好轉，經濟成長率上升到 2018 年第二季的 3.2%，其後雖回跌，到 2019 年第四季也還有 2.3%。[17]

失業率方面，其下降趨勢更早開始，在歐巴馬任期的第一年（2009 年）10 月的 10% 的高峰，也就是從 2008-09 年金融海嘯結束後，即不斷下降，到了他任期結束時的 2016 年 12 月，已經掉到 4.7%。川普上任後，失業率繼續下落，在 2020 年 2 月疫情來臨之前，跌到 1969 年以來的最低水準 3.5%。[18]

在薪水方面，16 歲以上全職受雇者的實質週薪從歐巴馬時代 2014 年第二季的 330 元（以 1982-84 年幣值表示），就開始上升，川普上任後繼續漲，到了 2020 年第一季，已經來到 367 元。[19]

在這種情況下，當時川普的選情看好，不足為奇。而且，當時不止是全國好，在決戰州的六個州裡面，經濟狀況都在好轉中。

以全國民營平均每小時時薪為例，2017 年 1 月川普上任之初為 26 元，比前一年同月上升了 2.5%，但當時消費者物價也上漲了 2.5%，所以實質薪資沒有動，而且當時失業率為 4.7%。到了 2020 年 2 月，也就是此波經濟成長的高峰，時薪上升到 28.5 元，年增率則增加到 3%，超過物價上升的 2.3%；而失業率降到了歷史低點，一如上述；詳表 3.10。

表 3.10　全國民營企業平均每小時時薪（經季節調整）

	2017/1	2020/1	2020/2	2020/3	2020/4	2020/5	2020/6
美國	26.0	28.43	28.52	28.69	30.03	29.72	29.37
與前一年比較 %	2.5%	3.1%	3.0%	3.4%	8.0%	6.6%	5.0%

消費者物價指數與前一年比較 %	2.5%	2.5%	2.3%	1.5%	0.4%	0.2%	0.7%
失業率	4.7%	3.6%	3.5%	4.4%	14.7%	13.3%	11.1%
亞利桑那州	24.76	27.14	27.39	27.32	27.96	27.84	
與前一年比較 %	5.9%	4.5%	5.5%	4.9%	6.9%	6.2%	
失業率	5.1%	4.5%	4.5%	6.1%	13.4%	8.9%	
佛羅里達州	23.87	25.98	26.32	26.3	27.03	26.7	
與前一年比較 %	5.2%	2.3%	3.5%	3.4%	6.1%	5.1%	
失業率	4.6%	2.8%	2.8%	4.4%	13.8%	14.5%	
密西根州	24.42	26.83	27.04	27.12	28.55	28.23	
與前一年比較 %	1.7%	3.1%	3.2%	3.6%	8.5%	6.8%	
失業率	4.9%	2.8%	2.8%	4.4%	13.8%	14.5%	
北卡羅萊納州	23.79	25.68	25.91	25.98	26.92	26.72	
與前一年比較 %	4.2%	1.8%	3.0%	3.3%	7.2%	5.4%	
失業率	4.9%	3.6%	3.6%	4.3%	12.9%	12.9%	
賓夕凡尼亞州	25.01	26.59	26.79	26.81	27.93	27.83	
與前一年比較 %	2.1%	1.7%	3.1%	3.6%	8.0%	6.9%	
失業率	5.2%	4.7%	4.7%	5.8%	16.1%	13.1%	
威斯康辛州	24.37	26.75	27.13	27.18	28.15	28.18	
與前一年比較 %	2.9%	3.7%	4.4%	4.0%	8.0%	7.7%	
失業率	3.6%	3.5%	3.5%	3.1%	13.6%	12.0%	

資料來源：Current Employment Statistics, Bureau of Labor Statistics。

圖 3.1　美國單日確診人數：2020/2/15 到 2020/8/30

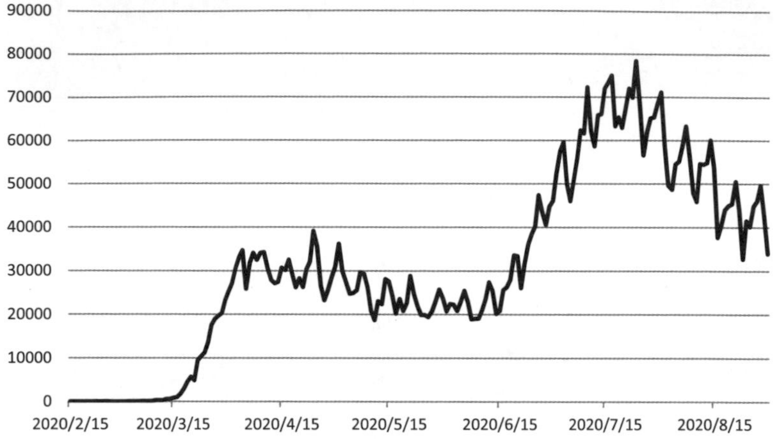

資料來源：https://www.worldometers.info/coronavirus/country/us/。

在六個決戰州中，經濟情況也顯然改善。在威州，時薪從 2017 年元月的 24.4 上升到 2020 年 2 月的 27.1 元。其他州的情況也都還不錯；在佛羅里達和密西根，在 2020 年 2 月的失業率只有 2.8%，不但低於全國，應當也是全世界最低的水準之一。在亞利桑那和賓州，即使失業率仍高，時薪還是大幅上升了。北卡羅來納州生活水準相對落後，但時薪也從川普初上任的 23.8 元，增加到 2020 年 2 月的 25.9 元。

但是疫情一來，豬羊變色。全國失業飆升到 2020 年 4 月的 14.7%，在決戰的六個州，情況類似，賓州飆到了 16.1%，其他州也飆到了 13 到 14%。

經濟轉壞，川普對疫情的處理引起民怨，他的聲望開始

下跌。在美國疫情從 2020 年 4 月的高峰好轉，而到了 6、7 月又開始轉高的時刻（見圖 3.1），百姓的恐慌和對川普的不滿更充分地顯現出來。

2020 年 9 月，先前尼克森總統水門案的揭發者之一、華盛頓郵報著名記者伍華德（Bob Woodward）出版《憤怒》（*Rage*, 2020）一書，指控川普早知新冠病毒之屬害，但故意隱匿；則又為選情投下一個變數。

三、種族爭議：「黑人的命也是命」

2020 年 5 月 20 日，美國明尼蘇達州首府明尼亞波里斯市發生警察暴力致死案，一名 46 歲無武裝的非裔男子佛洛伊德（George Floyd）因涉嫌使用假鈔遭警員用膝蓋壓頸，最後斷氣身亡，掀起全美怒火。從那時之後的好幾個月，又發生了多起警察暴力造成死傷事件，加上一些警察處理非裔民眾的舊案被重提，結果到了第三季，抗議都沒有中斷。值得注意的是，部分抗議活動和平進行，但另外一些示威則失控，出現民眾趁火打劫，包含名牌精品店、蘋果手機店和生活用品百貨店像 Target 都難逃一劫。另外也有暴民打砸 ATM 提款機，在加油站放火，甚至搶劫行駛中的 UPS 貨車。

從這裡可以看出，不止是種族問題，還有貧富不均問題在後面使力。根據最新統計，美國 2018 年家庭總收入之中位數，全國為 63,179 美元，其中亞洲人為 87,194 美元，白人為

圖像 3.3　非裔男子佛洛伊德之死引發抗議：2020 年 5 月加州奧克蘭市

圖片來源：Daniel Arauz (https://commons.wikimedia.org/wiki/File:2020-05-29_GeorgeFloyd-BlackLivesMatter-Protest-in-Oakland-California_192_(49952391632).jpg)；原圖為彩色。

70,642 美元，拉丁裔為 51,450 美元，而黑人只有 41,361 美元，大約是全體的 2/3 不到，凸顯種族間所得分配的不平均。

　　疫情對於少數族群，尤其是非裔家庭的打擊，也比對其他家庭重，無論就死亡率或經濟衝擊來說都是如此。2020 年 5 月美國確診人數回升，其中重災區是亞利桑那、德州和佛羅里達。但是，疫情對中下階層的影響更大：依據聯邦醫療保險（Medicare），這個對於殘障及超過 65 歲民眾提供醫療

保險的社福制度，被保險人中的黑人，在得病後必須住院的比例是白人的 4 倍。

在經濟衝擊方面也是如此。美國本來就有嚴重的貧富不均問題，而且大多數美國人沒有可以處理突發經濟變局的儲蓄資金：依據 2019 年的一個調查，45% 美國人儲蓄帳戶金額是 0，另外 24% 的人儲蓄帳戶金額少於 1000 美元。這兩個比例加起來為 69%，意思是 7 成美國人不是一毛儲蓄都沒有，就是少於 1,000 美元以下。[20]

疫情一來，如果沒有聯邦政府發的補助，生活就過不下去了。而且，即使有補助，等到付完房租、水電、加油、車貸等費用後，往往還是不夠，所以各地發放免費食物的慈善機構，一般稱為「食物銀行」，都出現長龍。例如在德州聖安東尼奧，排隊去食物銀行領取免費食物的車非常多，密密麻麻看不到盡頭，大概要排 3、4 個鐘頭才領得到。

2020 年 5 月美國失業率為 13.3%，比 4 月的 14.7% 略降，但是黑人的失業率反從 16.7% 增加到 16.8%，而亞裔的失業率則從 14.5% 增加到 15%。看來部分餐廳、酒吧和其他營業的開放，對白人的就業較為有利。

在這種情況下，佛洛伊德案所重啟的「黑人的命也是命」（Black Lives Matter）運動，除了是黑人民權運動的延續以外，也是一個抗議經濟上不平等的運動。如果黑人被歧視，那黑人就得不到公平的發展機會，經濟上也會居於下風。黑人如此，來自中南美洲移民的西裔人也是一樣。

圖像 3.4　美國國軍協助南卡羅萊納州第二收穫食物銀行（Second Harvest Food Bank）分發食物：2020 年 5 月

圖片來源：https://commons.wikimedia.org/wiki/Category:Food_banks#/media/File:South_Carolina_National_Guard_(49856960492).jpg；原圖為彩色。

　　疫情讓很多單位改為遠距的「線上」上班，但對於靠勞動而工作的中下階層製造業和服務業，這個無法成為選項：他們不可能脫離工廠從事製造，也不可能在家裡端盤子或理髮；加上他們沒有資源獲得檢測，或甚至沒有醫療保險，導致他們成為疫情的最大受害者。佛洛伊德死後出現的「黑人的命也是命」的標語，其實可以改為「99% 人民的命也是命」。[21]

　　不過，對於種族歧視的抗議活動，有些如上述產生暴力，有些發展到重新檢討美國早期象徵人物的歷史定位，包含開

國元勛華盛頓和傑弗遜，對於大多數美國人而言，可能覺得過頭，所以也會引發反彈。

最會利用這種反彈心理的就是川普。美國南達科塔州的拉什莫爾山（又稱總統山）上，雕有四位元勛級總統的塑像：華盛頓、傑佛遜、老羅斯福和林肯，是著名景點。他在 2020 年國慶前一日前往該山發表演說，強力反擊對於開國元勛的質疑。[22]

對於各地示威活動所衍生的亂象，他則呼籲「法律與秩序」，還派聯邦部隊前往奧勒岡州的波特蘭市，去「維持秩序，保護聯邦財產」。依據報導，聯邦部隊不止是防守聯邦財產而已，還用胡椒、催淚彈等打擊抗議群眾，結果引發更多的抗議。[23] 但後者對他有利：愈亂愈能凸顯「法律與秩序」的重要。

四、拜登也許不是沒有機會，但絕不能低估川普

如前所述，到了 2020 年 7 月，很多媒體或民調都發現川普的支持度落後拜登，從而預估拜登將在 2020 年 11 月的總統大選獲勝。依據紐約時報／錫耶納學院在 2020 年 6-18 日，對 3,870 位已登記選民所做的民調，拜登在該報所定義的六個「搖擺州」或「決戰州」：密西根、威斯康辛、賓夕凡尼亞、佛羅里達、亞利桑那、北卡羅萊納，都領先川普。[24]

即便如此，川普不能被低估。離 2020 年 11 月 3 日的投票日，還有好幾十天；很多事無法預期。例如：

1. 經濟是否好轉：

2020 年 7 月的第二波疫情，到了 8 月看來已經過了高峰，新確診人數開始回降；這會使得經濟的升溫加速。疫情下的生活管制和經濟開放是兩難，管制回復嚴格，才可以使疫情減緩，但如再度開放，又可能使疫情升溫。如果這兩者拉扯的淨結果，是開放比管制稍微多一點，經濟將持續改善，對川普有利。

最新的統計顯示，經濟衰退最壞的情況應該已經過去。[25] 從失業率來看，已經從 2020 年 4 月的 14.7%，下降到 6 月的 11.1% 和 7 月的 10.2%；到了 2020 年 8 月，失業率又進一步降到 8.4%，是就業復甦有力量的一個重要訊號。這樣的經濟走勢對現任者有利。

2. 種族議題是否淡化：

種族問題的延燒一開始對川普不利，但由於很多地方發生暴力破壞，對川普的不利性已經降低。而且川普打「法律與秩序」牌，對相當數量選民會有效，一如前述。

3. 中美關係：

從 2020 年 3 月開始，川普試圖把新冠病毒的問題導向中國，光在 3 月 16 到 30 日期間，就使用了「中國病毒」字眼共 20 次。[26] 從 7 月開始，中美的對立更升溫了，例如美國

以從事間諜為名忽然關閉中共在德州休士頓的領事館；中共隨即以關閉美國在成都的領事館作為報復。國務卿蓬佩奧於7月23日在加州新開幕的前總統尼克森圖書館致詞時，大力抨擊中國共產黨政權。[27]

所以大選前這段時間，還要看中美關係方面，川普會不會出新招來獲取民眾的支持，以及中共如何接招、美國民眾的觀感如何變化。[28]

4. 激情與投票率：

美國總統大選通常會有辯論。目前很難預測誰會在辯論中勝出；川普在煽動式的語言上有他的長處，拜登比較溫和，比較不容易激起選民的熱情——熱情會影響到投票率，是勝負的關鍵，如前所述。基於同樣的道理，川普只要想盡辦法，用廣告、造勢等，確定決戰州的死忠者（白人高中或以下學歷、福音派基督徒、住在鄉村）有熱情出來投票，他還是站在贏面。

另外，還有以下幾個觀察，顯示出人民對拜登的支持不夠堅實，有可能轉變：

- 對拜登的支持主要來自對川普的反對，而非其本身魅力：皮尤中心對已登記選民的民調（2020年6月）顯示，傾向於投票給拜登的民眾，其中約有2/3，其支持拜登的原因來自「反對川普」，只有1/3是真正支持拜登。相反地，傾向於投票給川普的民眾，其中約有76%，是認

同川普這個人，只有 24% 是為了反對拜登而要投票給川普。2020 年 8 月 NBC ／華爾街日報民調顯示類似結果。

- 拜登的支持者對於拜登當選總統的表現並非很有把握：
  同樣依據皮尤中心這份民調，在支持拜登的已登記選民當中，認為拜登當選總統以後的表現，會是「普通」的，高達 43%，而認為他會是「好」的，是 40%，認為會是「很好」的，只有 11%。相反地，在支持川普的已登記選民當中，認為川普連任總統以後的表現，會是「很好」的，高達 42%，會是「好」的，也有 40%，這兩項加起來就有 82%，遠超過拜登的 51%。二人所獲支持的熱情度差異，由此可見一斑。

- 拜登在關鍵州的民調領先不如 2016 年希拉蕊，但後來川普贏了這些州：
  例如在威斯康辛州，依據 RealClearPolitics（RCP）統計的各家民調平均數，2020 年 8 月拜登領先川普 3.5 個百分點（48.0% vs. 44.5%；7.5% 未表態）。[29] 同樣的 RCP 資料顯示，2016 年投票日前夕希拉蕊在該州民調領先達 6.5 個百分點（46.8% vs. 40.3%；12.9% 未表態），但實際投票結果為希拉蕊拿 46.5%，和選前民調支持率相當，川普得 47.2%，卻遠超過選前民調。上述 2020 年 8 月民調的未表態選民比率比 2016 年要低得多，但仍有可能出現川普的隱性（未表態）支持者在投票日忽然現身。在密西根，有類似現象，2020 年 8 月拜登領先 2.6 個百

分點，小於 2016 年選前希拉蕊領先的 3.4 個百分點，但是那年川普倒贏了 0.3 個百分點。

- 目前美國黃金時段新聞談話節目的收視率，仍然以保守陣營的福斯為高：

福斯新聞是最重要的保守派媒體，而在有線電視黃金時段的談話節目收視率方面，福斯非但沒有下降，反而上升。在 2020 年第二季，也就是疫情加重，而川普的民調開始轉下的這一季，福斯以 357 萬平均收視觀眾，穩居龍頭，第二名是國家廣播公司的 MSNBC，觀眾近 200 萬，而 CNN 是第三，觀眾為 181 萬。[30]

福斯最受歡迎的五個節目，分別是（1）Tucker Carlson Tonight，2020 年第二季平均每日有 433 萬人收看；（2）Hannity，平均 431 萬人收看；（3）The Five，390 萬人收看；（4）Special Report with Bret Baier，366 萬人收看；以及（5）The Ingraham Angle，362 萬人收看。基本上這些節目都挺川普，而其中 Hannity 節目主持人漢尼提更是川普好友，在節目中也是極力幫助川普，如前所述。雖然川普民調滑落，這些保守派節目的收視率沒有滑落，反而創新高，是另一個拜登不會樂意看到的訊號。[31]

- 依據初選得票數的選舉模型預測川普勝選：

美國有些選舉預測模型不使用民意調查，而是依據其他資料。其中一個著名的模型，是紐約大學石溪分校諾波思（Helmut Norpoth）教授所開發的「初選模型」

（Primary Model）。此模型用各黨候選人在初選時的得票表現，來預測最後的結果。從歷史模擬來看，此模型成功地預測了過去 27 個選舉中的 25 個——唯一的兩個例外，是 2000 年布希靠大法官判決得到勝利，還有得票極為接近的 1960 年甘迺迪獲勝。在 2016 年，他成功預測川普當選，這次，他說川普有 91% 機會可以連任。[32]

- 川普在社群媒體多享有正評：

我們依據美國社群媒體統計調查 Buzzsumo 公司的資料，把 2020 年 1-3 月以及 6 到 7 月美國臉書等社群媒體中，總互動數大於 25 萬的筆數統計出來，結果如附錄。這些筆數是來自「川普」和「川普 新冠病毒」兩組關鍵字，所搜尋而來的社群媒體互動內容。從附錄的各表可以看出，絕大多數均為正評——很多發自川普本人，或支持川普的媒體和網紅。只有在 2020 年 6 月疫情再度升高時，出現極少數的負評。

因此，我們在本節標題中說：「拜登也許不是沒有機會，但絕不能低估川普」。

附錄 「川普」或「川普 新冠病毒」相關的社群媒體互動內容

表 3A.1　2020 年 1-3 月份「川普」或「川普 新冠病毒」相關的社群媒體互動

編號 日期 正負評	內容 網址 上傳者	回應 / 按讚 / 評論 / 分享 / 總互動
1 03/12 正	• 川普總統就美國的新型冠狀病毒反應向美國發表演說。 • https://www.facebook.com/FoxNews/videos/223753825701231/ • foxnews	92.3K/ 302.5K/ 57.4K/ 178.2K/ 630.4K
2 03/24 正	• 新抗疫藥初步顯示成果良好！明天在紐約和其他地方開始銷售。 • https://nypost.com/2020/03/22/Florida-man-with-coronavirus-says-drug-touted- by-trump-saved-his-Iife/ • donaldtrump	55.7K/ 297.8K/ 17.3K/ 130K/ 500.8K
3 01/09 正	• 根據格倫加里夫集團（Glengariff Group）1 月 3 日至 7 日對 600 名選民進行的民意調查，反對彈劾川普的比率為 51％對（贊成比率）44％，較 2019 年 5 月的調查略有下降，當時選民反對者為 53％對 40％。 • https://www.detroitnews.com/story/news/poIitics/2020/01/09/poII-mich-majority-still-opposes-impeachment-but-opposition-waning/2846798001/ • detroitnews	555/ 1.1K/ 314/ 415.6K/ 417.6K

4 02/24 正	• 川普總統在印度艾哈邁達巴德（Ahmedabad）全球最大的板球體育場集會上演講。 • https://www.facebook.com/bIoombergbusiness/videos/216018739550921/ • bloombergbusiness	66.2K/ 208.8K/ 148K/ 308K/ 320.3K
5 03/12 中性	• 我們國家正在為最壞的情況做準備。我們為了遭受冠狀病毒再起之苦的人禱告。這些人有人生病了，有人失去了家庭成員，有人陷入了經濟困境。 • https://www.facebook.com/FranklinGraham/posts/3139012272821599?__xts__[0]=68.ARAr5-ocpuVelt1--FFLsjJNg7zhN3CPoxorD0jmLgN1aoZ7yaRyAOwc1E4b65Vs1LhbVrH2lSJ2O5PTps12q-PIKTUT9AVV1zNTqRiXH2FGHmMMn3vyVLNXfGCsJrxq_2qSbjeN4yXewIHLuTwZjbSMSvAJ-X6AXTV24RE7l-t8ZieTfSytH1sRbCTkxrbe5qneaTSYga0UkU7vyVCNs1G8Lhexf_Pm_InHpxoptcpSyOdLcRTtqaoEAsUfXPd6Uc0LmImGOtqIhv0uqUvJehV5Rw_L4gc7uRbE4BNIS6FNfU7cI05643T8RyHZSN_ohuNxCukXAkSJ6ayLyiB_SQ • franklingraham	38.4K/ 175.2K/ 31.9K/ 51K/ 296.6K
6 03/25 正	• 蓋洛普（Gallup）昨日發表民意調查，稱60%的人贊成唐納川普總統如何處理冠狀病毒危機。蓋洛普沒有問我，但我想表達我的支持聲音！你呢？ • https://www.bloomberg.com/news/articles/2020-03-24/trump-s-handling-of-coronavirus-approved-by-60-in-gallup-poll-k86e29ot • franklingraham	33.3K/ 189.6K/ 24.6K/ 27.1K/ 274.7K

7 01/18 正	• ……全國冠軍賽季，路易斯安那老虎隊（LSU）星期五在白宮被唐納川普總統表彰。活動結束後，四分衛喬・伯羅（Joe Burrow）說他很高興有機會去白宮…… • https://www.facebook.com/FoxNews/photos/a.184044921335/10158921828191336/?type=3 • foxnews	314K/ 178.8K/ 1.9K/ 276K/ 251.7K

資料來源：Buzzsumo；由關鍵字「Trump」及「Trump Coronavirus」搜尋結果合併而來，於 2020 年 4 月 1 日取過去三個月總互動最大者（至少超過 25 萬次總互動）。

表 3A.2　2020 年 6 月 1 日至 7 月 5 日「川普」或「川普 新冠病毒」相關的社群媒體互動

編號 日期 正負評	內容 網址 上傳者	回應 / 按讚 / 評論 / 分享 / 總互動
1 06/21 正	• 黑人男子騷擾川普支持者。德隆・斯萊特（Deron Slater）對反對川普的煽動者說：「兄弟，你不會讓我閉嘴的。」 • https://www.facebook.com/Breitbart/videos/2488766281424546/ • breitbart	112.1K/ 321.3K/ 78.2K/ 406.3K/ 917.8K
2 06/14 正	• 唐納・川普總統生日快樂！感謝您努力不懈為我們國家所做的一切。您和您的家人在我們的祈禱中！ • https://www.facebook.com/FranklinGraham/photos/a.133380553384801/3377034662352691/?type=3 • franklingraham	119.9K/ 498.4K/ 142.7K/ 58.8K/ 819.8K

3 06/13 正	• 有三種類型的人讓事情發生（make things happen）。 • https://www.facebook.com/officialteamtrump/photos/a.1774950726127810/2688567156766158/?type=3 • donaldtrump	145.7K/ 265.8K/ 15.5K/ 79.7K/ 506.6K
4 07/05 正	• 美國海軍藍天使在週五晚間參加拉什莫爾山（Mount Rushmore）國家紀念公園的低空飛行表演，之後唐納・川普總統發表談話。 • https://www.facebook.com/FoxNews/photos/a.184044921335/10159614201636336/?type=3 • foxnews	120.1K/ 271.2K/ 12.5K/ 46K/ 449.8K
5 06/21 正	• 直播：川普總統在塔爾薩（Tulsa，Oklahoma）。 • https://www.facebook.com/Donald Trump/videos/3033722679997355/ • donaldtrump	108.5K/ 178.6K/ 114.2K/ 39.3K/ 440.6K
6 06/23 正	• 川普群眾大會創福斯新聞星期六晚上有史以來最大的收視率。 • https://www.foxnews.com/media/trump-rally-gives-fox-news-largest-saturday-night-audience-in-history • donaldtrump	64K/ 278.2K/ 16.4K/ 41.7K/ 400.2K
7 06/21 正	• 假新聞媒體不會在電視上向您展示這則：！！！我們在奧克拉荷馬州塔爾薩市的川普集會上跳舞和慶祝，我們很高興見到真的唐納・川普總統，我們很高興能在一個充滿愛國者的場合裡…… • https://www.facebook.com/terrencekwilliams/videos/195874335049319/ • terrencekwilliams	86K/ 164.9K/ 19K/ 87.7K/ 357.6K

8 06/29 正	• 川普行政命令剝奪了未能保護聯邦紀念碑的城市獲得聯邦資金的權力。 • http://dlvr.it/RZXqvq • officialbenshapiro	51.4K/ 235.2K/ 15.2K/ 53.9K/ 355.7K
9 06/22 正	• 媒體抓住機會談論本週末川普總統在塔爾薩舉行的集會上出現的人數少於正常人數。超過 6000 人。不算少。塔爾薩官員表示，有 6200 人參加了川普的集會，競選活動試圖將人數少於預期的原因歸咎於激進的抗議者和媒體。 • https://www.cnn.com/2020/06/21/politics/trump-rally-tulsa-attendance/index.html • franklingraham	52.1K/ 216.5K/ 39.9K/ 39.8K/ 348.3K
10 06/27 正	• 一個出身自寄養家庭的我，能夠與川普總統在白宮的講台上講話，是美國夢…… • https://www.facebook.com/terrencekwilliams/videos/318232172520312/ • terrencekwilliams	87.3K/ 134K/ 37.6K/ 56.5K/ 315.4K
11 06/25 負	• 億萬富翁企業家及達拉斯小牛（Dallas Mavericks）老闆馬克・古賓（Mark Cuban）週二對肖恩・漢尼提（Sean Hannity）說，在 11 月的選舉中他更喜歡前副總統喬・拜登而不是川普。 • https://www.facebook.com/FoxNews/photos/a.184044921335/10159570522941336/?type=3 • foxnews	179.5K/ 19.9K/ 90.2K/ 10.1K/ 299.7K
12 06/22 負	• 川普期望成千上萬的人為了他出現在塔爾薩，但只有 6,200 個。我認為全國各地可能會發生巨變，人們正在抓捕欺詐行為……川普在塔爾薩的噩夢。 • https://www.facebook.com/berniesanders/	58.7K/ 140.3K/ 18.4K/ 79.7K/ 297.1K

	videos/621598215117144/ • berniesanders	
13 07/05 正	• 唐納‧川普總統與第一夫人梅拉尼婭‧川普，一起在 7 月 4 日週末星期五晚上於拉什莫爾山，迎來美國獨立日的紀念活動。 • https://www.facebook.com/FoxNews/photos/a.18 4044921335/10159614289956336/?type=3 • foxnews	68.8K/ 181K/ 7.4K/ 13.5K/ 270.7K
14 06/24 正	• 在 2016 年的上屆總統選舉中，我提醒全國各地的人們，選舉與唐納‧川普以前的生活方式或希拉蕊‧克林頓遺失的電子郵件無關，而是與法院有關。您相信誰會任命保守派的法官？…川普即將任命他的第 200 名聯邦法官，會持續影響好幾代！ • https://www.nbcnews.com/politics/white-house/ trump-about-land-his-200th-judge-lasting-legacy- poised-reshape-n1231377 • franklingraham	38.3K/ 188.8K/ 10K/ 31.2K/ 268.3K
15 06/23 正	• 唐納‧川普總統星期二早上宣布，任何人若發現有人破壞古蹟或任何其他聯邦財產都將受到逮捕，並面臨 10 年刑期。川普呼籲針對破壞古蹟的破壞者要逮捕並入獄：「沒有例外！」 • https://www.foxnews.com/politics/trump-calls- for-arrests-prison-time-for-vandals-targeting- monuments-there-will-be-no-exceptions • foxnews	35.5K/ 167.6K/ 18.1K/ 29.3K/ 250.5K

資料來源：Buzzsumo；由關鍵字「Trump」及「Trump Coronavirus」搜尋結果合併而來，於 2020 年 7 月 6 日取過去一個月總互動最大者（至少超過 25 萬次總互動）。

表 3A.3　2020 年 7 月 6 日至 8 月 6 日「川普」或「川普 新冠病毒」相關的
社群媒體互動

編號 日期 正負評	內容 網址 上傳者	回應 / 按讚 / 評論 / 分享 / 總互動
1 08/04 正	• 川普提供 3500 萬美元援助人口販賣的倖存者。 • https://apnews.com/89347d1b618ab522ec6d13aa 114f4e92 • donaldtrump	134.4K/ 430.9K/ 21.1K/ 191.6K/ 778.1K
2 07/13 正	• 逃離古巴共產黨的古巴移民受邀請到白宮。沒 有人準備好要聆聽他針對美國夢的演講。哇！ 觀看並引人啟發。古巴移民針對美國夢的演講 令川普總統驚訝。 • https://www.facebook.com/DonaldJTrumpJr/ videos/300203311344972/ • donaldjtrumpjr	90K/ 222.8K/ 23.5K/ 315.9K/ 652.2K
3 07/18 正	• 川普總統告訴哥倫比亞廣播公司（CBS）記者 "白人也被警察殺害"。 • https://www.facebook.com/thehodgetwins/ videos/283361816065533/ • thehodgetwins	62.7K/ 278.1K/ 23.8K/ 177.8K/ 542.4K
4 07/09 正	• 川普聽她說的每句話……一個（反對為疫情關 閉學校的媽媽）直接向川普發表意外講話，房 間變得寂靜。 • https://www.facebook.com/dan.bongino/ videos/642406229697287/ • dan.bongino	84.1K/ 197.4K/ 56.6K/ 183.1K/ 521.2K

5
07/15
正
	• 共和黨人對川普總統的支持率為96％。謝謝！
	• https://www.facebook.com/DonaldTrump/
	  posts/96-approval-rating-of-president-
	  trump-in-the-republican-party-thank-
	  you/10165090553490725/
	• donaldtrump
		81.6K/
		388.5K/
		18.2K/
		11.5K/
		499.9K

6
07/10
正
	• 共和黨對川普總統支持率達到96％。謝謝！
	• https://www.facebook.com/DonaldTrump/
	  posts/president-trump-approval-rating-
	  in-the-republican-party-at-96-thank-
	  you/10165062072925725/
	• donaldtrump
		81.9K/
		352K/
		15.6K/
		11.1K/
		460.7K

7 07/08 正	• 史詩！一位愛國黑人川普的支持者及退伍軍人艾倫・韋斯特（Allen West），完全摧毀了這些自由派大學生，尤其是最後的那些！黑人川普支持者完封了大學自由派。 • https://www.facebook.com/thehodgetwins/ videos/3397138490297233/ • thehodgetwins	52.7K/ 199.7K/ 16.8K/ 130.5K/ 399.7K
8 07/13 正	• 報導說，在民主黨州長、市長未能阻止損害之後，川普拒絕來自明尼蘇達州對聯邦資源的請求。 • http://dlvr.it/RbSp4h • officialbenshapiro	67.9K/ 258.6K/ 31.8K/ 35.1K/ 393.4K
9 07/24 正	• 這些是國務卿蓬佩奧的一些強力言詞。讓我們記住要為他、唐納・川普總統、副總統邁克・彭斯和我們在華盛頓的其他領導人特別禱告。邁克・蓬佩奧說墮胎不是一項人權，試圖表示對上帝的呼召的尊敬。 • https://www.christianpost.com/news/mike-	55.8K/ 247.7K/ 17.2K/ 53K/ 373.7K

		pompeo-says-abortion-isnt-a-human-right-tries-to-honor-gods-calling.html • franklingraham	
10 07/11 正	• 關於我與唐納‧川普總統相關的一夜的驚嚇夢（你必須看）＃分享＃唐納川普。 • https://www.facebook.com/PastorKynanBridges/videos/404799440480071/ • pastorkynanbridges	61.5K/ 105K/ 47.4K/ 139.3K/ 353.3K
11 07/14 正	• 民主黨人和CNN會竭盡所能，確保您不會看到此視頻。民主黨承認關於左派反警察敘事的真相–觀看川普。 • https://www.facebook.com/dan.bongino/videos/317696826053860/ • dan.bongino	37.8K/ 141.7K/ 6.8K/ 159.1K/ 345.5K
12 07/19 正	• 我見過的最好的川普廣告。 • https://www.facebook.com/watch/?v=304266664027219 teamtrump2018 • thebennyjohnson	37.2K/ 75.6K/ 10.7K/ 215.7K/ 339.1K
13 07/11 正	• 我同意前美國駐聯合國大使尼基‧海莉（Nikki Haley）的觀點，他警告美國面臨無法無天，以及要在全國各地廢除警察的民主黨人的危險。她談到了危險……尼基‧海莉警告如果拜登獲勝，「我們將失去法治」。 • https://www.foxnews.com/media/nikki-haley-2020-election-trump-joe-biden • franklingraham	33K/ 218.1K/ 16.9K/ 76.3K/ 344.3K
14 07/24 正	• 唐納‧川普總統請來美國職業棒球大聯盟名人堂成員馬里亞諾‧李維拉（Mariano Rivera），幫助星期四在白宮與一群小聯盟球	67.5K/ 223.4K/ 10.2K/

	・ 員一起慶祝棒球的開幕日。 ・ https://www.facebook.com/15704546335/ 　posts/10159681044366336/ ・ foxnews	41.7K/ 342.8K
15 07/27 正	・ 看看這個。川普發布行政命令大幅削減胰島素、速效注射型腎上腺素價格。 ・ https://www.dailywire.com/news/trump-issues-executive-orders-to-slash-insulin-epipen-prices-end-global-freeloading?utm_source=facebook&utm_medium=social&utm_campaign=benshapiro ・ officialbenshapiro	39.8K/ 216K/ 6.8K/ 68.4K/ 331.1K
16 08/01 正	・ 執法不是問題，執法是解決方案。這就是為什麼川普總統和我們整個政府支持警察。我認為副總統的說法講出了許多人的心聲。彭斯說：警察「是這個國家最好的人」。 ・ https://www.westernjournal.com/mike-pence-ignites-police-crowd-rousing-speech-law-enforcement-solution/ ・ franklingraham	47.6K/ 228K/ 14.5K/ 40.9K/ 330.9K
17 07/31 正	・ 妻子格洛里亞（Gloria），女兒梅蘭妮（Melanie）和兒子文森特（Vincent），我向整個家庭表示最深切的慰問。第一夫人梅蘭尼・川普和我愛一個很棒的人赫曼・凱恩（Herman Cain）。赫爾曼，安息吧！…… ・ https://www.facebook.com/DonaldTrump/photos/a.10156483516640725/10165179943260725/?type=3 ・ donaldtrump	114.2K/ 160.4K/ 19.4K/ 26.1K/ 320.1K
18 07/12 正	・ 勇敢。觀看：戈雅（Goya）執行經理不會屈服於左翼抵制：我不會為了對川普的讚揚而道歉。	54.2K/ 224.1K/ 19.6K/

	• http://dlvr.it/RbQH9Q	21.8K/
	• officialbenshapiro	319.7K
19 07/09 正	• 今天，他們在我們國家最高法院再次獲勝。最高法院以 7-2 裁定，維持川普政府的規定，即宗教組織免於被迫向雇員提供墮胎藥或避孕藥。貧困小姐妹組織（Little Sisters of the Poor）的又一次勝利。 • https://www.nationalreview.com/corner/another-victory-for-the-little-sisters-of-the-poor/ • franklingraham	50.5K/ 210.5K/ 15.9K/ 35.1K/ 312K
20 07/09 正	• 我們（墨西哥總統）慶祝了與美國總統唐納‧川普的會晤。我們訪問華盛頓特區的白宮，這在很大程度上是由於和墨西哥之間的《自由貿易協定》生效的重要性，……與華盛頓特區美國總統唐納‧川普的聯合聲明。 • https://www.facebook.com/lopezobrador.org.mx/videos/270025604328285/ • lopezobrador.org.mx	77.8K/ 122.3K/ 448K/ 59K/ 303.9K
21 08/02 正	• 美國有賴於川普總統連任。本尼‧約翰遜（Benny Johnson）和我討論了為什麼您應該在今年 11 月實現這一目標。有關全面討論和更多事實，以幫助唐納‧川普總統在 11 月獲勝，請訂閱查理……支持川普總統連任的最佳論點。 • https://www.facebook.com/realCharlieKirk/videos/2640021076254431/ • realcharliekirk	25.9K/ 99.4K/ 7.7K/ 159.5K/ 292.6K
22 07/11 正	• 戈雅食品總裁兼首席經理鮑勃‧烏納努（Bob Unanue）週五在《福克斯與朋友》（Fox & Friends）上說，面對訪問白宮遭到抵制，他並沒有退縮。戈雅食品首席執行官不會因抵制而	48.2K/ 181.3K/ 37.1K/ 22.6K/

	道歉。	289.2K
	• https://www.foxnews.com/media/goya-boycott-trump-praise-ceo-fox-friends	
	• foxnews	
23 07/16 正	• 我非常榮幸地代表我們的全國警察組織協會宣布我們對唐納・川普總統的支持。全國警察組織協會支持川普:「我們期盼再有四年。」	57.9K/ 196.5K/ 8.8K/
	• https://www.foxnews.com/media/national-association-police-organizations-backs-trump	23.8K/ 287K
	• foxnews	
24 07/30 正	• 弗農・瓊斯(Vernon Jones)是美國人!每個民主黨人都需要看到這一點!喬治亞州民主黨人解釋了他為什麼要投票支持川普!	41.6K/ 114.1K/ 18.8K/
	• https://www.facebook.com/GrahamAllenOfficial/videos/390703291892040/	11.1K/ 285.6K
	• grahamallenofficial	
25 07/13 正	• 適得其反:在左派人士宣布抵制支持川普的首席經理後,客戶購買了戈雅食品。	48.9K/ 179.3K/
	• http://dlvr.it/RbTxJk	12.3K/
	• officialbenshapiro	25.3K/ 265.8K
26 07/21 負	• 川普被克里斯・華萊士(Chris Wallace)挖苦:川普在認知測試中識別大象的能力並沒有給他留下很好的印象。	70.7K/ 106.4K/ 14.1K/
	• 川普被克里斯・華萊士挖苦。	69.4K/ 260.5K
	• https://www.facebook.com/thedailyshow/videos/602895730362219/	
	• thedailyshow	

27 08/05 正	• 司法部長威廉・巴爾和伊凡卡・川普週二宣布，司法部將撥款超過 3500 萬美元，為人口販賣的受害者提供住房和服務。贈款將提供給 73 個組織。 • https://www.facebook.com/FoxNews/photos/a.18 4044921335/10159722868066336/?type=3 • foxnews	39.6K/ 177.1K/ 7.8K/ 26.4K/ 250.9K

資料來源：Buzzsumo；由關鍵字「Trump」及「Trump Coronavirus」搜尋結果合併而來，於 2020 年 8 月 7 日取過去一個月總互動最大者（至少超過 25 萬次總互動）。

第四章

大選結果對全球政經局勢
與兩岸關係的影響

　　新冠病毒這個黑天鵝之母已經來臨⋯⋯對其後果，我提出的假說性預測是：多邊主義面臨更大危機、大國關係普遍惡化尤其是中美關係、中國繼續崛起、已經開始的經濟脫勾（de-coupling）和去全球化（de-globalization）趨勢會加速⋯⋯這些挑戰早已存在，但新冠病毒使其速度更快、更嚴重。

　　　　　　──艾伯赫‧桑德施耐德（Eberhard Sandschneider）[1]

　　過去 30 年來美國製造外移到中國主要基於「成本」（cost）因素⋯美中貿易戰讓「風險」（risk）因素浮上枱面⋯新冠疫情則增加了第三個面向──「韌性」（resilience）因素。

　　　　　　──科爾尼咨詢公司（Kearney Consulting）[2]

一、經濟脫勾將帶來新冷戰的開始：冷戰 2.0 還是 1.5 ？

亞洲時報特約撰述大衛・赫特（David Hutt, 2020）說，最晚從 2017 年開始，就有人把美中關係比喻成如同當年美蘇關係的「冷戰」。但他指出，這個比喻不恰當，因為（1）當年美蘇經濟完全脫勾，現在美中經濟關係密切；（2）當年蘇聯試圖在全球輸出共產革命，現在中國沒有。因此，他認為，前澳洲總理陸克文（Kevin Rudd, 2018）的說法比較恰當：「應當還沒有到冷戰 2.0 的程度，但看起來有點像冷戰 1.5」。

這個 0.5 之差，看起來差之毫釐，實質上相差千里。

1. 用「經濟掛勾」來維繫和平

朱雲鵬、歐宜佩《中美貿易戰》（2019：112）一書曾經引用哈佛大學教授艾利森（Graham Allison，2017）的觀察，分析過去 600 年間，新大國崛起的 16 個案例。如同艾利森指出，這 16 個案例有 12 個陷入修昔底德陷阱[3]，發生戰爭，只有 4 個例外：西班牙崛起取代葡萄牙（15 世紀末）、美國崛起取代英國（20 世紀初）、蘇聯試圖崛起取代美國（戰後到 1980 年代），以及德國崛起取代了英法（1990 年代至今）。

對於現在的美中關係而言，這四個沒有發生戰爭的案例中，前兩個參考價值有限，但第三和第四個有其重要性。先

說第四個，也就是德國統一後的崛起，沒有發生戰爭；造成這個和平收場的關鍵，當然是歐洲的統合。眾所周知，歐洲統合源自1951年歐陸六國所簽訂巴黎條約的「煤鋼共同體」。這個由莫內（Jean Monnet）起草，由法國外長舒曼（Jean-Baptiste Nicolas Robert Schuman）提出的構想，就是要以煤與鋼原料的無關稅自由貿易，讓歐陸國家在重工業基礎材料上互通有無，建立密切經濟關係，以確保不再發生歐陸國家間的戰爭。一言以蔽之，就是用「經濟掛勾」來維繫和平。[4]

這也是過去二十年來美國對中國採取的選項。但是這個選項顯然已經被質疑：從 2017 年 12 月白宮發表的「國家安全性原則報告」，到 2018 年 2 月的「世界威脅評估報告」，到同年 6 月的「貿易與製造業政策辦公室報告」，就已經明顯地貶低了這個選項。[5]而從去年到今年的其他事件，包含 2019 年美中貿易戰的惡化、2020 年的新冠疫情、同年新發生的美國對中國強硬外交和科技政策，更加確定這條路回不去；以下將詳述。

2. 開始脫勾？貿易戰對投資產生負面效果

美國今後的戰略目標，應當是認真考慮美中經濟在關鍵產業方面朝「脫勾」的方向走；所以方向已經確定，剩下來只是在何範圍推動、以多大的力道推動。但是，脫勾對於兩國的產業和消費者均會有巨大成本，美國願不願意付出這個成本，政府能不能說服企業界接受這個政策，退出在中國的

投資，甚至放棄中國市場，還在未定之數。事實上，依據報導，2020 年上半年疫情肆虐之際，美國企業對中國的直接投資還比去年同期增加 6%。[6] 所以，基本上，除了在特定產業做相當局部的脫勾外，真要大幅脫勾，對美國而言將是一個前所未見的困難工程。

美中是全世界兩大經濟體，兩者的脫勾其實就宣告了全球化的大倒退。如同強生（Keith Johnson）和葛瑞美（Robbie Gramer）在《外交政策》（2020）雜誌撰文所指出，上一次全球化的受挫，是在 1913 年，結果導致兩次世界大戰和經濟大蕭條。這一次，全球化的程度早已遠遠超過 1913 年之前，如果突然結束，成本將非常高；此外，此種脫勾將所帶來的緊縮效果，也可能影響美國企業的投資意願；未來到底會如何，現在還很難預言。[7]

當然，美中發動關稅戰所造成的經濟降溫和部分製造業從中國大陸外移的現象，已經開始發生。但這樣做的結果非但沒有為美國帶來就業機會，反而對投資成長造成負面效果[8]：

（1）**美國來自亞洲低成本國家的進口中大陸所占比率急降**：由於中國經濟的快速發展導致勞動成本上升，即使在 2018 年美中貿易戰和 2020 年新冠疫情發生之前，美國從亞洲低成本國家進口製造業產品的價值中，中國大陸所占的比率，從 2013 年起已經逐年緩慢下降，而貿易戰開打之後更出現急降，從 2018 年第三季的 66%，下降到 2019 年第 4 季

的 56%。

（2）**貿易戰導致美國進口中國製造產品的下降，轉移到越南和墨西哥等地**：從 2018 到 2019 年，美國進口中國製造業金額降低了 900 億，也就是 17%；但同期美國從其他亞洲低成本國家的製造業進口增加了 310 億，其中近一半來自越南，而從墨西哥的進口則增加了 130 億。所以美國自中進口金額的下降，大約有一半是由其他地方的進口增加所彌補，而越南和墨西哥是主要轉移來源。

（3）**美國製造業投資因貿易戰而下降**：在 2018 年元月美國通過減稅與鼓勵回國投資的租稅特赦後，製造業購買非國防（非飛機）資本財的金額在半年間增加了 6%，但從 2018 年貿易戰開打之後的 7 月 1 日，到 2020 年 1 月貿易戰暫時告一段落這段期間，此金額下降了 2%。所以，沒有證據顯示，貿易戰把製造業從海外帶回美國；剛好相反，貿易戰打擊投資意願。

2020 年 1 月美中簽訂第一階段貿易協定，和同年 3 月爆發新冠疫情，又讓「脫勾」增加了變數。

二、美中第一階段貿易協議會增加掛勾而非促進脫勾

中美貿易戰幾經波折，雙方於 2020 年 1 月 15 日在華府簽署「第一階段貿易協議」。其主要重點是：中國同意要在

2020 和 2021 年，就特定產品增加從美國進口，兩年合計須比 2017 年水準增加 2,000 億美元；美國已對價值 1,200 億美元來自中國商品之關稅，由 15% 下降到 7.5%，其他預定對價值 1,600 億美元中國進口商品課徵之關稅，暫停實施；中國原訂就後者實施報復性關稅升高也暫停實施。[9]

1. 協議中要求的鉅量中國採購

美國對中國出口商品的總金額從 2017 到 2019 年分別為 1,298、1,201 和 1,065 億美元，如表 4.1 所示。貿易協議所規定的中對美增加採購金額，可以說是非常大，兩年下來等於每年平均必須增購 1,000 億，其中屬於商品類的，需在 2020 與 2021 年分別達到 639 與 982 億元——以平均數而言，就是每年 811 億元，那就接近 2019 年全年美國實際出口到中國商品金額的七成六，不可謂不大。難怪即使在疫情之前，就有分析家懷疑這些目標是不是可以達到。[10]

非但總體金額大，美國對於中國所需購買商品的內容，

表 4.1　美國對中國的商品貿易

單位：十億美元

年	出口到中國	從中國進口	貿易平衡
2017	129.8	505.2	-375.4
2018	120.1	539.7	-419.5
2019	106.5	451.7	-320.8

資料來源：美國普查局

表 4.2 美國對中國的出口：實際金額和協議增加金額

類別	編號	次類別	2017年[①]實際	2020年[②]協議增加	2021年[②]協議增加	平均增幅[③]
製成品	1	工業機械	12,893			
	2	電子設備與機械	6,843			
	3	藥品	2,449			
	4	飛機 (訂購和交付)	16,264			
	5	汽車	10,335			
	6	光學和醫療儀器	3,978			
	7	鐵和鋼	1,255			
	8	其他製成品[④]	12,483			
		小計	66,500	32,900	44,800	58.4%
農業	9	油籽[⑤]	12,225			
	10	肉	559			
	11	穀物	1,358			
	12	棉	974			
	13	其他農業產品[⑥]	4,573			
	14	海鮮	1,240			
		小計[⑦]	20,927	12,500	19,500	76.5%
能源	15	液化天然氣	424			
	16	原油	4,379			
	17	精製產品	2,445			
	18	煤炭	403			
		小計	7,651	18,500	33,900	342.5%
小計			95,078	63,900	98,200	85.2%
	19	知識產權使用費	7,591			
	20	商務旅行和旅遊	32,705			
	21	金融服務和保險	4,208			

服務[8]	22	其他服務	10,030			
	23	雲端及相關服務	924			
		小計	55,458	12,800	25,100	34.2%
總計			150,538	76,700	123,300	66.4%

註：① 美國對中國的實際出口額單位為百萬美元。

　　② 承諾各年增加百萬美元。

　　③ 年均增長量（按 2017 年實際值的百分比）。

　　④ 包括太陽能級多晶矽和其他有機和無機化學品，硬木木材，集成電路和化學產品。

　　⑤ 大豆（HS 代碼：1201），這是此類別中唯一的 HS4 位數字商品。見第一階段貿易協定附件 6.1 的附件。

　　⑥ 包括苜蓿，柑橘，乳製品，膳食補充劑，蒸餾酒，乾酒糟，精油，乙醇，新鮮嫩胡蘿蔔，水果和蔬菜，人參，寵物食品，加工食品，堅果和酒。

　　⑦ 應美國的要求，除本文規定的最低金額外，中國還將努力每年購買和進口該類別所涵蓋的美國農產品 50 億美元。

　　⑧ 服務的跨境供應，除了金融服務，保險和雲端服務外，包括跨境服務供應和通過商業存在提供服務。

資料來源：美國貿易代表署及作者根據美國人口普查局貿易數據計算。

還有分類項目的目標必須達成，如表 4.2 所示。此表中載有中國必須採購商品的主要細項內容，以及美國在 2017 年實際出口到中國這些商品的金額。由該表可看出，協議規定，中國需增加採購美國製造業產品的金額，應於 2020 與 2021 年分別達到 329 與 448 億元，與 2017 年實際金額相比，平均每年增幅接近六成；農產品的金額，需分別達到 125 與 195 億元，平均增幅七成七；能源產品的金額，需分別達到 185 與 339 億元，等於是 2017 年實際金額的 4.4 倍，如果以

增加的倍數來說則是增加了 3.4 倍。另外，在服務業出口方面，包含專利金、旅遊、金融服務等，則兩年需分別增加採購 128 與 251 億元，平均增幅三成四。

精準政治行銷

如果美國只是要平衡雙邊整體貿易逆差，為什麼需要規定分類細項呢？很可能是為了國內政治訴求。以大項為例，能源產品的目標最高，而能源主要出產地的德州和路易斯安那州，恰好都是共和黨的票倉。農產品的目標也不小，而許多出口農產品的州恰好也是 2016 年支持川普的中部、南部和中西部的州，如堪薩斯、密蘇里和愛荷華。

簽約典禮那天，川普請了上百名賓客來白宮東廂觀禮，而且他用了很長的時間致詞。他在致詞的時候，對於前來的企業界貴賓或地方政治人物，一一點到。其實他請來的賓客，他口頭點到的人，幾乎每一位都和這個協議的細項直接相關。包含：

- 南卡羅來那州聯邦參議員林賽‧格雷厄姆（Lindsey Graham）：農產品
- 波音公司的戴夫‧卡爾洪（David Calhoun）：飛機
- 奇異電器的小勞倫斯‧庫爾普（H. Lawrence Culp Jr.）：飛機發動機，電氣設備和機械
- 陶氏化學的吉姆‧菲特林（Jim Fitterling）：化學產品；包含表 4.2 中的子類別「其他製成品」

- 錢尼爾能源夥伴公司的傑克‧福斯科（Jack Fusco）：液化天然氣
- 福特汽車的南希‧法洛蒂科（Nancy Falotico）和 FCA 吉普部門[11]的吉姆‧莫里森（Jim Morrison）：汽車
- 摩根大通的瑪麗‧埃爾多斯（Mary Erdoes），花旗銀行的艾倫‧麥克唐納(Alan MacDonald)和萬事達卡的阿傑‧邦加（Ajay Banga）：金融服務
- 美國國際集團（AIG）的布賴恩‧杜珀羅特(Brian Duperreault)：保險

川普是這樣說的：「所以協議裡有 500 億美元要買能源，500 億美元用於買農產品，還有 400 到 500 億美元要買服務，包括金融服務。因此，銀行營運會很好、信用卡也會很好──這些你們拿手的服務都會受惠。你們現在能夠進入中國並真正完成工作，他們一定會與你們合作⋯⋯農民可以從協議受惠的金額將是 500 億⋯⋯還記得我說過嗎？林賽[12]，我說過你們州的農民應該趕快去買更大型的拖拉機。」[13]

那天，川普很高興。如同《中美貿易戰》書中所言，他在 2015 年宣布參選總統的時候，講的第一句話就是：「我們的國家有大麻煩：我們不再有勝利，例如最近一次我們在貿易協議上打敗中國是那時候？」現在，他可以大喇喇地宣稱，他用這個協議讓中國屈服了，他達到他的競選諾言了。

非但如此，這個協議就像導彈飛彈一樣，還特別加惠他的特定支持者：農民、能源生產者、化學產品製造業者、飛

機和引擎製造業者和金融業者。所以，從這個協議可以充分理解到所謂川普的「商人性格」：務實和精準行銷。在簽約的那一刻，沒有人談「脫勾」；川普要大家注意到的是商業利益。協議如果如願履行，美中經濟不但不會脫勾，還會掛勾掛得更緊。

三、美中第一階段貿易協議對美國及其他國家經濟的影響

1. 連鎖反應下的附加價值效果

當今世界上所有經濟體都通過貿易聯繫在一起。中國多購買一美元的美國出口商品，能不能使美國的所得，包含薪資和利潤，也就是「附加價值」也增加一元？不可能，除非美國生產過程中完全不用外國的中間產品（原料和零組件等）；而這在全球化密集的時代不可能成立。

舉例來說，當中國從美國購買更多的工業機械時，就會在全球貿易網中引發一個連鎖反應：增加生產的美國工業機械製造者，會增購來自本國和海外的中間產品，而後者又會增購其上游的原料和零組件——從本國和海外……如此一波波反應下去。

當所有反應漸漸收斂，而達到新均衡時，可以測量一下到底那些國家的所得（附加價值）增加了，還有增加了多少；各國附加價值增加的數量，會等於原始增購的金額；這就是

「附加價值貿易」的觀念。

我們用這個觀念，可以計算中國每增加對美國的採購一元，依據 OECD 資料所呈現的附加價值效果，會在那些國家留下所得（附加價值）增加的痕跡；如表 4.3 所示。

從表中可以清楚地看出，當美國向中國出口價值一美元的農產品（包括林業和漁業）產品時，將在美國創造價值 91.2 美分的附加價值。由於國內生產總值（GDP）等於一國所有行業創造的附加價值之和，因此這意味著美國 GDP 將因此增長 91.2 美分。

表 4.3　美國對中國出口的附加價值來源

| | 農業、林業和漁業全體 | 製造業 | | | | | | 能源 | 勞務（服務） |
		全體	機器和設備	電器設備	化學和製藥	汽車、拖車和半拖車	基本金屬		
加拿大	1.2%	1.9%	1.6%	1.7%	1.9%	2.0%	3.0%	0.6%	0.6%
德國	0.4%	0.8%	1.3%	0.9%	0.5%	1.8%	0.8%	0.1%	0.2%
日本	0.4%	0.9%	1.4%	0.9%	0.4%	2.1%	0.7%	0.1%	0.2%
韓國	0.2%	0.5%	0.7%	0.6%	0.2%	1.2%	0.5%	0.1%	0.1%
墨西哥	0.8%	1.1%	1.6%	1.6%	0.5%	2.3%	1.3%	0.2%	0.2%
美國	91.2%	85.5%	81.6%	83.5%	89.9%	76.3%	83.2%	97.1%	95.6%
中國	1.2%	3.1%	4.6%	4.3%	1.2%	5.7%	2.2%	0.3%	0.7%
世界其他地區	4.5%	6.2%	7.2%	6.5%	5.3%	8.5%	8.2%	1.4%	2.2%
合計	100.0%	100.0%	100.0%	100.0%	100.0%	100.0%	100.0%	100.0%	100.0%

資料來源：作者根據經濟合作暨發展組織（OECD）的貿易附加價值數據庫計算。

剩餘的 8.8 美分將流向其他國家包括中國本身——可獲取 1.2 美分。對於整個製造業，美國對中國的出口額增加一美元，將使美國的 GDP 增長 85.5 美分，中國的 GDP 增長 3.1 美分，剩下的附加價值或 GDP 的增長將由加拿大（1.9 美分），墨西哥（1.1 美分）等拿走。

在勞務方面，美國保留的附加價值比例要大得多，這是因為提供額外勞務的公司通常需配備大量人力，這些是附加價值的一部分，而通常不需要大量的物質投入。因此，增加一美元的美國對中國勞務出口，將使美國國內生產總值提高 95.6 美分。但是即使是這個類別，中國本身也能拿到 0.7 美分。

在能源方面，美國保留的份額甚至更高：一美元的出口增加可以為美國創造 97.1 美分的所得，其餘的 2.9 美分則由其他經濟體分享。

接下來，我們就可以用表 4.3 的數字，來計算美中第一階段貿易協議如果如期實施，對於美國 GDP 會有多大的影響。也就是，其他條件不變，我們將可以計算此協議所規定未來兩年平均每年美國出口到中國的增加金額，包含製造業 389 億、農業 160 億、能源 262 億，還有勞務 190 億，對於美國 GDP 的數量效果。

把表 4.3 中各類出口留在美國的附加價值比率，乘上第一階段貿易協議中規定的各該類平均年出口增量後，可以得到整體效果為：以 2017 年為基期，美國在該年的 GDP 會因

額外對中出口而增加 915 億美元，大約是 GDP 的 0.47%。考量美國在 2017 年的成長率為 2.4%，這個增加的額度不算太小，可以說對美國的整體經濟有重大的提升功能。

不過，必須注意的是，以上計算是假設「其他條件不變」，但其他條件很可能會變。如果中國對美採購增加，勢必要減少對其他國家的採購，於是會在那些受到影響的國家，透過全球供應鏈，一樣會對美國、中國和所有其他國家產生附加價值的連鎖效果。

2. 美中協議所帶動的全球進出口調整將沖淡協議效果：以汽車為例

以美中貿易戰處在熱頭上的 2018 年，國際商品分類四分位代碼 8703 的汽車為例。由於中美貿易戰，2018 年與 2017 年相比，中國從美國進口客用汽車數量急劇下降。表 4.4 顯示，此類進口額下降了 26 億美元，降幅約 21%——形同大地震。此外，該年還發生了其他地震：中國來自義大利的汽車進口下降了 68%，即 14 億美元，從英國進口的汽車下降了 12%，即 8 億美元，從泰國的進口下降了 36%，即 2 億美元。

然而，與 2017 年相比，中國的客用汽車總進口在 2018 年僅下降了 1%。這是因為中國大量增加來自其他地區的進口，包含價值 12 億美元的德國汽車，和價值 25 億美元的斯洛伐克汽車。後者與 2017 年相比增長了 156%，其中涵蓋的

表 4.4　2017-18 年中國自不同來源之客用汽車進口金額變化

進口來源	絕對金額變化 （百萬美元）	幅度
美國	-2,629	-21%
義大利	-1,404	-68%
英國	-837	-12%
泰國	-218	-36%
西班牙	105	193%
瑞典	320	49%
日本	934	10%
德國	1,231	10%
斯洛伐克	2,498	156%
其餘地區	-336	-10%
全球	-337	-1%

資料來源：聯合國商品貿易數據庫

品牌有福斯（Volkswagen）、起亞（Kia）、標緻（Peugeot）、雪鐵龍（Citroën）、歐寶（Opel）、捷豹（Jaguar）和路虎（Land Rover）。[14]

　　如果說中國進口商在調整進口來源方面做得非常靈活，那美國汽車製造商的積極性和彈性也一樣令人驚訝。如表 4.5 所示，與 2017 年相比，美國汽車在 2018 年的中國市場萎縮了 35％，即 36 億美元[15]，這肯定是一場地震。此外，美國在英國的銷售額也損失了 3 億美元，在德國損失了 2 億美元，在澳大利亞和墨西哥則分別損失了 2 億美元。對美國來說，這是非常艱難的一年。

但這並沒有難倒美國汽車製造商。他們設法增加客用汽車的銷售到奈及利亞（成長 90%）、阿拉伯聯合大公園（13%）、挪威（35%）、俄羅斯（175%）、韓國（10%）、烏克蘭（110%）與科威特（27%），以及表中未列出的所有其他地方共 12 億美元。儘管美國客用汽車的整體出口額仍下降了 4%，即 22 億美元，但他們打了一場漂亮的仗。

表 4.5　美國對不同目的地的出口額變化：2017-18

目的地	絕對金額變化（百萬美元）	幅度
中國大陸	-3,637	-35%
英國	-303	-16%
香港	-296	-83%
德國	-208	-3%
澳洲	-185	-11%
墨西哥	-169	-5%
沙烏地阿拉伯	104	6%
科威特	133	27%
烏克蘭	150	110%
南韓	152	10%
俄羅斯	174	175%
挪威	220	35%
阿拉伯聯合大公園	221	13%
奈及利亞	315	90%
其於地區	1,176	5%
全球	-2,154	-4%

Source: 聯合國商品貿易數據庫.

汽車如此，其他許多產品也一樣；農產品齊一性比汽車更高，更會發生出口和進口替代。例如美國對中國黃豆出口增加，勢必會減少對其他國家出口，而那些被影響到的其他國家，就會去找到其他的來源國，例如巴西。於是本來中國向巴西買的黃豆，因為改從美國進口而減少的量，很多就會被這些美國黃豆原來的客戶買走。

全球市場的力量非常奇妙。人為的管制，會被市場的自我調整行為而大打折扣。第一階段貿易協議看起來美國增加對中國輸出的量非常龐大，好像對世界各國投下震撼彈，但是經過全球市場的調節，這顆震撼彈的威力會被打折扣。

當然，由於發生疫情，貿易協議所規定的數量，能不能達成，本身就是問題。而且，新冠肺炎讓美中關係急遽下降，川普對中國的言詞態度，已經做了 180 度的改變。以下詳細分析。

四、新冠疫情的來臨讓脫勾的聲音甚囂塵上但貿易協議反成為安定基石

美國疫情的來臨、減緩和再起，對於川普的聲望形成重大的衝擊，一如上一章所述。此外，在數以萬計的感染者一波接著一波死亡的慘狀下，加上病毒最早在中國傳開，造成美國一般民眾對中國的印象急轉直下，這就給了政治人物一個訊號。川普的政治策略從歌頌貿易協議，改成是責備中國；

拜登的策略則是責備川普對中國太友善。然後到了 2020 年 6 月，雙方的支持者都發動了政治廣告，互相指責對方和中國交好。[16]

然而值得注意的是，在這隆隆的砲聲中[17]，「脫勾」已經掛在口上的激烈言語中[18]，至少一直到 2020 年 9 月，川普並沒有宣告要撕毀貿易協議。2020 年 5 月 21 日，美國貿易代表辦公室發布了第一階段協議的進展報告[19]；2020 年 7 月 6 日，美國商會和其他 40 餘個同業公會發表一封公開信給美國財政部長梅努欽（Steven Mnuchin）、貿易代表萊海澤（Robert Lighthizer）和中國副總理劉鶴，也就是當初參與貿易談判的主角，呼籲即使在疫情之下，中國仍然依照協議，加速履行增加對美國採購的承諾。[20]2020 年 7 月 25 日，紐約時報指出貿易曾經是雙方摩擦的來源，現在卻成為安定的力量。[21]2020 年 8 月 25 日，萊海澤、梅努欽，以及中國國務副總理劉鶴通電話，重申對貿易協議的承諾；美國貿易代表署事後表示，這是例行性通話，並指出：「雙方都有進展，並承諾採取確保協議成功必要的措施。」[22]

新冠疫情對於貿易協定的履行進度確實有影響。依據 PIEE 的分析，在 2020 年上半年，從中國總商品進口資料來看，就協議上明列的商品而言，依照協議目標的第一年前半年設算，應該要達到 863 億美元，但實際上是 402 億，也就是大約只達到目標的近一半；從美國商品出口到中國的資料而言，則實際是 333 億元，也少於目標 713 億元的近一

半。[23]

但到了 2020 年 7、8 月份，中國顯然在趕進度：例如光是 7 月 10 日到 8 月 5 日，中國就購買了近 520 萬噸美國玉米和近 250 萬噸的大豆。[24] 另外，依據媒體報導，2020 年 7 月大陸自美國進口原油 366.6 萬噸，月比暴增 524%，年比增幅也達 139%；當月，美國因此躋身為中國大陸第五大原油進口國。[25]

所以，目前看不出來美中經濟有「脫勾」的跡象，至少在貿易方面沒有。但是，愈來愈多與貿易無直接關係的脫勾事件的確在進行中，包含：

- 美國關閉中國駐休士頓領事館，中國以關閉美國成都領事館報復。[26]

- 先前美國已經公布「制裁」37 家中國企業，宣稱他們和中共新疆政策有關；2020 年 7 月，又增加了 11 家。所謂制裁，是這些公司要取得美國技術或產品時，需要特殊批准。2020 年 8 月 27 日，美國又宣布將 24 家中國企業列入貿易黑名單，以制裁他們參與南海島礁的建設。[27]

- 在香港實施國安法後，川普宣布對香港發動反制措施，包含取消其最惠國待遇，禁止敏感科技產品銷港，以及制裁中國及香港相關人士。[28]

- 川普宣布要禁用中國企業的軟體產品包含 TikTok 與微信。

- 川普擴大對華為的技術杯葛，並設法驅使其他國家禁止使用華為。這導致英國在 2020 年月中宣布從明年起，禁止電信廠商購買華為產品，並且最晚在 2027 年之前，要撤離所有華為產品。[29]
- 國務卿蓬佩奧表示中國對於南海主權的宣示非法。[30] 另外，也派遣軍艦到南海和台灣海峽地區巡航。

　　以上是現行川普政府對中政策的變化軌跡。以下我們將檢視其競選對手拜登的對中政策。

五、拜登對中政策：可能會採取「巧競爭」策略

　　民主黨候選人喬・拜登（Joe Biden）對中國政策已經提出他的看法，看來對中國並不會比川普軟弱。拜登在 2020 年 2 月南卡羅來納州的辯論會上，曾稱中國領導人是：「暴徒，骨頭中缺乏民主」。[31] 他認為美國必須繼續領導世界民主國家，負起大國在國際社會的責任：面對國際制度與治理的任務，不是中國，而是美國必須挺身而出。

　　他視中國崛起為一項嚴峻的挑戰，批評中國「濫用」貿易，警告說在科技技術方面，中國可能領先美國。拜登認為他與川普相比，將對中國進行更有效的反擊，並與盟國緊密合作，向北京施壓。他並抨擊中國正在違反國際貿易規則，不公平地補貼中國公司，歧視美國公司並竊取其智慧財產權。[32]

然而，拜登認為川普廣泛制定關稅是「不穩定」且「自我挫敗」的。拜登警告說，中國正對能源、基礎設施和技術進行大量投資，這有可能使美國在各方面落後。拜登批評川普與中國於 2020 年 1 月達成的「第一階段」貿易協議，稱北京為此協議「最大贏家」，並稱增加對美國農產品的購買不會解決中國「非法和不公平」的作法。

他還批評川普接受了中國控制新冠狀病毒流行的保證，其政府的旅行禁令未能阻止來自中國的遊客，導致疫情蔓延。拜登也要求中國政府提高透明度；對於《國家安全法》對香港自治和民主發展的負面影響，他表示將加強反對力道。[33]

在軍事方面，他主張通過增加美國在亞太地區的海軍軍力，並加深與澳洲、印尼、日本和韓國等國家的聯繫，來振興美國作為太平洋大國的地位，以向北京明確表示華盛頓「不會」退讓。拜登在「美國外交關係協會」中闡述，「自由世界」必須面對中國的「高科技威權主義」而團結起來，華盛頓必須塑造「規則、規範和制度」，控制新技術在全球的使用，例如人工智慧。[34]

拜登更表示，中國的腐敗和內部分裂意味著「中國無資格成為美國的對手」。在氣候、核武器和其他問題上，中美兩國則應進行更深入的合作。他還認為，與中國保持競爭力取決於美國的創新和團結全球民主國家的經濟實力。

在早期擔任參議員時，拜登支持中國於 2001 年加入世界貿易組織，促成與美國建立永久的正常貿易關係。擔任副

總統時期，他支持歐巴馬政府的《跨太平洋夥伴關係協定》（TPP），認為這將有助於遏制中國在該地區的影響力。另外，他認為中國在新疆地區拘留回教徒是不合理的；拜登認為在這個問題上，美國必須大聲疾呼與支持對涉案個人和公司的制裁，以及在聯合國安理會上譴責中國的行為。

綜觀拜登的立場，他很像是美國戰略上所謂的「理性派」[35]，而非莽撞的「脫勾派」。如同中國大陸學者周建明所指出，「『脫鉤派』不擇手段、不計後果，不惜拋棄全球體系與中國對抗……『脫鉤派』雖不缺國內政治上的支持，但其推行的政策無法在國內和國際上獲得廣泛的利益基礎，故難以持久。只要對美國的反華政策建立底線思維，與『脫鉤派』打交道並不可怕。相比之下，『理性派』更注重美中之間戰略資源上優劣勢的對比，在戰略和策略上更有韌性和彈性，更注重美國國內建設，注重與盟友的團結……在準備與中國進行戰略競爭對抗的同時，也不排斥合作，又有著和中國作長期戰略競爭的思想準備。面對這樣一個對手，反而……不能掉以……輕心。」[36]

所以，他認為，如果拜登當選，未來美國對中政策的重點可能發生以下轉變：

1. 加強與盟友和合作夥伴的團結

美國可能再次加入《跨太平洋夥伴全面進展協定》（CPTPP），結合太平洋 11 個國家——日本、加拿大、澳洲、

紐西蘭、新加坡、馬來西亞、越南、汶萊、墨西哥、智利及祕魯的力量，來孤立中國。

2. 增加對科學和技術的國家投資

改善國內教育體系，對國家的技術人才基礎進行大量投資；培養大量人才進入政府、企業，提高決策者的跨領域決策能力，提升國內經濟發展實力。

3. 強調美中意識形態的對抗

從意識形態規劃對中戰略，主張如果中國獲得了世界的主導權，就意味著自由秩序的弱化，因此，為了制止中國的擴張，呼籲自由世界攜手應對來自中共的威脅，包含在技術、金融、貿易、投資、外交、安全、治理、資訊領域，以避免中國實現支配性的控制地位。

4. 美國不能從國際上退縮

因為利益或威脅，部分國家選擇與中國合作，不願意與中國對抗；但只要美國致力於捍衛國際上利益和價值，就能限制中國對關鍵國家和關鍵功能領域的主導。

5. 與中國有利益衝突的地方競爭，無利益衝突的地方合作

不只是單單將中國作為對手，而是在合作和競爭之間找

到平衡點。可能合作的領域包括：全球經濟穩定發展、反恐行動、氣候變遷、流行病、海航安全、減少核威脅、地區安全與和平、禁毒與走私、移民管理等。

要之，如果拜登當選總統，對中政策的基調不會改變，也就是仍然會把中國視為主要戰略對手。他所採取的作法，有可能表面上不像川普那樣劍拔弩張，但長期而言，可能更為銳利，又有其全面性及可塑性；美中關係將進入一個全面競爭的局面。澳洲前總理陸克文認為，美方對中國已經有了一個態度，但還沒有形成一項戰略。理性派如果抬頭，戰略的內涵就會一一浮現。

六、美中對峙的根源因素

由上可見，自美中貿易戰始，一直延續到新冠肺炎爆發，美中對峙已悄然從貿易戰逐漸形成權力與影響力的競爭。其範圍不僅止於亞洲，更擴展到全世界。美中浮現的對抗非任何一個特殊的政策所造成，起因其實深植於國際體系的變化，以及太平洋兩大強權內在政治體制的殊異。就美國而言，早期的對中政策目標是促成中國政體改變，推動中國朝更自由民主的方向過渡。但美國認為經過多年來的演變，中國非但沒有依照美國提供的劇本進行政治改革，反而在全球化的過程中大舉擴充經濟實力；美國認為有必要調整過去的政策，把中共視為在國際上主要競爭對手。

本節主要討論的問題，就是深入瞭解美中之間的矛盾點到底在哪裡。

1. 體制上的對峙

民主和平論自 1990 年代成為國際關係研究中的一個重要命題。羅賽特（Bruce Russett）和歐尼爾（John O'Neal）的專書《三角和平論》（2001）[37] 中提到三個主要和平框架。他們認為民主、經濟互賴與國際組織能顯著降低國際衝突發生的可能性，並進而創造國家間的和平。在魯瑟和歐尼爾的主要論證中，認為民主國家彼此瞭解對方的政府體制，同時也愛好以非武力的方式解決爭端，所以民主國家之間不容易發生衝突。就算發生衝突，亦不會演變成大規模的戰爭。

為證明此論點的正確性，國際衝突學者列舉了大量的歷史事證，並提出了兩個相當關鍵的論述：第一，民主國家之間不打大規模的戰爭，但小衝突在所難免。因為國家間仍會產生許多利益上的衝突。第二，民主國家不發生大規模戰爭，但這不代表民主國家和非民主國家不打仗。相反地，民主國家與非民主國家的衝突頻繁且激烈。

後來經過數年來的論證，國際衝突學者認為政治體制因素對和平的解釋仍有限。更有論者提倡因為兩國間利益相似，可以減低衝突的機率，是謂利益和平論。[38] 民主國家不發生戰爭，並不只是民主政體的關係，而是利益並沒有相互衝突。若要改進民主和平論，則必須將利益這個因素加入考

慮。主要是因為民主國家對於文化、社會、種族和政治因素
的看法，讓彼此可以在許多利益上妥協，而這些相似性更容
易讓兩個民主國家維持一定的和平穩定關係。利益和平論主
要在探討國家為謀求雙方利益的一致性，放棄傳統大規模武
力相向的情況。此外，衝突雙方會盡量保持清晰的戰略思維
與政策制定靈活性，避免戰爭一觸即發。

2. 利益上的對峙

美中在利益上是趨於一致還是分歧？可從諸多歷史事件
中看出端倪。圖 4.1 詳述美中兩國的安全利益相似度與軍事
衝突。[39] 自 1960 年以降，美中兩國雙邊關係隨著彼此在國
防與安全的相似利益升高而有所改善。比方說季辛吉（Henry
Kissinger）於 1971 年訪問中國，隔年由尼克森（Richard
Nixon）簽訂上海公報。隨後卡特（Jimmy Carter）總統在
1979 年恢復與中國的邦交，此時美中兩國的安全利益是中華
人民共和國在 1949 年建國後的最高點。

依據白邦瑞（Michael Pillsbury）在《百年馬拉松》一
書[40] 裡面的闡述，美中關係在建交後達到頂點。1979 年一
月，鄧小平第一次，也是唯一一次訪問美國，造成大轟動。
在訪美期間，鄧小平偕同中國國家科技委員會主任方毅與美
國政府簽訂協議以加速科技交流。並且推動中國留學生開始
到美國學習衛生科學，物理和機械工程。卡特政府也簽訂了
領事館、貿易和科技協定，讓美國提供各種科技知識給中國

圖 4.1　美中安全利益相似度（1948-1992 年）

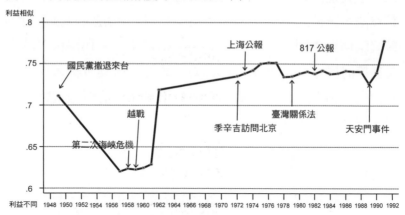

圖片來源：Charles Chonghan Wu, 2014, Seeking Common Ground While Keeping Differences: Using the Case of Cross-Strait Relations as a Case. Baltimore, MD: University of Maryland School of Law, Maryland Series in Contemporary Asian Studies.

科學家。這是美國歷史上最大規模的科技知識輸出（Pillsbury, 2017：123）。

　　此外，美方也同意與中國進行祕密的軍事合作。卡特總統提供中國情報支援，並協助中國進行懲越戰爭。而在雷根總統任期內，美國更進行一連串與中國軍事友好交流的行動，也可以從圖 4.1 中大致看出。雷根當選後，在 1981 年簽署的第十一號國家安全決定指示內說明，准許五角大廈出售先進空中、地面、海上和飛彈技術給中國。次年又在第十二號安全決定指示中啟動美中核子合作開發，並擴大中國軍用和民用核子計畫。1984 年更展現其親中路線，在 140 號國家

安全決定指示中闡述，一個安全穩定的中國可以增進亞洲及世界的穩定與和平（Pillsbury, 頁 125）。

雷根簽署這些祕密指示以協助打造強大的中國，並允諾減少軍售給台灣，主要想拉攏中國以對抗蘇聯。因此他在指示中表明這些對中國的援助必須有但書，就是中國不得靠向蘇聯，且必須將專制體制民主化。美中的祕密合作在雷根政府時期達到顛峰。若卡特與福特只是提供中國有關蘇聯資訊的情報夥伴，那雷根完全對待中國如戰略夥伴，雙方安全利益維持相當高的一致性。

然而，美中安全利益關係並不是一直保持高度的相似。圖 4.1 可見，在韓戰與越戰時，兩國間共同安全利益都跌至谷底。1989 年的天安門事件，也使兩國對人權與國家安全利益意見相左。然而，天安門事件之後不久，很快地美國政府又恢復兩國在軍事、經濟和安全上的相互往來。老布希（George H. W. Bush）在天安門事件後並沒有降低與中國交往，反而還繼續將已經答應給中國的魚雷、雷達和其他軍用設備交給中國。老布希宣稱「我相信民主的力量將會克服天安門廣場上的不幸事件」（Pillsbury, 頁 145）。從這點可以看出，老布希政府基本上全盤接納尼克森友善對待中國的方式，甚至有過之而無不及。

從以上的歷史事證我們可以看出，美中安全利益的合致與軍事衝突有相關性。利益與衝突主要因果關係在於；第一，若兩國對於某個議題意見相似，在利益上能達成共識，則兩

國將尋求解決之道，發生誤會的機會將大為降低。即使有所誤會，兩國也因為有共同的利益所在，而降低衝突的升溫。這就是利益相似降低衝突的第一個原因。以美國與加拿大在1947 至 1992 年發生五次漁業軍事衝突為例，論者認為這些衝突主要是針對漁業利益，後來美加兩國進行談判，也化解了紛爭。

第二，當兩國對某議題意見相左時，一致的利益可以防止衝突一觸即發，並能適時的踩煞車。日韓兩國自二戰之後在教科書與慰安婦的議題上有很大的爭議，但因為兩國同時為美國的盟友，彼此擁有共同的安全利益，因此兩國能維持穩定關係（Wu, 2014）。

中國並非西方民主體制，自然無法運用「民主和平論」來解釋美中雙方的關係。此時「利益和平論」就顯得更為重要。以川普重商的性格，對國家商業利益的追求，應比歷任美國總統都要更加強烈。自 2016 年後，雙方就美中貿易逆差與智慧財產權方面進行十三輪的談判。主因是美國對中國貿易赤字出現前所未有的規模，導致華盛頓指控北京透過操縱人民幣匯率以取得不公平的優勢。美方不只一次透過外交辭令對北京施壓，希望中國調整匯率政策，但效果仍然有限。

因此，川普在過去幾年的談判中，主要是希望藉由調整對中國貨品的關稅來降低貿易赤字，並逼迫北京在貿易上選擇較為接近美國經濟利益的方案。由此可見，美中雖然在政治意識形態上背道而馳，但川普利益至上的對中政策，將使

美中關係不至於淪於純意識形態上的競爭。當然，在新冠疫情來臨後，雙方關係又有所轉變，走向對峙的上升。

3. 領土上的對峙

誠如本節一開始對民主和平論的批判，亞洲國際關係學界對民主和平論的適用產生很大懷疑。因為綜觀歷史，亞洲國家很多都不是西方所定義的民主國家，與「民主和平論」背道而馳。該地區由一群專制和半專制政權統治；特別是在東南亞地區，真正能稱為民主的國家寥寥可數。那我們該如何才能解釋那些威權主義和半威權主義政權之間所創造的和平與穩定秩序呢？

此時，領土和平論適時提出填補。他們認為民主國家較少發生大規模軍事衝突或戰爭並不是因為體制相近，而是民主國家之間缺乏邊界或領土衝突，或是民主國家運用較為平和的方式解決領土爭議（territorial disputes）。美國阿拉巴馬大學（University of Alabama）政治系教授道格拉斯・吉布勒（Douglas Gibler）認為，民主和平論之間的因果關係可能是因為民主國家之間缺乏領土糾紛與衝突所造成。簡言之，民主和平是領土和平之下的產物（Gibler, 2012），民主體制與和平的關係被領土這個變數稀釋了。

所謂「領土和平論」，指的是兩個國家之間因為對領土的糾紛或衝突，運用非武力的方式解決，導致國家因為領土糾紛產生軍事衝突或大規模戰爭的可能性降低。領土屬於國

家核心利益，且領土具有形和無形價值。有形價值指的是領土上面的人民、資源與經濟活動等；無形價值指的是代表的主權與民族意識。當一國在面臨領土主權遭受外國侵犯時，國家決策者對領土問題需堅定與明確：因為決策者必須面對國內與論聲浪，不容許對領土問題作出讓步；一旦做出讓步，等於對主權上做出讓步。換句話說，各國的領導人必須在有爭議的領土上面，動員國內的與論和軍事力量，創造「鞏固領導中心效應」（rally around the flag）；這即是領土與國內政治的主要關聯性之一。

以美中在南海的角力上來分析，若解放軍對東沙或南沙進行軍事行動，等同於對美方在南海的勢力做出挑釁動作。這將會破壞兩方在領土上的共同安全利益和權力平衡。一旦中方在南海上進行軍事行動，特別針對台灣的東沙或南沙群島，將會挑明中國大陸不單要維護南海主權，更是對台灣問題進一步使用武力的前哨站。

其實早在歐巴馬總統任期，美中已經就南海問題進行短兵相接。2015 年 5 月，美國海軍一架偵察機不理會中方的命令，在南海海域巡邏。這造成北京官媒「環球時報」就此問題進行激烈反應。同年 10 月，美國遂派遣一艘驅逐艦駛近中國在南沙群島填海造陸的島礁。此舉受到澳洲，紐西蘭和日本的支持（Miller, 2017：197）。

美國一連串的南海行動，一方面試圖壓制中國在南海的擴張，進一步防範中國霸權興起。另一方面也藉此主張南海

「自由航行權」。因為南海除了是東亞各國重要的能源和交通運輸要道外，更具備戰略地位。比爾·海頓（Bill Hayton）認為，美中在南海對峙朝劍拔弩張之勢前進，但兩強在南海的對峙並沒有進入軍事衝突的跡象，主因是中國在海權實力的發展仍落後美國甚遠。在其專著《南海：21世紀的亞洲火藥庫與中國稱霸的第一步》中提到，北京不希望看到「美國圍住它的海上交通線，但是北京沒有清楚的戰略該如何回應，事實上他不知道該怎麼辦」（Hayton, 2015：312）。

　　無獨有偶。美國國務卿蓬佩奧在 2020 年 7 月 13 日發表聲明，對北京在南海大部分海域的海權主張「完全非法」，如前所述。此舉等同於對北京攤牌。他也聲明，北京為了控制海上資源而採取的霸權行徑同樣非法。他說：「世界不會允許北京將南海視為自己的海上帝國」；「美國與其東南亞夥伴與盟友，將根據國際法所賦予它們的權利與義務，保護他們對於這些海上資源的權利」。美國智庫戰略暨國際研究中心（CSIS）主任波林（Gregory Poling）也對美國有線新聞網（CNN）表示，蓬佩奧的聲明「至關重要」。因為在南海議題上，美國本可以保持中立，但美國政府不會一直在南海議題保持沉默。過去美國政府雖然有派軍機巡航南海，但美方對南海議題還是以一向保持沉默。但這次蓬佩奧的聲明是給了中國外交上「重重一擊」。

七、中國未來將如何面對美中衝突：美國不想當老二、中國不想當老大

1. 中國對世界銀行發表其將成為世界第一大經濟體表示異議

著名經濟學者也是諾貝爾獎得主史蒂格列茲（Joseph Stiglitz）於 2018 年 9 月在 BI 挪威商學院就「改革：中國為何成功」發表演講時，明白地說：2015 年中國以購買力平價計算的 GDP 超過美國，讓兩個國家很不高興。其中一個是美國，「美國認為她絕對是第一名，如果不是，那一定數據有錯……第二個不高興的國家是中國，她根本不想當第一名，她很清楚，槍打出頭鳥，如果頭升出來，就會被攻擊。」[41]

媒體在 2014 年 5 月初的報導，證實了史蒂格列茲的說法：世界銀行在該年的報告中，依據新修正完成的購買力平價統計，核算出來中國購買力平價 GDP 即將超過美國，躍居世界第一；但報告明言：「中國的統計當局對於新的方法有質疑，不對本報告背書。」媒體還指出，世界銀行內部人員透露，中國試圖要銀行不要發布這份報告，長達一年。

然後，中共官方媒體新華社開始發表文章，否定外國媒體所說中國 GDP 已成世界第一的說法。文中先說用「購買力平價」不是主流作法；並指出，中國的名目 GDP 仍遠遠落後於美國。報告還強調，按人均計算，「中國仍然遠遠落後於工業化世界」。文章總結說：「這個國家已經走了很長

一段路，但毫無疑問，她仍然是有更重要的事情要做的發展中國家。」

　　類似的官媒《新華社》文章也警告讀者不要過於看重世界銀行的報告。這篇文章提供了中國面臨的一連串清單問題：區域經濟增長不平衡、環境污染和自然資源匱乏等。國務院發展研究中心的一位研究人員對新華社說：「中國作為一個發展中國家的基本情況仍然沒有改變。」[42]

2. 大陸知識分子的理性呼籲

　　2019 年 10 月，幾乎是在中美貿易戰的最高點。有一位大陸研究人員，在某個社群分享課程裡，就《中國經濟走勢與政策取向》的題目，有以下幾個重要的論點：

- 珍惜和平帶來的益處：中國經濟高速增長，不僅得益於人口紅利、改革開放，更重要的是這 40 年沒有打仗，和平帶來的益處。一旦失去了和平，代表中國的現代化將再次被戰爭中斷。和平，是最大的國家利益所在，也是老百姓的最大利益所在。

- 防止中美關係斷絕：從中國國家利益的角度來講，當前最要防止的就是中美關係斷絕……一旦斷絕，遲早都會打起來。一旦打起來，「和平紅利」就會消失。

- 內需並非是有效需求：部分媒體的論點是：「脫鉤無所謂」、「有 14 億人的巨大市場，怕誰？」但這種觀點實際上犯了一個錯誤：經濟學講的是「有效需求」，也就

是具有支付能力的需求。如果中美真的斷絕關係，出口減少，生產減少，收入減少，「巨大的市場」從何而來？

- 川普並非是最難對付總統：川普可能是過去 40 年最難對付的美國總統，也是 40 年來最容易對付的美國總統。目前美國在對華問題上，已經形成了兩黨、政治、企業和官民共識。川普經過對中一番火力偵察後發現，只有在對中國經貿關係上有所突破，才能夠得到美國國內各界的眾多支持；美國是一個民主國家，沒有民意的話，政府是什麼事情也做不成的。

- 刺激美國人民是危險舉動：日本人要偷襲珍珠港的情報其實羅斯福總統早已知道。但是為什麼羅斯福總統故意放任日本來襲擊？重要的原因是，當時美國國內盛行孤立主義，人民不想參加二次世界大戰；羅斯福總統看到了日本的威脅，想對日本宣戰但沒有藉口，於是就按兵不動，等著日本人「偷襲」珍珠港，炸死那麼多美國人。這個事件把美國人民徹底激怒，於是羅斯福總統乘機對日宣戰，一個個法案在國會迅速獲得通過。

- 用市場經濟制度來回應貿易戰：1980 年代，台灣面臨的情況和中國的狀況一模一樣，美國要求台灣匯率升值，減少對美產品出口。台灣的作法是以退為進，順勢推進自由化、市場化、國際化、制度化，匯率自由浮動，利率自由浮動，透過市場化來讓國內的產業結構升級，淘汰落後產業，進而創造出一個具有高度競爭力的 IT 產

業，同時制訂公平交易法，反過來用此法抵擋跨國企業的壟斷力量。

- 爭老大沒有益處：中國當前爭老大並沒有帶來任何好處，如何確保國泰民安，實現民主法治，才對中國有真正益處。假如中美發展成軍事對抗，現有的核武器足以把地球毀滅幾遍，對中美都會造成嚴重損害；發展成新冷戰，那麼中國很可能步上蘇聯的後塵，打冷戰明顯不合算。熱戰打不起，冷戰不划算，那麼就只有合作。

- 他國的失誤不等於自己的實力：日本當年為什麼敢偷襲珍珠港？主要是因為經過甲午海戰意外地打敗了大清的北洋水師；第二次是意外的打敗了俄羅斯的艦隊。人民對於自身國家實力過度膨脹，於是許多日本高層軍官明知跟美國開戰是打不贏的，但在全國狂熱氣氛之下，只好順著民意去偷襲珍珠港，最後導致慘敗。1990 年代以來，日本和美國先後都發生了金融危機，我們一些人開始看不起日本及美國，認為中國不會爆發金融危機。但是，他國的失誤並不等於我們的實力，現在的繁榮發展並不代表中國不會發生金融危機。其實，我們的財政、金融風險都不小，現在消費、服務在降級，經濟下行的風險已經越來越明顯了。所以我們一定要保持清醒頭腦，要認真吸取別人的教訓，把我們自己的事情做好。

- 最深層的競爭是決策體制效率之爭：體制中最重要的是決策機制和效率，看誰的決策錯誤少。而決策機制中最

重要的是糾錯機制，而糾錯機制中最重要的是資訊機制，看資訊管道是否通暢，決策者能否聽到真話，能否把握真實情況。川普有一個扁平化的決策團隊，參加決策的人有很多都出過書，出過書就代表對中美關係的某一領域做過系統性研究，所以決策效率非常高。而中國則是縱向決策體制，決策鏈條非常長，最熟悉情況的往往是下面的處長，但是決策時這些處長無權說話。所以，最重要的是如何盡早改革我們的體制，讓參與決策的人能掌握真實情況。[43]

這番話講在第一階段貿易協議簽訂前的衝突高峰，當然也是在新冠疫情之前，但其中很多論點，在新冠疫情發生後，一樣值得重視。

到了 2020 年 7 月，新冠疫情已經發生，美國輿論對中更加不友善，香港中文大學（深圳）全球與當代中國高等研究院院長鄭永年教授對中美關係有如下的分析：

- 西方的「反華」力量所要做的就是營造一個新的冷戰環境：他們的新冷戰思維是：西方既然沒有能力圍堵遏制中國，也沒有能力改變中國。因此，一個可行的選擇就是將中國變成另一個「蘇聯」。

- 美國期望通過這場「技術冷戰」，讓中國無法在技術層面往上爬，至少可以拖延甚至終止中國的現代化進程。可以說，促成中國陷入「中等收入陷阱」或者促使中國回到「貧窮社會主義」階段。

- 在中美冷戰以外，美國還有一個更可怕的手段——跟中國開始打「認同政治戰」（identity politics）。在美國，強硬派和保守派政治菁英，無論是政府官員還是國會議員，乾脆用「中共」的概念來代替「中國」……其用意不僅在於人們所說的，分化執政者和人民之間的關聯，更在於把中美制度的不同，視為中美衝突的根源……我覺得這遠遠超越貿易戰了。

鄭永年教授面對美國即將到來的大選，提出三個建議：

（1）中國必須做大中產階層

他認為唯有一個龐大且堅強的中產階級，才可能有穩定的社會秩序與民主發展。美國這幾年的動盪就在於，她的中產階級開始惡化了。因為當一個社會的中產階層占到70%時，任何一個政黨，無論是左派還是右派，都要照顧這70%的中產階層的利益，這樣就不會走向極端。若中產階級萎縮，則政治領袖將朝左右兩邊選民靠攏。

（2）中國必須走向自我生產並降低對外國科技的依賴

鄭永年發現，中國基礎科技依賴外源比例仍相當高。中國目前仍停留在「中國組裝」而非「中國製造」上。一旦以美國為首的西方科技大國中斷技術支援，中國的生產力將受到威脅。此外，基礎建設必須專注在「軟基建」上，包括社

會建設，例如醫療、教育、公共住房、養老院等等。他認為，只有將醫療，教育，住房這「新三座大山」解決，中國也才能夠真正脫貧，而中產階級更能得到保障。

（3）中國經濟必須開放、開放，再開放

所謂經濟上的開放，不是口號上的開放，而是真正的開放。因為面對美國的貿易戰，中方必須瞭解到，美國現在發動貿易戰的是白宮，而不是代表資本市場的華爾街。很多真正資本家不支持川普的貿易戰；未來，中國必須利用資本的力量來減少貿易戰對中國的影響，甚至遏制貿易戰。

鄭永年強調，未來中國必須加快經貿開放，加快建設中國國內內部的開放平台，例如「粵港澳大灣區」和「海南自由貿易港」都應該是重點建設對象。一旦這些經貿平台完善了，就算面對美國的貿易挑戰，仍可以奮力一搏。而且，思想與精神層面也必須開放。鄭永年認為，鄧小平之前提倡「解放思想，實事求是」，不要把什麼東西都意識形態化。因為一旦放開意識形態，心胸寬大就可以四處學習。展現更多的包容性而不是民粹或愛國主義；這對中國面臨美中競爭是相當重要的。[44]

八、美中關係對兩岸關係的影響

1. 經濟層面

（1）轉單效應？

中美貿易戰後，部分中國輸美產品轉成由台灣出口，就是所謂的「轉單效應」。這使美國自台灣進口的金額，在 2019 年達到 543 億美元，比 2018 年成長 18.6%，遠超過 2018 和 2017 年的平均成長率 8%，也使台灣在 2019 年恢復成為美國前十大貿易夥伴。

如以 2019 年前三季資料為準，可以發現貿易戰後美國的貿易逆差不減反增，主要的原因就是這種「轉單效應」，大陸對美出口減少，但其他地方激增。最主要的替代來源是越南，其次是台灣、墨西哥、日本、印度和南韓。取代的比例，以成衣及服飾、磁性及光學媒介（如光碟片）和汽車零件為最大。產業用機械次之，電力設備、電腦及通訊設備又次之。其中台灣著墨最深者為電腦、半導體等電子零件，還有通訊設備。事實上，後三種電子類產品就是中美關稅戰的重中之重；這三者加總的中國大陸輸美減額，就占了全體大陸製造品輸美減額的一半。而這三者，正好也是台商在大陸投資的主力，和轉單到越南與台灣的主力（見朱雲鵬，2019）。[45]

如果從此三類產品的更細分類來看，其中電腦（不含記

憶體）被台灣銷美所取代的比例最高，達到約 7 成。螢幕等電腦周邊製品由台灣出口取代的比例次之，大約三分之一，印刷電路板的比例又次之，大約 2 成多。無線通訊設備（含手機）則以越南的取代率最高，達到約 6 成。

轉單如此即時和迅速，當然不可能是新設施投資，絕大多數屬於原有產能的提升或生產線的重開，或者是出口地區的轉移，例如台灣產能原先輸往歐洲者，轉成輸往美國，至於同公司大陸產能原先輸往美國者就改為輸往歐洲。也有可能是原先從大陸出口到美國產品，改成繞道而行，先經過台灣，做一些後處理，再出口到美國：2019 年台灣自中國大陸與香港進口 584 億美元，創歷年新高，年增 5.9%，以電子零組件、資通與視聽產品增加最為顯著，就是明顯的訊號。[46]

這樣的轉換是一條躲避關稅的路，但絕不是零成本。另外，轉移也不可能百分之百，例如電腦設備轉移到台灣出口的量雖然已經很大，還是只能達到大陸銷美減少金額的6成。此外，大陸輸美廠商大多數為台商，必然還是會因為貿易戰而受損。

莫怪台灣上市公司 2019 年總營收新台幣 32 兆 7207 億元，較前一年衰退 2251 億元，減幅 0.68%；2019 年總稅前淨利 2 兆 3795 億元，較前一年衰退 2357 億元，減幅 9.01%。台灣證交所自己發布的新聞稿裡，就明白地說，「獲利衰退產業主要為塑膠工業、半導體業及光電業，產業衰退主因為

美中貿易戰及全球景氣趨緩。」[47]

所以，中美貿易戰的發生，會使得台灣企業受到損失，連帶地就可能損及就業及薪資，沒有理由「幸災樂禍」。

另外，轉單效果固然增加了台灣對美國的出口，但是台灣屬於東亞分工體系，作為此分工體系中重要一環的兩岸貿易，並沒有因為貿易戰而受到本質性的改變。也就是說，美國無法和中國大陸「脫勾」，兩岸經濟更無法「脫勾」。

疫情的來臨，讓兩岸分工的本質更為凸顯：在 2020 年上半年全球疫情衝擊之下，台灣對外貿易嚴重萎縮，上半年出口從 3 月開始已經連續 4 個月呈現負成長，尤以 6 月的年減 3.8% 最為嚴重。

不過，台灣對大陸的出口和進口都不降反升，經濟關係更加緊密。這樣的發展不符合有些人的期待，包含看衰兩岸經濟關係的人；後者認為，在中美貿易戰與科技戰持續延伸之下，很多台商勢必要把在大陸的生產移回台灣或者轉移到東南亞，無論何者，台灣出口中間產品到大陸的金額勢必要下降，從而兩岸的經濟關係會逐漸脫勾。

但是目前的實際狀況剛好相反。本年 3 月，大陸疫情爆發，台灣出口到大陸仍然成長了 3.4%，其後 3 個月則都是兩位數成長。在主要出口產品方面，雜項積體電路和記憶體今年上半年比去年同期成長均超過 4 成，固態非揮發性儲存裝置成長了近 6 成，印刷電路則小幅成長了 4%。這些都是中間產品，表示中國大陸在電子產品生產復甦的過程中，還

是相當倚重來自台灣的關鍵零組件。後者是台灣電子業的核心競爭力所在。

那台灣從大陸的主要進口產品呢？在電子產品方面，名稱幾乎一樣：記憶體、雜項積體電路和印刷電路。台灣在今年上半年從大陸進口金額的成長率，在前兩項分別是 18% 和 10% 左右，在第 3 項則為 36%；固態非揮發性儲存裝置的進口絕對金額不是前段班，但上半年的成長率達到 32%。

這表示，兩岸貿易絕大多數都是「產業內貿易」。兩岸在產業上已經做了綿密分工，在一股連續的供應鏈上運作，很難分割。但兩岸的政治卻愈走愈遠，愈來愈敵對，如此政治和經濟背道而馳、互相矛盾，對台灣不是一件好事。

政治上執政者希望兩岸關係愈行愈遠，最好是不相往來。如果把這種思考投入到經濟領域，對台灣的產業將是一大災難。台灣的內需市場不夠大，400 年來都是靠貿易來支持經濟成長。過去如此，今日尤然。去強迫兩岸在經濟上脫勾，就是要拔除台灣在東亞供應鏈主力幾十年以來建立的分工關係。如果真的這樣做，將對台灣的經濟和產業造成災難，對就業造成災難，對薪資造成災難；詳見朱雲鵬（2020b）。[48]

（2）多網點供應鏈體系

中美貿易戰開打後，廠商發現如果它所依賴的供應鏈只有一條，而且其中的節點（node）包含大陸或美國，就有可

能受到關稅增加等影響，而導致競爭力受挫。新冠疫情發生後，廠商又發現，如果它唯一的供應鏈中任一節點受到疫情影響而關閉，競爭力就會受挫，也就是「韌性」不足。

這些都有動機讓廠商——不論是可以選擇供應鏈的品牌主，或者是具有品牌的製造商，開始走向「多供應鏈」模式。最理想的狀況是造就一個類似網際網路的供應鏈體系：當初美國發展網際網路就是為了國防需要，透過密麻的網絡，讓通訊不可能中斷；理想的供應鏈也是一樣，任何一個節點因故不能運作時，一定可以透過其他的節點繼續運行。

但是，生產不是網際網路，它有區域聚集特性，而且它的建置成本很高。不要說像網際網路那樣無窮延伸，就算是在全球弄出兩三個互相可以替代和支援的多網點供應鏈，就是一件大事，只有大型廠商可以做到。在這方面，未來的世界對大型品牌廠商或代工廠有利：愈大愈有韌性。[49]

（3）台灣半導體設備廠與晶片製造廠在美中科技對壘中扮演的角色

但是在建立供應鏈的過程中，大廠還是需要上游中小廠商的協助，這就為競爭力強勁的很多台灣廠商創造了商機。例如，中國大陸被美國切斷高端晶片供應後，將擴充本身的半導體產能，就可能讓台灣生產無塵室及機電系統的漢唐、電子束檢測設備的家登和在 2020 年 6 月被荷蘭高端光刻機設備[50]大廠ASML高價收購的漢微科（提供電子束檢測服務）

受惠。

另外一個例子是聯發科。美國於 2020 年 5 月 15 日發布禁令，任何企業供應給華為的半導體產品，若含有美國技術，必須先取得美國政府的出口許可。該禁令有 120 天緩衝期，代表 9 月 15 日生效。台積電之前還可以接華為旗下晶片設計廠海思的代工訂單，是因為早先美國的禁令只及於美國技術含量達 25% 以上者，而台積電所使用的美國技術不到這個標準。但新禁令把標準調整到大於零都要事先申請，於是台積電只好宣布從 5 月 15 日之後不再接受任何來自華為的訂單，並將在 9 月 14 日之後停止供貨給華為。[51]

在這種狀況下，華為還有一個替代方案，就是不用自己設計晶片，改用別人設計好的成品晶片，來繼續它的 5G 需求。原來華為的大供應商是美國的高通（Qualcomm），但它是美國廠商，受到川普禁令的影響，無法再出貨，於是華為就轉向在美國沒有工廠的台灣廠商聯發科購買：這使得聯發科股價從 5 月起大漲，到 7 月底上升了約 77%，一度成為台灣市值第二大公司。

但是美國在 2020 年 8 月 17 日又發表新的禁令，對於任何使用美國技術的成品晶片，都要求需申請許可才可對華為供貨，造成聯發科股價大跌。據報導，聯發科會向美國申請許可，高通應該也會；如果聯發科獲得准許，那又將是台廠競爭力的展現。

以上所舉，只是少數例子。基本上，各大廠在重新塑造

供應鏈的時候，許多台商基於長期參與亞洲生產鏈的經驗，和進軍全球市場的功夫，都會獲得新的商機。

（4）疫情後新產業興起？

①零接觸產業

依據工研院蘇孟宗所長（2020）的分析，疫情的來臨，讓許多本來就看好的未來產業，提前看到擴張機會，包含遠距工作、線上學習、餐飲外送、虛擬娛樂、電子商務等「零接觸經濟」相關產業，也包含個人化的精準健康產業。[52]

另外，依據勤業眾信聯合會計師事務所於 2020 年 5 月發布的《2020 全球高科技、媒體及電信產業趨勢：COVID-19 更新版》，新增的產業機會為：服務型機器人、與虛擬娛樂相關的線上串流或內容傳遞網路（Content Delivery Network, CDN）產業，以及與追蹤感染接觸相關的大數據科技防疫產業。該所估計，2020 年服務型機器人的銷售將第一次超過工業機器人。

②養老產業

還有，世界主要工業國家和中國，都將面臨人口老化的巨大問題。這個問題屬於「灰犀牛」，也就是人人看到其到來，但習以為常，甚至忽視。這次新冠疫情衝擊老人安養機構甚大，對於一般老人的影響也很大，於是此問題又浮上枱面。與此相關的未來產業，至少有年金保險、年金投資、智

慧安養、養老社區規劃、精準防老、預防醫學、運動醫學、遠距醫療服務等。台灣有強大的醫療專業背景，也有眾多相關的科技人才，應當有巨大的發展空間。

許多零接觸產業中，台灣在 2C（對消費者提供服務）方面，比較少有著墨；倒是中國大陸，相關產業都在快速發展，例如在香港上市的阿里健康及平安好醫生等。但是這些數據型的新服務產業，幾乎都必須有資通訊（ICT）設備作為後盾，而這是台灣廠商的強項，未來也確有發揮的可能性。

③數位金融產業

另外一個和疫情相關的產業是金融。如同薛琦（2020）在「後疫時期的財金困境」一文所指出，世界各國為了救疫情，都採取了大手筆的紓困措施，而其財源就是來自舉債；而貨幣政策則大量放寬，來購買這些債券。[53] 以美國為例，聯準會（FED，即中央銀行）甚至在 2020 年 3 月 23 日第二波數量寬鬆（Quantitative Ease）措施中，宣布「無限量買進債券」，以壓低利率，除了買政府公債外，還買公司債與地方政府債市場。

在此情況下，加上中美關係緊繃，黃金每盎司價格從 2020 年 3 月 24 日的 1,484.0，一度漲到 8 月 6 日的 2,070.05[54]；而當年為了不滿 FED 數量寬鬆而於 2008 年 11 月 1 日發布，以區塊鏈技術為底的去中央銀行化「比特幣」[55]，則從 2020 年 3 月 29 日的 5,881.42，一度漲到 8 月 17 日

的 12,281.13。[56]

在這種情況下，加上中國大陸的數位貨幣 DC/EP 實驗性落地，臉書積極籌備其數位貨幣 libra，依據朱雲鵬（2020b）在「數位貨幣終將過萬重山」一文中所言，未來勢必會出現這些數位貨幣的新機會；也會帶動相關金融科技與區塊鏈產業的發展。[57]

2. 政治和軍事層面

在前述艾利森（2017）出版的《注定一戰？中美能否避免修昔底德陷阱？》一書中，他對於未來中美關係的走向，提出四個可能：

- 調適：藉由調整與對手關係來適應新的權力平衡。
- 顛覆／破壞：「作為分裂中國和打擊北京政權士氣的一部分，何不…支持西藏和台灣的獨立，中國毫無疑問會……採取暴力的反應……美國軍隊可以暗中訓練和支援分離主義叛亂分子……通過鼓動中國內亂，讓北京……無暇他顧，美國可以避免或至少大幅推遲中國對美國統治地位的挑戰。」
- 和平：透過談判，達成長期和平。
- 重新定義關係：兩國合作共同面對巨型威脅，核武、恐怖主義和氣候變遷。「面對這些中的任一個，兩個大國所分享的重要國家利益，遠遠大於分裂關係的國家利益。」

「台灣」兩個字赫赫地出現在「顛覆／破壞」這個選項中。在兩大強權日漸走向對峙時，台灣將更有可能被端上枱面，作為籌碼和棋子。

（1）對台軍售

美台關係以軍售最受人矚目。2019 年川普決定售予台灣20 億美元的 M1A2T 艾布蘭戰車、80 億美元的 F-16V 戰隼式戰鬥機、2 億 5000 萬美元的刺針防空飛彈，總價值達 107.2億美元的軍購。[58] 為史上最高。然而，論者認為，過去華盛頓對台軍售不但所售武器常非台灣所需要，或是價格異常昂貴。

圖 4.2 將過去美國對台軍售價格與武器的價值做一個比較，可以發現若以價格與武器實價來看，除了在李登輝時期武器的價格略低於其價值外，其他時間台灣所付出的價格均遠超過武器本身的價值。目前新一輪軍售的價值判斷有待斯德哥爾摩國際和平研究所 2019 年最新的軍備移轉資料庫（trend-indicator value）來判定。[59]

此外，儘管遭到北京的反對，川普於 2018 年 3 月簽署了《台灣旅行法》。該法律允許美國高官前往台灣與相關同行會面。支持者認為，基於這項新法案，華盛頓和台北之間關係更為加強，然而，持不同意見者認為，此對台灣有利的立法政策頂多具有象徵意義，缺乏實質的約束力。最主要的是，中美兩國對海峽兩岸在避免衝突和維護兩岸關係的和平

圖 4.2　美台軍售價格與武器價值：1990-2019 年

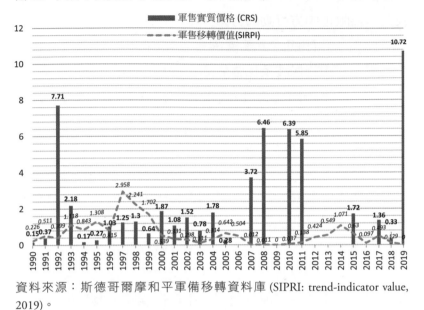

資料來源：斯德哥爾摩和平軍備移轉資料庫 (SIPRI: trend-indicator value, 2019)。

方面，有著相似的安全利益。美國在台協會（AIT）前主席包道格（Douglas Paal）認為，《台灣旅行法》「並未改變任何實際情況」。因為「美國政府已經擁有酌情權，允許台灣高級官員訪問美國以及美國高級官員和軍官訪問美國」，這是一個疊床架屋的政策。[60]

　　2019 年 12 月，川普簽訂了 2020 年財政年度的《國防授權法案》（NDAA）。此法案包括多項支持台灣安全防衛及美台安全合作的條款，包括美國應繼續派美艦常態性穿越台灣海峽，同時要求國家情報總監須在台灣總統大選後 45 天

內提出報告，說明中國大陸干預或破壞台灣選舉的行動，以及美國為阻止中方行動的努力。[61]

另外，一如前述，美國國會也在 2020 年初通過《2019年台灣友邦國際保護及加強倡議法案》（簡稱：台北法案），以推動台灣獲得國際認可。[62] 此法起源於中國加大力度打擊中華民國外交盟友，順勢促成了美國國會通過此法來聲援台灣。自蔡英文上任以來，台灣於拉丁美洲的三個主要外交盟友（巴拿馬，多明尼加共和國和薩爾瓦多）以及南太平洋的另外兩個主要盟邦（所羅門島和吉里巴斯）先後與台灣斷絕外交關係。《台北法》的主要動機之一，就是防範類似的雪崩外交繼續發生，阻止更多台灣盟友轉向北京。然而，分析家認為，這個法沒有改變美國的外交政策，它明訂美方在適當情況下，支持台灣成為所有「不以主權國家為參與資格」的國際組織會員，並在其他適當組織中取得觀察員身分。所以，也是宣示性質居多。

真正可能會有重大影響的，是 2020 年 6 月 10 日由密蘇里州選出的共和黨參議員霍利（Josh Hawley）所提出的「台灣防衛法」（Taiwan Defense Act）草案。這份 16 頁的法案草案的立法目的，在維持美軍阻止中國對台灣與其他目的造成既成事實的能力。草案定義的「既成事實」（fait accompli）是指中國在美軍尚未作出有效反應前，利用軍事力量奪取台灣控制權，同時說服美軍相信採取應對行動將非常困難或得付出高成本。

草案指出，自 1979 年來，美國依循「台灣關係法」的一貫承諾，2020 財政年度國防授權法（NDAA 2020）也重申「台灣關係法」與「六項保證」是美台關係基石。基於執行「台灣關係法」，美國須維持阻止中國對台造成既成事實的能力。

草案要求美國國防部長從 2021 到 2026 年，每年 4 月 30 日前向國會軍事委員會提交一份國防部提升能力進度報告，說明美軍阻止中國對台灣執行既成事實的能力評估，包括對美國核武力對中國武力犯台威嚇能力的評估。[63]2020 年 7 月 1 日，威斯康辛州選出的共和黨眾議員賈拉格 (Mike Gallagher) 提出眾院版「台灣防衛法」草案，內容類似。[64]

（2）擦槍走火？

更勁爆的是，佛羅里達州選出的共和黨眾議員約霍（Ted Yoho）於 2020 年 7 月 29 日提出《防止台灣遭侵略法》（Taiwan Invasion Prevention Act），對大陸劃下不能跨越的紅線。在其正式提出的法案條文中明列：授權美國總統可以在三個條件下使用美國武裝部隊及其他措施，此三條件包括：（1）中共軍隊對台灣軍隊直接武裝攻擊；（2）中共軍隊占領台灣有效治理（effective jurisdiction）之領土；（3）台灣軍人或平民生命遭受被殺害的危險。[65]

如果這個法案成為法律，給了美國總統發動戰爭的授權，那川普為了連任，會不會故意在台海挑起事端，進而引

發美中軍事衝突？或者，即使沒有這個法律，就算沒有要正式宣戰，川普以其調動軍隊的權力，會不會先在台海或南海製造一些「意外」，讓情勢緊張，以有助於其選情？這是一個各方矚目的問題。

依據前陸委會主委和國安會祕書長蘇起教授（2020a）的看法，可能性不大，一方面因為川普迄今在國際上只吵架不打架——會做選舉造勢，但不真正出兵；另一方面，美國軍方有其原則，就算川普想，軍方也不一定會為了配合選舉而做軍事的冒進；這些論點非常中肯。

即便如此，兩岸關係在這一兩年嚴重倒退，是不爭的事實。依據美國商業環境風險評估公司（BERI）的報告，在 2008-2015 馬政府執政期間，台灣政治風險的排名大多在 10-12 之間，其中 2011 和 2012 甚至出現第 6 和第 8 名的佳績。等到 2016 年民進黨執政後，在頭三年還維持著 12-13 名，可是到了 2019 年民進黨為勝選而大打「香港牌」，政治風險排名就倒退到第 20 名，2020 年則為第 18 名，都比過去差很多，代表政治風險升高。[66]

此外，蘇文也引用了溫尼菲爾德（James A. Winnefeld，曾任參謀首長聯席會議副主席）及莫雷爾（Michael J. Morell，曾兩度代理中情局局長）最近在美國海軍研究院期刊（2020）所發表的文章，大意是說在 2020 年 11 月美國大選之後幾天，如果因為種種因素讓選舉結果不能確定，中國大陸是否有可能利用這個權力「空檔」，發動對台攻擊，造

成既成事實，而美國因為距離因素，不願意冒著付出重大傷亡的代價來做改變？[67]

究竟中共會不會採這樣一個後果非常不確定的步數，值得討論。張登及（2020）在其「北京戰略定力頂得住華府超限施壓？」一文中指出，中共於 2020 年 3、4 月曾強勢反擊美國，但到了 6 月之後，態度已經轉為緩頰，開始強調「戰略定力」。中共駐美大使及外長等更在 8 月先後受訪和撰文駁斥「新冷戰」與「接觸失敗論」，提出「明確底線、恢復對話、合作抗疫、管控分歧」的建議。[68]

前國防部次長林中斌（2020）則在一場演講中表示，中共主動發動衝突的可能性不大；最重要的原因，是當前的國際秩序，對中共的經濟有利，所以沒有動機去強力改變。他指出，在控制疫情後，中國經濟已經快速回溫：當 2020 年第二季美國創下負 32.9% 的衰退紀錄[69]、日本同季衰退 7.8%、歐洲衰退 12.1% 之時，中國成長了 2.5%（路透社估計）；此外，IMF 在 2020 年 6 月估計，美國全年衰退 8%，但中國成長 1%，是全球唯一正成長的主要經濟體。[70] 中國經濟既然居於上風、國力持續擴張下，似乎沒有動機或迫切性要主動改變世界秩序。

雖然如此，還是必須預防「意外」發生，導致各方進入不可收拾的局面。如同朱雲鵬（2020c）在「美中對抗是必然還是偶然？」一文中所指出，美中的對抗不見得有必然性，但有可能由意外引發。[71]

撰寫《注定一戰：中美能否避免修昔底德陷阱》的哈佛大學艾利森教授說，修昔底德在其著作《伯羅奔尼薩戰爭史》裡面，點出大戰發生的原因是「雅典的日益壯大，引發了斯巴達的恐懼，乃至戰爭不可避免。」所以艾利森說：現在的狀況跟當時類似，「中國日益壯大，而美國是既有的大國；中國的崛起會引發美國的恐懼，乃至戰爭無法避免」，除非兩國體認到這個陷阱，想辦法降低戰爭的可能性。

但艾利森對修昔底德著作的詮釋遭受到很多學者的批評：第一，當時在聯手抵抗完外族入侵之後，斯巴達和雅典是希臘城邦政治中最強的兩個邦，各有各的盟友；這兩個邦沒有那一個是「既存大國」，甚至在跟波斯作戰時候的主帥就是雅典，而不是斯巴達；第二，雅典的重點是手工業、海上貿易，勢力是愛琴海；斯巴達主要在陸地發展，特色是耕戰合一。所以一個是往海上發展、一個往陸地發展，兩者沒有基本的衝突性。

真正的原因是什麼？修昔底德在著作後面幾卷非常清楚地說明，真正的原因是兩國內部都有人希望開戰，因為戰爭可以讓他們得到想要的東西，不論是榮譽還是財富。修昔底德用的字眼是貪婪、自私和煽動。斯巴達國王本身反戰，他在最後斯巴達決策大會中的每一句話在修昔底德的書裡都寫得很清楚，大意是說依據他過去的經驗，戰爭是影響民生的重大決策，不能輕率。可是他們是合議制，多數人被鼓動，主張要出兵，國王只能順應；即使如此，他還嘗試說服雅典

做一些小讓步，中止原先對於一個城邦的經濟禁運，那就可以維持和平，但是雅典不從，最後沒辦法就開始這場大戰。

大戰結果現在已經知道，就是兩敗俱傷，希臘半島陷入悲慘的境地；斯巴達先勝，雅典亡國，但後來斯巴達也被入侵者打敗，所以是雙雙亡國。

兩個城邦其實沒有到非打不可的局面，為何開打？修昔底德在後幾卷中已經說了，就是意外的導火線造成的：西元前435年到前432年春發生的幾個事件，原本與兩大同盟毫無關係的或守中立的城邦，首先將科林斯，爾後將斯巴達、雅典拖了進去，最後騎虎難下，不能不打。

現在中美關係也是一樣，兩國有非打不可的理由嗎？斯巴達跟雅典中間隔的只是一個海峽，勢力範圍沒有重疊，但起碼是近鄰，中國跟美國中間則還隔一個太平洋。另外，以國力而言，不可只看 GDP，還要看其他方面，包含平均每人所得、人口是否老化、科技、創新、軍事等。

當然，美國如果要在台海開戰，一定找得到理由，就算不是親自打，也可以逼迫台灣從事一場「代理戰爭」。[72] 但我們要說的是另外一個可能性：就是美國沒有要挑起軍事衝突，沒有人真的要打：那就必須提防意外的發生，不要讓意外變成不能不打的導火線。

3. 台灣的選擇

蔡英文政府目前趁著美中兩強因為新型冠狀病毒而生的

新一輪對抗之際，藉由一連串對抗中國大陸的外交措施，似乎有顯示在她第二任期的外交與兩岸政策會偏離傳統的「避險」策略（hedging），大步邁向抗衡（balancing）中國的態勢。當美中關係日趨競爭，美國又面臨大選，台灣該如何在兩大強權間自處，遂成為更重要的議題。

吳崇涵在（2018）研究中指出，蔡英文政府第一任時期，所採行的外交策略大致上仍落於「避險」的光譜之中。一方面台灣經貿上仍然強調與中國大陸有著緊密的關係，在此同時民進黨政府也不斷強化「新南向政策」，期望藉由分攤中國大陸投資風險至其他東南亞國家上。面對北京在2016年後更高壓的對台工作，促使蔡政府積極拉攏美國勢力，就是所謂的避險：一方面經濟上與中國大陸維持關係，另一面尋求美國的安全協助。

而避險策略的定義中，包含了「軟抗衡」這個項目。蔡政府在第一任期間，進行一連串的「外部抗衡」與「內部抗衡」，表面上是加強了抗衡中國大陸這個面向，實則仍在進行避險策略中「軟抗衡」的戰略選項。只是其軟平衡的力度較之前的馬政府高一些。但總體來說，第一任期的策略還是屬於避險的範疇。

然而，若在美國的支持下，蔡政府往抗衡中國大陸邁進，那台灣的未來該何去何從呢？如何在兩大強權間尋找中庸之道，避免成為大國博弈中的棋子，考驗執政者是否能夠細微地調整戰略與戰術。蔡政府應該還是要回歸到避險策略；而

該如何巧妙運用避險策略？以下幾點相當重要。第一，在面臨兩大強權快速變化的競爭與合作前，切勿明確地選邊站。最佳的戰略選擇就是左右逢源，保持平衡。

其次，面對強權在競合的期間所釋放出來的政治或軍事承諾必須更加小心。過度的扈從（bandwagoning）或許會使一個國家的主權被犧牲，甚或捲入因為結盟所引發的戰爭與衝突。台灣的處境比過去更為艱難，如何在美中關係中游刃有餘，避險概念提供決策者一個具有戰略高度與深度的架構，在理論或政策上能提供台灣未來不一樣的思考模式與選項。[73]

第五章

資本主義黃金時代的
開創與結束

　　二次戰後大約四分之一世紀，被稱為是「資本主義的黃金時代」。[1] 這個時代不僅發生在美國，也發生在多數西方國家及日本，以及新興工業化的開發中國家。

　　那個時代，在大多數已開發國家，我們看到幾個現象：

- 經濟成長快速、投資增加、科技進步
- 所得分配趨於平均、貧富差距縮小、貧窮人口占比減少
- 公共建設增加，人民生活品質改善
- 弱勢者，包含婦女與有色人民，爭取到較平等的對待
- 建立社會福利制度，給予經濟困難者基本保障
- 對於勞工和消費者的保護更為周全、對於環境保護開始重視
- 沒有大型的戰爭

　　對美國而言，如同本書第一章所言，不但經濟成長迅速，

在科技方面的進步也相當驚人；在國際上，美國承擔了協調與治理的要角，建立起國際政治與經濟秩序的「美國秩序」（American Order），所以也有人把這個時代稱為「美國時代」（American Era）[2]。

要瞭解美國，必須先瞭解資本主義黃金時代興起的背景，也要瞭解當時美國社會的重要思潮，以下分節說明。

一、經濟黃金時代的生產與分配

在二次戰後的「資本主義的黃金時代」，表現最好的應該是經濟。依據 Maddison（1982）與 Glyn 等（1992），在 1950 到 1973 年間，16 個已開發國家[3] 平均每人所得成長 3.8%，在 1973-79 年間也達到 2.0%，是這些國家 1820-1913 年間的兩倍；此期間勞工的生產力成長也達到過去的兩倍，而投資增加得更快。開發中國家在此期間表現也很好，於 1950-75 年間平均每人所得年成長達 3%，超過已開發國家當初工業化時的水準。

1. 超穩定的良性循環

為什麼可以有這樣的表現？很多人在當時認為理所當然，但從事後看起來，那個時代有其特殊性，反而可能是資本主義發展歷史中的「特例」。依據 Glyn 等（1992），綜觀黃金時代的經濟表現，可說是一個「超穩定」的良性循環

架構，其特色為：

- 實質薪資的成長率約略等於勞動生產力的成長，導致所得中勞動所分得的份額不變。

- 所得不是分配給勞動，就是資本，既然勞動的分配份額不變，資本的分配份額也不變。

- 資本成長的速度和所得相當，表示資本和所得的比率不變，配合資本的分配份額不變，就表示利潤率大約維持不變。

- 所得的成長，在不變的中間消費（原材料消耗）比率下，表示產出等速地成長。

- 勞動分配份額不變，表示勞工拿到的實質報酬總額和產出（及所得）的成長一樣快；在固定的消費比率下，這表示勞工實質消費會用一樣的速度成長；所以產出不愁沒有市場。

於是，整體經濟形成一個良性的穩定循環：產出有確定的市場，利潤率穩定，讓資方有動機從事投資，增加資本額；資本額增加，表示配合每位勞動者工作的資本設備量增加，勞動的生產力也增加，勞工的實質薪資增加，而他們又用增加的薪資來增加消費……，如此周而復始，穩定成長。[4]

Glyn 等（1992）將美、英、日、德、義、法六個最大工業國的資料，依照他們的大小做加權平均後，實際把數字算出來，我們摘其部分，整理成表 5.1。從表中可看出，從 1960 年代到 1972 年，實質薪資的年平均成長率在 4.3-5.7%

之間，很穩定；勞動生產力的成長與此相當，在 4.7-5.6% 之間；利潤占所得比率到 1970 年代初期稍微下滑，但之前都很穩定的在 22.5% 與 24.7% 之間，與 1950 年代末期的水準相當；利潤率也一樣，在 24.7% 與 28.8% 之間，也與 1950 年代末期的水準相去不遠。

　　這真是一個「豐盛承平」的大時代。資方和勞方都很高

表 5.1　六大工業國的薪資、利潤與所得：1950 年代末期到 1979 年

	變數	1950 年代末期的水準值	1960 年代早期	1961 年代末期	1970 年代早期	1973-75	1975-79
1	實質薪資成長率（%）	-	5.5	5.7	5.2	2.0	3.0
2	平均每小時勞動生產力成長率（%）	-	5.4	4.7	5.6	1.6	3.7
3	利潤分配份額（%）	23.7	24.7	22.5	19.9	13.9	15.1
4	利潤率（%）	24.7	28.8	24.7	20.4	11.9	13.2
5	產出對資本存量比率	1.0	1.2	1.1	1.0	0.9	0.9

資料來源：Glyn 等，1992。

興：餅在做大，兩方分的比率大致不變，而分得的餅年年增加。如本書第一章所言，就在這樣一個時代，千千萬萬的美國勞工家庭變成了中產階級，過著有尊嚴的生活，達到了經濟上的「美國夢」。

2. 經不起石油危機的衝擊，演變成惡性循環

但是沒有想到，這樣的美景只是「溫室的鮮花」，是在特殊條件下創造出來的，經不起大風大浪。1973年，第一次石油危機來了，這個超穩定結構就被破壞。

其實，如果政府可以出面，讓勞方和資方好好坐下來談，這個結構不無繼續存在的可能。油價上漲，表示中間原料變貴，同樣一塊錢產出所能得到的所得減少；而且油價如果一直維持在高檔，表示這樣的減少是永久性的。這個減少，不論是暫時性或永久性，必須要有人承受。如果勞方和資方同意共體時艱，以等比例承受，那麼上述超穩定結構的各種比率應當都還可以維持。

不幸的是，實際並非如此。資方不願承受，而把成本的上漲反應到售價；勞方不願承受，堅持要加薪來抵銷物價的上漲；就算資方迫於形勢勉強同意，為了維持利潤，就會再把勞動成本的上升反應到價格，於是引發了第二波的物價上漲⋯如此周而復始，形成一個物價和薪資的惡性循環。

在此惡性循環中，資方面對利潤的不確定性，開始縮減投資的規模；這樣一來，勞工生產力的成長就減緩，影響到

加薪;而加薪不能被期待,勞工會縮減消費;這就影響到產出的銷售,更加造成利潤的不確定性…,如此周而復始,形成另一個投資和消費的惡性循環。

從表 5.1 的最後兩欄可以看出端倪。從 1973 年開始,實質薪資成長率降低了、勞動生產力的成長率降低了、利潤分配份額降低了、利潤率也降低了。這,就是黃金時代的結束。

在結束的時刻,各方吵翻天——勞方不滿通貨膨脹侵蝕薪資、資方不滿利潤率下降。在政府方面,非常難為,如果採擴張性政策,會讓通貨膨脹雪上加霜;如果採緊縮性政策,會造成更多的失業和倒閉。這是一個停滯性通貨膨脹(stagflation)的兩難年代;如同前一章所言,保守派的力量,在這兩難時代,得到難得的翻身機會,重新站起來了。

保守派宣傳的藥方是「減稅」:說白了就是要把油價上漲所造成的負擔,轉嫁給政府。但政府不能無中生有,只能增加發行債券,來補收入的不足。所以,說穿了,就是把負擔轉嫁給未來的子孫——他們還沒有出生,沒有投票權。[5]

以上從經濟角度剖析了黃金時代的經濟表現,並點出那個時代無法持續的關鍵。但黃金時代為人著稱的不只經濟,還有社會思潮。以下我們介紹那個時代出現的三本重要著作和一位人物,分別代表對公私失衡、環境破壞和種族歧視議題的審思。這些反省所代表的人文關懷、弱勢關懷、正義呼聲,應當是黃金時代另外一個值得注目的特色。

二、重視公共建設：加爾布雷斯的《富裕社會》

從經濟層面下手，加爾布雷斯（John Galbraith）的《富裕社會》（*The Affluent Society*，1958）對二戰後的美國有眾多批判性論述。加氏認為，二戰後的美國已經變為富裕，然而在經濟思想方面，大家仍停留在前一個世紀的思想，習慣性地以貧窮的社會為出發點。他稱那些不合時宜的經濟思想為「傳統的智慧」，包括十八、十九世紀的經濟學鼻祖亞當‧史密斯（Adam Smith）、大衛‧李嘉圖（David Ricardo）及湯瑪士‧馬爾薩斯（Thomas Malthus）所持，勞工薪資只能滿足自身生存之較為悲觀的經濟思想。他在本書提出經濟思想的新點子，以符合富裕社會的情況。

當時的美國非常強調生產的重要性，且以 GDP（國內生產毛額）作為國家經濟成長的指標，但加爾布雷斯認為這樣是不妥的。個人與社會福利，應該也是經濟成長的重要考量。而要往後者前進，他主張：

• 消除公共部門與私部門的失衡

任何一個社會都需要有兩種財貨的供給：私有財（private goods）例如電視、汽車、菸酒，還有公共財（public goods）例如教育、醫療、警察服務、公園、大眾運輸與垃圾處理。他認為在美國這兩者嚴重失衡，前者太多、後者太少，而將其稱為「社會失衡」。

他認為前者供給太多的一個重要原因，是廠商透過廣

告來「創造」需求。在普遍貧窮的社會，大家都把開銷花在活命必需的商品和服務，不會有這個問題，但是在「富裕社會」，基本溫飽的需求很容易滿足，剩下許多需求都是廣告創造的，這就造成消費上的浪費、生產過度偏向於私有財，而擠壓了公共財的出現。政府必需用政策，來加大公共財的供給，來達到新的平衡。

• 消除貧窮

在富裕社會，貧窮者只占少數，而且通常沒有政治地位和影響力，也就因此常常被忽視。在日益富裕的美國，照理很容易解決這個問題，但貧窮持續存在，表示沒有被重視。

貧窮有兩種，一是個人特性，例如精神障礙、生病、無法接受工廠紀律、撫養人口多、低學歷或學習障礙等。另一種是社區化貧窮，也就是有特定社群，成員幾乎都貧窮。後者比較重要，但在談論貧窮問題時，通常會注意前者，於是就把貧窮的原因歸咎於當事人。這是不對的，我們更要重視社區化貧窮，並予解決。

應當做的事包含利用「負所得稅」來保障每個人最低生活需求，以及增加落後地區的公共建設，尤其是教育。低收入家庭無能力自己負擔對於子女的教育投資，政府應當介入，來保障他們的下一代有得到公平的教育機會。

• 增加研究發展的公共投資來補自由市場之不足

美國重視生產，重視 GDP，但是對於如何提高 GDP，似乎只注重在資源是否有效配置，而忽視了可以減少失業、

增加投資和增進技術水準。

在戰爭動員時期，後者幾樣都派上了用場。包含：（1）全國總動員讓失業消失，（2）人力不足時引進移民，（3）政府主導產業投資來應付戰事，和（4）政府直接將資源投入對戰事具有關鍵重要性的技術發展如合金鋼、人造橡膠和造船。

在和平時期，其實政府還是應該扮演角色，而不是全面退出。例如技術發展，有些產業的企業體夠大，可以承擔研究發展的任務，但其他的地方，除了農業部門政府還持續關注外，就無人理會了。像住宅營建、成衣製造和自然纖維紡織等，沒有大廠存在，就沒有人在做技術研發，這是不對的，政府應當介入。資本投資也是一樣，如果投資不足，政府應當介入。

三、重視環境保護：卡森的《寂靜的春天》

《寂靜的春天》（ *The Silent Spring* ，1962）是從環境的角度出發，探討二戰後的美國。作者芮秋・卡森（Rachel Carlson）描述美國有一個小鎮，田地和果樹滋養著各式各樣的動植物——愛唱歌的鳥兒、不同種類的魚兒、鮮豔奪目的野花還有色彩繽紛的樹木，讓這個小鎮吸引了許多旅客。然而，一場突如其來的「瘟疫」打破了這美好的一切。不只牲畜，人們也因為疾病而死去，同時，動物們無法繁衍，果樹

亦結不成果實。小鎮裡所能見到的鳥兒都奄奄一息，牠們的歌聲也因此消失。寂靜壟罩了這片大地，一切都變得靜悄悄的。

　　還殘留在屋頂上的白色粉末是造成這場災難的主要原因，它讓原本美好的春天陷入沉默。創造這些致命粉末的元兇不是別人，而是人類自己。卡森筆下的白色粉末，就是1950年代開始廣泛使用的人工合成殺蟲劑。在這些殺蟲劑當中，以DDT（dichloro-diphenyl-trichloro-ethane）最具代表性。當時DDT的使用非常普遍，廠商與相關利益人士都忽略它所會帶來的負面影響；大多數的人認為它有益無害，大量地噴灑在生活環境之中。許多地方甚至會利用小型飛機，直接從上空進行大規模的噴灑。

　　然而，卡森發現事實並非如原先想像的那麼樂觀。她將這些殺蟲劑形容為「致命的萬靈丹」：雖然可以解決害蟲問題，同時卻造成巨大無比的反效果。她舉許多實際的例子，並提出專業的證據，證明自然界中幾乎所有的組成元素，從水、土地、植物，至鳥類等動物，都因為這些殺蟲劑不具有選擇性（意即不只害蟲，所有生物只要接觸過後皆會被影響），而成為殺蟲劑的受害者。更令人震驚的，儘管後果看起來很可怕，大多數人還是沒有意識到問題的嚴重性。

　　卡森認為更大的受害者是人類本身，是人類將自己陷入可能的災難。她首先批判提倡人工合成殺蟲劑的既得利益者，接著點出政府與相關單位疏於研究與管理這些殺蟲劑的

事實。最後她解釋人工合成殺蟲劑對人類的傷害，包括藥劑會經由食物鏈進到人類體內，導致人體產生癌症等病變，以及害蟲可能在一段時間後產生抗藥性，進而使殺蟲劑失去效用或更加猖獗等問題。

面對人類可能遭遇的重大災難，卡森形容我們正站在兩條路的分叉點上。一條是大家都在走的高速公路；而另一條自然道路則幾乎沒有人走。前者的終點是個大災難，後者的終點則可以確保地球的安全。卡森認為唯有摒棄人工合成殺蟲劑的使用，嘗試用生物防治等回歸正常自然循環的方法，才得以離開那條高速公路，避免大災難的發生。

卡森的著作在美國產生極大的迴響，可以說引發了整個美國和全球的環境保護運動。經由這個運動的努力，以及人民環境意識的普遍覺醒，在她著作問世後的 12 年，美國全面禁止農業使用 DDT[6]；在全球，經由聯合國環境規劃署（United Nations Environment Programme，簡稱 UNEP) 的推動，128 國於 2001 年通過了《斯德哥爾摩公約》（Stockholm Convention on Persistent Organic Pollutants）；除了禁止農業使用 DDT 以外，也禁用或限制其他長效性有機污染物的使用。[7]

四、面對種族歧視：哈波・李的《梅岡城故事》

哈波・李（Harper Lee）的《梅岡城故事》（*To Kill a*

Mockingbird）於 1960 年問世，此書也可譯為「殺死一隻知更鳥」或「殺死一隻反舌鳥」。取材自作者十歲時（1936年），在其故鄉附近發生的一起涉及種族的事件。故事地點是經濟大蕭條期間美國阿拉巴馬州的一個小鎮——梅岡（Maycomb）；故事中的主人翁，六歲的絲考特（Scout Finch）是芬奇（Finch）家的成員之一。家中除了職業為律師的父親阿提克斯・芬奇（Atticus Finch）外，還有一位哥哥傑姆・芬奇（Jem Finch）及一位黑人管家嘉珀妮亞（Calpurnia）。

有一年夏天，與絲考特年紀相仿的迪爾（Dill）成為了芬奇家暫時的鄰居，絲考特和傑姆很快的就和迪爾成為好朋友並時常玩在一起。他們三個人都對一位叫「阿布」（Arthur Radley）的男士和他的家庭非常好奇——鎮上的小孩謠傳他是一位高大無比，會吃貓和松鼠的恐怖怪人，但沒有人實際看過阿布。在梅岡鎮上，包含他們三人在內的大多數人都對阿布感到既好奇又害怕，也因此常想盡各種方式希望引他出門。

一天，絲考特和傑姆在經過阿布家院子的時候，發現旁邊的樹洞內放著玩具，似乎是要送給他們倆的。又有一天，芬奇兄妹與迪爾在阿布家附近探險時突然聽見騷動的聲音，在他們逃跑的過程當中，傑姆的褲子被圍籬勾住，為了逃命，他只好將褲子脫在原地；隔天，他們回到現場後，看到昨晚的那件褲子整齊的擺在那裡，而且上面的破洞還被縫得好好

的。從那時起，他們漸漸的放下了關於阿布的傳言。

　　過了不久，阿提克斯被法庭指派為一位名叫湯姆的黑人（Tom Robinson）辯護。湯姆遭到鎮上一位白人尤爾（Bob Ewell）指控，說湯姆強姦了他女兒瑪耶拉（Mayella Ewell）。在當時的時空背景下，種族歧視的情形嚴重，黑白之間的異性交往社會都不容，何況是一位黑人被控犯下強姦白人的罪。事情爆發後，眾多鎮民斷定湯姆有罪，應該受到懲罰，甚至還有人打算在審判的前一天，進行私刑制裁湯姆。芬奇一家因為阿提克斯擔任湯姆辯護律師的關係，而遭到大家的攻擊與打壓。

　　然而，富有正義感的阿提克斯與其他人不同，他認為人們不能因為偏見而產生先入為主的想法。在法庭上，他為湯姆進行強力辯護，利用證據清楚地推論出湯姆遭到誣陷。整件案子其實是瑪耶拉為了掩飾與湯姆交往的事實，而衍生出來的；尤爾先生和瑪耶拉都撒了謊，湯姆根本沒有強姦瑪耶拉。然而，在全是白人的陪審團討論後，作出對湯姆有罪的判決。更令人驚訝的是，湯姆在嘗試逃跑的過程當中被槍擊身亡；這樣的結果也讓芬奇家相當錯愕。

　　儘管湯姆已經死亡，尤爾先生因為不滿自己在法庭上遭到阿提克斯「羞辱」，而不斷地騷擾湯姆的遺孀、法官以及芬奇家。在萬聖節的晚上，尤爾先生襲擊了走在路上的絲考特和傑姆。而正當尤爾先生攻擊傑姆時，一位神祕人士突然出現，刺死了尤爾，解救兄妹倆。那個救命恩人就是阿布。

回到家後，絲考特希望阿提克斯以及警長能幫助阿布擺脫這個殺人罪，因為她回憶起父親曾說過，不能殺對人類有益無害的知更鳥（又稱反舌鳥），而阿布就是她所認為的知更鳥。同時，絲考特也領悟到，除非站在別人的角度看事情，否則永遠無法真正瞭解他人——大家都怕阿布，但她知道阿布更怕眾人，所以當天才會要求絲考特陪伴他回家。

五、民權運動：金恩牧師倡導和平的不服從抗議

1. 黑人爭取平等的投票權

哈波・李本身未從事種族平等運動，但是她的著作得到極大的迴響，可以說是引發美國民權運動（Civil Rights Movement）的重要思潮之一。民權運動的主要訴求之一，在保障黑人的投票權，但是歷經無數次的抗議，甚至流血，這個參政權才逐步獲得保障：

（1）1868 年美國憲法第 14 修正案給予黑人公民身份，但沒有明言可以投票。

（2）1870 年通過憲法第 15 修正案，明訂賦予公民投票權。

（3）但各州想出了很多方法阻撓黑人投票，包含先前提過的「祖父條款」，也就是一個人的祖父必須有投票權，這個人才有投票權——衝著祖父輩還是奴隸的黑人而來；到 1915 年才透過大法官的解

釋讓此種條款無效。

（4）有的州繼續用識字測驗、課徵人頭稅、舞弊及各種嚇阻方法阻卻黑人投票。

（5）1955 年開始，在金恩牧師（Martin Luther King, Jr.）等人的帶領之下，民權運動在美國各地展開。金恩效法印度的甘地，採取非暴力的不服從主義，來推動民權。

（6）金恩與其他人組織了 1963 年在阿拉巴馬州伯明罕（Birmingham, Alabama）的活動，抗議對黑人的投票障礙。

（7）同年他引領了在首都華盛頓的遊行，在林肯紀念堂上，向 25 萬參加者，發表著名的「我有一個夢」（I Have a Dream）演說。[8] 其著名詞句如下：

• 朋友們，今天我對你們說，在此時此刻，我們雖然遭受種種困難和挫折，我仍然有一個夢想。這個夢想是深深紮根於美國的夢想中的。

• 我夢想有一天，這個國家會站立起來，真正實現其信條的真諦：「我們認為這些真理是不言而喻的：人人生而平等。」

• 我夢想有一天，在喬治亞的紅山[9]上，昔日奴隸的兒子將能夠和昔日奴隸主的兒子坐在一起，共敘兄弟情誼。

• 我夢想有一天，甚至連密西西比州這個正義匿跡、壓迫成風，如同沙漠般的地方，也將變成自由和正義的綠洲。

圖像 5.1　爭取種族平等的金恩牧師在首都華盛頓演講「我有一個夢」：
1963 年 8 月 23 日

圖片來源：https://commons.wikimedia.org/w/index.php?curid=15027133。[10]

- 我夢想有一天，我的四個孩子將在一個不是以他們的膚色，而是以他們的品格優劣來評價他們的國度裡生活。
- 我今天有一個夢想！
- 我夢想有一天，阿拉巴馬州能夠有所轉變，儘管該州州長現在仍然滿口異議，反對聯邦法令，但有朝一日，那裡的黑人男孩和女孩將能與白人男孩和女孩情同骨肉，攜手並進。

（8）1964年，他因為用非暴力方式對抗種族不平等而獲得諾貝爾和平獎。

（9）1965年3月，他組織了阿拉巴馬州從塞爾瑪（Selma）到州府蒙哥馬利 (Montgomery) 的87公里遊行。那次遊行之前有兩波較小規模遊行，均發生暴力事件，一是遊行者被警察毒打，另一是一位民權運動者遭白人組織打死；這兩波事件引發當時的民主黨詹森總統史無前例地在3月15日召集參眾兩院聯席會議，呼籲盡快通過投票權利法（Voting Rights Act），以保障黑人投票權。3月21日，第三波遊行出發，到25日才抵達州的首府，且是在詹森總統派遣聯邦部隊保護下完成。後來這條路線被指定為「美國國家歷史路徑」（U.S. National Historic Trail）之一。

（10）依據 Theoharis 等（1991）的研究，從1963年起，聯邦調查局就開始盯上金恩，試圖找出他和共產

黨有關的證據，也曾寄匿名恐嚇信給他。[11]

（11）他在 1968 年 4 月 4 日被刺殺，年僅 39 歲。[12]

（12）1983 年美國依據金恩牧師的生日立法將每年 1 月的第三個星期一訂為國定假日，自 1986 年起生效；但是有些州抗拒，用其他的名目放假，或和其他的假日合併。一直到 2000 年，才是全部 50 個州採行。另外很多地方的街道以他的名字命名。[13]

經過這麼多的奮鬥，黑人在 2000 年得到了完整的投票權，但這不表示他們已經從種族歧視完全脫身。

2. 警察處理涉及黑人案件的爭議事件不斷

除了超比率的黑人陷入貧窮以外，他們還可能是警察暴力事件的受害者。以下僅列出 Martin 與 Kposowa（2019）文中所舉近年來的例子：

• 2014 年 8 月：一名無武裝的非洲裔美國少年邁克·布朗（Michael Brown）在密蘇里州弗格森被槍殺，開槍的警察無罪。[14]

• 2014 年 7 月：埃里克·加納（Eric Garner）為一位 43 歲的黑人男性，因出售未稅香煙而受到紐約市警察的攻擊，被警察鎖頸而被殺。大陪審團決定不對警察提起刑事訴訟。[15]

• 2014 年 8 月：22 歲的黑人男性約翰·克勞福（John

Crawford）在俄亥俄州比弗克里克市（Beavercreek, Ohio）
被警察殺害。一通 911 電話，稱一名男子在沃爾瑪
（Walmart）商店內揮舞著槍，但他們提到的那把槍是克
勞福德從商店的貨架拿下來的 177 口徑玩具 BB 步槍。[16]

- 2015 年 7 月：辛辛那提大學（University of Cincinnati）
  警察雷·滕辛（Ray Tensing）在一次臨檢中槍殺了一名
  沒有武裝的黑人薩姆·杜波塞（Sam DuBose）。滕辛因
  杜波塞沒有前車牌而攔截他，杜波塞不下車，滕辛就拔
  槍射擊杜波塞頭部；杜波塞的家人說他的身體虛弱。由
  於健康狀況，所以無法抵抗警察或迅速下車。[17]

- 2015 年 7 月：桑德拉·布蘭德（Sandra Bland）在臨檢
  時被警察毆打並被捕（Stanford，2015）。在被捕過程，
  布蘭德大喊大叫，要該名警官停止毆打她，那時該名警
  官壓碎了她的肋骨。布蘭德在德克薩斯州沃勒縣（Waller
  County, Texas）的牢房中身亡。[18]

- 2010 年 3 月：史蒂夫·尤金·華盛頓（Steve Eugene
  Washington），現年 27 歲的自閉症黑人。警察聲稱史蒂
  夫給了他們「茫然的凝視」，警察認為這是可疑活動。
  史蒂夫伸進腰袋拿手機，頭部被警察射擊而亡。[19]

- 2018 年 3 月：斯蒂芬·克拉克（Stephon Clarke）在加州
  薩克拉曼多（Sacramento, California）的祖母家被槍殺。
  警察聲稱斯蒂芬疑似拿著武器指著他們；然後警察向斯
  蒂芬開了二十槍，在現場被宣告死亡。斯蒂芬沒有武裝，

斯蒂芬手中的物體是斯蒂芬的手機。[20]

　　在 2020 年，這樣的例子依然存在，以下僅舉事後遭致群眾抗議的幾個事件：

- 2020 年 3 月 13 日：現年 26 歲的非洲裔美國緊急醫療技術員布倫娜・泰勒（Breonna Taylor）被路易斯維爾市（Louisville, Kentucky）地鐵警察局警察喬納森・馬丁利（Jonathan Mattingly）、布雷特・漢基森（Brett Hankison）和邁爾斯・科斯格羅夫（Myles Cosgrove）射中八槍身亡。這三名便衣警察進行了「不敲門搜查令」，進入了她在肯塔基州路易斯維爾的公寓。泰勒的男友肯尼斯・沃克（Kenneth Walke）與警員之間相互射擊。沃克說，他以為這些人員是入侵的盜匪。警察開了二十槍，布倫娜・泰勒被射中八槍身亡。[21]

- 2020 年 5 月 25 日：46 歲的喬治・弗洛伊德（George Floyd）在明尼蘇達州明尼阿波利斯市（Minneapolis, Minnesota）被警察德里克・蕭文（Derek Chauvin）勒死。弗洛伊德俯臥在地，面朝下；影片顯示蕭文的膝蓋一直單膝跪在佛洛伊德脖頸。[22] 此事件引發全美抗議，使用的口號為「黑人的命也是命」（Black Lives Matter）。

- 2020 年 8 月 23 日：美國威斯康辛州基諾沙市（Kenosha, Wisconsin）一名 29 歲黑人男子賈可布・布萊克（Jacob Blake），遭警察從背後連開七槍重傷送院，腰部以下終身癱瘓。當時黑人男子的三名兒子在車後座，他想返回

圖像 5.2　奧勒岡州波特蘭市（Portland, Oregon）抗議群眾為弗洛伊德被害事件包圍聯邦法院大樓：2020 年 7 月

來源：Tedder - Own work, CC BY-SA 4.0, https://commons.wikimedia.org/w/index.php?curid=92544502；原圖為彩色。

車上查看時，警員扯他落地，朝他的背部近距離連開七槍，後座的孩子目睹驚叫。[23]

黃金時代所啟動的改革，令人敬佩，但很多改革並沒有完成，到今天還繼續引發對立及抗爭，種族歧視就是一個明顯的案例。

在朱雲鵬與歐宜佩（2019：196）裡，我們曾經提到在 1980 年代美日貿易摩擦期間，一位美裔華人陳果仁（Vincent

Chin），在密西根州的汽車製造大城底特律，於結婚前夕舉行單身派對時，被兩位汽車廠工人誤以為日本人，而找其麻煩；他因而離開餐廳，到附近的漢堡王用餐，但被兩位工人追到漢堡王，然後用棒球棒將其活活打死，時年27歲。事後，兇手僅被判繳罰金，緩刑，沒有入獄服過刑。

3. 新冠疫情讓美國的亞洲裔人遭受歧視

2020年新冠疫情在美國造成災十幾萬人死亡，也引發了亞裔美國人遭受騷擾與歧視。依據香港《南華早報》[24] 的報導：在加利福尼亞州的阿拉梅達（Alameda），一名美籍華人在修整草坪時，有人對他怒吼，要他「滾出美國」；在鄰近的聖克拉拉（Santa Clara），一對越南裔夫婦在一家雜貨店內受到威脅：一名男子將手擺成手槍的形狀對著他們；在紐約市，亞裔居民在地鐵上遭到毆打、腳踢、推搡和謾罵。亞裔美國人說，在新冠病毒繼續肆虐時，有人對他們有意迴避、辱罵、咳嗽、吐口水，甚至進行人身攻擊。在紐約市，人權委員會今年收到了300多起與新冠肺炎有關的騷擾和歧視投訴，其中117起（近40%）涉及反亞裔情緒。去年同一時期，該委員會只收到5起針對亞裔的騷擾和歧視報告。

不論對亞裔也好，對黑人也好，對其他少數族裔也好，在美國，種族歧視是一個長期問題，需要全社會的共同努力才能克服。[25] 黃金時代的人已經啟動了令人景仰的改革，但後續還有很長的路要走。

附錄

假設只有兩個生產因素，勞動和資本，用來生產產出。不考慮中間材時，產出與附加價值相同，以 Y 表示。勞動數量以 L 表示，名目薪資以 W 表示，物價也就是 Y 的價格用 P 表示。

如此勞動的生產力可表示為 Y/L，實質薪資可表示為 w = W/P。在黃金時代，實質薪資的成長率與生產力相同，表示 W/P 除以 Y/L 的比率不變，表示（WL/PY）不變，而這個就是薪資所得占總所得的比率，也就是薪資份額。所以在黃金時代，薪資份額大致不變。

以 K 代表（實質）資本，R 代表資本的名目報酬，資本在所得中的份額可以 RK/PY 表示。既然薪資份額不變，資本的份額也就不變。

令資本的實質報酬率（利潤率）為 r = R/P，資本份額可寫為 r(K/Y)；同理可以把勞動份額重新表示為 w(L/Y)。黃金時代的 w 上升，而（L/Y）也就是勞動生產力倒數等比率下降，那 w(L/Y) 就不變。黃金時代的 r(K/Y) 大致不變，而 K 與 Y 的成長速度又相同，表示 K/Y 不變，既然如此，就表示利潤率 r 不變，大致維持在固定水準。

另外，勞動生產力（Y/L）在成長，表示 Y 的成長高於 L；K 的成長速度與 Y 一樣（如同上述），那就表示 K 的成長高於 L，所以平均每勞動所分配到的資本（K/L）會隨著時間而成長──這是標準的經濟成長型態。

第六章

戰前鍍金時代與
工農的反撲

　　1850 到 1860 年是美國鐵路興建加速的年代，1865 年內戰結束後，這樣的發展繼續下去，而且北方的工業在高關稅的保護下，快速成長，西部各州持續開拓，也創造了就業機會，二者均吸引眾多的歐洲移民到美國尋求新的人生。這些新抵達的移民，在經濟上處於弱勢，相對於鐵路公司及其他壟斷型企業的所有人，美國處於所得分配相當不平均的情形。

　　再者，鐵路網的來臨，改變了美國中西部及南部地區農業交易的生態；多數農產品開始靠鐵路運送，而且必須先運到集散地的倉庫儲存，後者又多為鐵路公司所經營。相對於鐵路公司，農民是弱勢，在運費和倉儲費用上飽受鐵路公司的壓迫。另外，在南北戰中戰敗的南方，以農業為主，恢復緩慢，農民生活困苦，亟待救援。

就這樣，一個快速成長但充滿矛盾與不安的時代來臨了。

一、鍍金時代（The Gilded Age）

　　在美國歷史上，通常把內戰結束（1865）到 1877 年定位為「重建時代」（Reconstruction Era），而把其後約 20 年，從 1877 到 1900 年左右，定位為「鍍金時代」（Gilded Age）；名稱來自馬克・吐溫（Mark Twain）與查爾斯・華納（Charles Warner）合著的小說：《鍍金時代：今日故事》（*The Gilded Age: A Tale of Today*，1873）。作者用該書名，意在挖苦內戰後政府宣稱「黃金年代」即將來到，但實際上到來的社會表面上鍍金，內涵則充滿不公平與貧窮。

　　那個時代見證了美國歷史上的第二次工業革命，其中最重要的技術進步有電力、電報、鐵路、水電供應網路，以及許多產業生產方式的變革，遍及鋼鐵、工具機、紙、石油、化學、航海、橡膠、汽車、肥料、內燃機、渦輪機、柴油引擎等；另外，鐵路公司的興起，也造就了大型公司組織管理模式的來臨。

　　就經濟成長來看，這是美國歷史上最好的時代之一。但是，在社會面，如同《鍍金時代：今日故事》所形容的，看到了財富的高度集中，和貧富差距的快速擴大。

　　到了 19 世紀末，美國製造業超過三分之一的產量，由

頂端百分之一的製造業廠商所生產。部分行業的集中度特別高，例如洛克斐勒（Rockefeller）等家族控制的標準石油（Standard Oil）公司，在當時利用水平和垂直購併與整合，控制了全美約九成的煉油，和八成五的油品銷售。[1]

此公司也是「托拉斯」（trust）形式集團企業的創始者。為了突破其原始創設地俄亥俄州對跨州商務的限制，1982 年標準石油集團以祕密協議的方式，讓 37 個大股東將所有持股都信託（trust 一字的原意）給九位受託人，包含約翰和威廉洛克斐勒（John and William Rockefeller）兄弟在內——無控股公司之名，但實質上達到集團企業集中控股的效果。[2]由於方法新穎，其他集團企業，包含鐵路、鋼鐵、化學等紛紛仿效。[3]

到了 1900 年，美國百分之一的人口掌握了全國四分之三的財富。雖然薪資也上升，還是有許多人陷入貧窮。有些成功的商人相當有社會責任，做了很多慈善事業，包含洛克斐勒家族在內，但也有很多人是採社會「達爾文主義」（Darwinism）的觀點，認為「適者生存、優勝劣敗」很正常，把貧窮歸因於努力不夠。另外，集團企業的興起，也給了企業界很大的政治影響力，讓一般百姓不安，於是，各類的農民和工人抗議運動開始興起；以下一一說明。

1. 格蘭奇運動（Grange movement）

美國歷史上三次主要基層抗爭運動為格蘭奇運動

（Grange movement）、農民聯盟（Farmer's Alliance）運動及人民黨運動（People's Party）；三者均是為受到傷害的農民伸張正義，其中人民黨則也關照工人。抗爭運動固然曇花一現，但是其所強調的價值、追逐的理想，後來逐漸被肯定，最終導致反托拉斯（anti-trust）法的訂立。

格蘭奇運動成立於 1986 年，由格蘭奇組織發起，旨在為農民爭取權益。[4] 當時任職於聯邦農業部的官員奧利弗·凱利（Oliver Kelley）被總統委派到南部各州進行調研，希望可掌握並協助改善南方農業經濟條件。凱利經由實地查詢後，深感地方農業經濟的衰退以及農民生活的艱辛，有必要做改變；經由多方奔走，於 1867 年在紐約州成立第一個格蘭奇（Grange），又稱為農民保護者協會（Order of the Patrons of Husbandry），凱利被推選為會長，直到 1878 年辭任，被稱為格蘭奇之父。其後格蘭奇組織在全國各地紛紛湧現，最興盛時期約有兩萬多個分會，約有 150 萬會員。另外，格蘭奇有自己的行銷體系、商店、加工廠及合作社等；後因財務和擴張速度過快，導致管理不善，進而也使得會員數量下降。

格蘭奇最初目的是一個為農民提供教育和娛樂活動的社會組織，但於後期逐漸演變為重要政治力量之一。格蘭奇所引發的效益，除協助許多農業家庭重新對外建立社會互動及鼓勵婦女參與外，還推動各州研擬保障農民利益的政策，包括：推動各州議會立法規範鐵路運輸收費價格、農作物倉庫收費機制以及建置農村免費郵件遞送系統。[5]

在 1860 年代，鐵路是美國主要運輸方式，農作物絕大多數需經由鐵路運送各地。隨著運輸需求量提高，運輸費用不斷地上漲，使農民的經營成本大幅度增加；許多農民承擔不起高昂運費，尤其是中西部農民。另外，各地的倉庫費用也紛紛提高價格，使得倉儲存費用大漲，雙重壓榨讓農民苦不堪言，一如前述。

經格蘭奇的四處遊說，在 1870 年後，中西部的幾個州（如明尼蘇達、愛荷華、威斯康辛和伊利諾州）啟動制定相關法規，規範鐵路和倉庫價格收費；這些法規通稱為「格蘭奇法」（Granger Laws）。然而，法案訂了，執行不力，產生的效益也有限。例如 1871 年伊利諾伊州制定新的州憲法，將最高鐵路收費方式納入，但鐵路公司拒絕遵守州政府命令。

另外有部分州則發生訴訟，「格蘭奇法」被上訴到最高法院：這些由鐵路公司發起的訴訟，認為州政府立法管制企業定價，違反美國憲法第 14 修正案。但最高法院駁回此說法，認為私人企業所涉及的營業活動，如果與公共利益有密切相關時，政府機關有干預的必要，以保護公共利益。

其後幾十年中，「格蘭奇法」也為許多政治家帶來靈感，而將此概念沿用到其他領域，如對肉類包裝和藥品製造等大型商業行為的價格管理權，理由是政府需保護消費者的權益。格蘭奇運動也對 1887 年《洲際貿易法》（the Interstate Commerce Act）的制訂發揮關鍵作用：此法規定鐵路運費必須「公平合理」，而且創造了州際商務局（Interstate

Commerce Commission），作為此法之執行機關；這是美國歷史上第一次出現管制產業的官方機構。[6]

格蘭奇運動的初衷是為農民爭取權益，但隨著格蘭奇組織涉及的業務越來越廣泛，逐漸被推動商業性業務的中介機構所主導，也導致整個運動的質變。商業性業務擴大後，還被保守主義派視為倡議共產主義，與初衷所強調的農民議題調性不同，因此，在 1874 年後，它被命令進行重組，規範其成員只限於從事農業活動的群體。1875 年後，國家格蘭奇組織（national Grange）很大程度上已經失去對各州格蘭奇組織的控制和影響力，而整個網絡開始式微。

2. 農民聯盟（Farmer＇s Alliance）

農民聯盟是多個平行且獨立的農民政治組織的泛稱，包括中西部／西部的全國農民聯盟（Farmers' Alliance，又稱 Northern Alliance 即北方聯盟）、南方白人農民主導的全國農民聯盟和工業聯盟（National Farmers' Alliance and Industrial Union，又稱為 Southern Alliance 即南方聯盟）、以及由南方非裔農民組織的有色農民全國聯盟和合作聯盟（Colored Farmers' National Alliance and Cooperative Union）。[7]

——北方聯盟

全國農民聯盟或北方聯盟根源於前述格蘭奇運動。主因是美國中西部及西部，面臨乾旱、農產品的鐵路運送及倉庫

費用過高等因素，導致農民生活困苦。1877 年在紐約，由一群格蘭奇運動的成員成立此聯盟，以反抗鐵路公司的不公平作法、改革稅制以及讓格蘭奇贊助的保險公司合法化。

全國農民聯盟一開始沒有引起太多共鳴，但經過芝加哥《西部農村》（*Western Rural*）報紙編輯米爾頓・喬治（Milton George）的鼓吹與本身的參與後，啟發了中西部地區眾多分會的成立。具體而言，北方聯盟在 1881 年遭受乾旱影響較大的地區，如堪薩斯州、內布拉斯加州、愛荷華州及明尼蘇達州，均可得到很大的進展。受影響相對較低的州，如伊利諾伊州、威斯康辛州及密西根州，則成長速度較慢。

聯盟的主要訴求為保護農民免遭受斷的資本主義和大型企業（如鐵路公司）的迫害、冷漠公職人員的對待、要求土地抵押貸款有合理的利率、建立累進所得稅制、敦促國會建立洲際貿易管理機制等。

隨著訴求項目認同度的提升，聯盟規模越來越大。到 1881 年 10 月上旬，北方聯盟約擁有 24,500 名成員，在 1882 年舉辦第三次聯合大會時，會員總數達到 100,000 人。但是，隨著 1983 年中西部農民經濟條件復甦，擴散速度減緩。1884 年由於小麥與牲畜價格下跌，農民不滿聲浪再度興起，也讓全國農民聯盟勢力再度崛起。

——南方聯盟

另一個平行且獨立的農民聯盟為全國農民聯盟和工業聯

盟（National Farmers' Alliance and Industrial Union），俗稱南方聯盟（Southern Alliance），起源約莫於 1875 年，由德克薩斯州蘭帕薩斯縣（Lampasas County）的一群牧場經營者組成，初期稱為德克薩斯聯盟（Texas Alliance）。原先是一種合作同盟之概念，共同打擊馬賊、圍捕流失動物以及共購大型物資及機具。後續逐漸擴展功能，如聯合規模較小的經營者，共同抵抗土地投機客以及大規模畜牧場的迫害。

這個聯盟逐漸擴散到該州的中部與北部，並擴展到鄰近州。到 1885 年，組織約有 50,000 個成員，涵蓋 1,200 多個地方團體組織（稱為子聯盟或 Sub-Alliances）。過程中，因應組織發展，也導入會費制度，使得德州團體聯盟內開始考慮組織隸屬關係，也造成內部的分裂。衛理公會（Methodist）傳教士的兒子查爾斯·麥克納（Charles W. Macune）於 1886 年當選為德克薩斯州聯盟的執行委員會主席，在其就任後開始進行調整與整合，並且也推動成立獨立政黨。同時，查爾斯根據北方聯盟的擴展經驗，開始擴大結盟。麥克納嘗試與路易斯安那農民聯盟（Louisiana Farmers' Union，成立於 1880 年，並於 1885 年轉為祕密社會組織）進行合併談判，成立新的「全國農民聯盟及合作社聯盟」（National Farmers' Alliance and Cooperative Union of America）以整合棉花產地的農民。

南方聯盟的政治訴求與前述所談到的北方聯盟類似，敦促廢除國家銀行及大型壟斷企業、自由鑄造銀幣、發行

更多紙幣、規範土地借貸、修改所得稅法及降低關稅。1889 年，全國農民聯盟與合作社聯盟與一個名為「農業之輪」（Agricultural Wheel）的大型組織合併，並成立一個新團體，稱為美國全國農民和勞工聯盟（National Farmers' and Laborers' Union of America）。在 1889 年 12 月在聖路易斯舉行的大會上，則再次更名為全國農民聯盟和工業聯盟（National Farmers' Alliance and Industrial Union）。

—— 有色聯盟

農民聯盟的第三股力量是「有色農民全國聯盟與合作聯盟」（Colored Farmers' National Alliance and Cooperative Union），成員多來自非裔美國人較多的縣市。因為種族問題，南方聯盟禁止黑人農民加入會員，因此非裔美國農民被迫發展自己的組織。1886年12月，一群黑人農民在德克薩斯州休士頓縣（Houston County）成立德克薩斯州有色農民聯盟（Colored Farmers' National Alliance and Cooperative Union）。新組織定位為互助社會組織，聚焦教育、提高農業效率以及為弱勢群體（如病殘或殘疾成員或家庭）籌措援助基金。

隨後，於 1888 年 3 月，在德克薩斯州的洛夫拉迪（Lovelady）舉辦的一次會議中，重新調整組織範疇，定位為國家層次，並改名為有色農民全國聯盟和合作聯盟；同時，也發行一份名為《國家聯盟》（*National Alliance*）的全國性

報紙。之後幾年快速地擴散到整個美國南部，各州均設立聯盟具體據點。

有色農民聯盟贊助合作社，提供會員以較低價格購買生活必需品，也出版報紙傳遞新知識，讓成員掌握新農業技術資訊。在部分地區，也會透過籌措的援助資金協助因資金不足而無法運營的黑人學校持續辦學。有色農民聯盟的規模在 1891 年到達高峰，吸收了 120 萬名成員。[8]

三個平行且獨立的組織形成的廣泛抗爭運動，持續運行約 20 多年。歸結來看，整體農民聯盟運動有一些定位不明、經常調整之處。正如南方聯盟領導人馬庫恩（C. W. Macune）在 1981 年談到：「組織議程存在很多不確定性及動態調整的空間，很多時候是針對地區問題和狀況的回應：沒有人……可以完整地定義農民聯盟的宗旨；嘗試定義的人只是根據自我的觀察及判斷，給出個人想像的概念。從廣義上來說，農民聯盟的宗旨……常做非常滾動性的調整，可以快速回應已知存在的每一個成員需求，透過聯盟組織力量尋求各種可能之解決方式」。

農民聯盟在改善農民生活與農產品加工服務方面，做到的事包含：

• 合作社：聯盟在許多地區均設置合作社，直接向批發商購買商品，並以比較低的價格販售給農民，有時價格會比正常零售價低 20% 到 30%。但是，批發商有時候會採行報復手段，例如暫時性的降低商品價格，導致聯盟

開設的合作社倒閉。

- 加工廠：建置麵粉、棉籽油和玉米加工廠或棉花加工廠等，可讓農民以較低成本將其商品推向市場；這些農民通常沒有太多經費可支付給第三方加工廠。

- 政策訴求：包含解決農產品價格下跌、規範鐵路公司、讓自由流通的銀幣作為法定貨幣以修補信貸稀缺造成的貨幣供應緊縮、每天八小時的工時上限、取消國家銀行且准許組建私人銀行、徵收累進所得稅、向政府貸款購買土地、建立「國庫分庫計畫」（Sub-treasury plan，一個政府擁有的儲存倉庫網路以存放不易腐爛的農產品，來降低農民營運成本）、為農民爭取以倉庫貨品價值（不超過總價值 80%）及申請低利貸款（預算由美國國庫券支付）⋯⋯等。

在當時，這些訴求很少成功，效果有限。但也因為如此，聯盟中人士開始考慮籌組政黨，積極參與選舉，以改變政府政策；於是，在 1889 年到 1890 年間，聯盟轉型為人民黨，且涵蓋了來自東北地區工業區的聯盟成員，和擁護工人的勞動騎士（Knights of Labor）成員。

3. 人民黨（People's Party）運動

美國政府在內戰期間為了籌募軍費，暫時廢除了金本位，開始發行紙幣。內戰結束後，北方的工業家們遊說兩黨要恢復金本位，廢除紙幣。這些工業家認為黃金才有真正價

值，而且如果能恢復金本位，他們手中的政府債券可以換成黃金，就有很高的報酬。在企業影響下，國會於 1873 年通過法案，讓白銀喪失法幣資格，造成惟金獨大。

但這種趨勢對農民不利。在當時，許多南方的佃農生活困苦，他們必須要向商人賒借一年的糧食和物資，然後用收成來還錢。商人和地主，對收成有優先分配權（lien），所以這個制度被稱為是穀物-優先權制（crop-lien）。在實務上，收成總額常常不夠做優先分配，農民必須以債養債，最後實際上永遠不可能還清，形同農奴。

如果廢除紙幣，恢復金本位，又取消了白銀的貨幣地位，勢必造成通貨緊縮。這個一旦發生，對債主（貸款方）有利，對農民不利。而且在通貨緊縮之下，農產品價格也要下跌，這樣就對農民形成「夾殺」。

這就是為何以上所說的幾個農民運動，都把通貨緊縮和廢除銀幣當作主要的政策敵人。農民聯盟為了改變政策，開始參與政治；在一開始，聯盟主要是和民主黨合作，以該黨候選人的名義參選；在 1890 年的選舉中，有若干斬獲，包含 Nebraska 國會議員布萊恩（William Bryan）[9]。但是由於當時多數民主黨籍議員不支持前述的「國庫分庫計畫」，讓聯盟成員不滿，決定籌組自己政黨。

1892 年，農民聯盟舉行大會，多數支持另組新黨，包含當時聯盟主席波克（Leonidas Polk）、來自喬治亞州的報紙編輯華生（Thomas E. Watson），以及明尼蘇達州前

議員唐納利（Ignatius L. Donnelly）。參與那次大會的，還有與農民聯盟理念相通的好幾個團體和政黨，包含鈔幣黨（Greenback Party，主張大量發行紙幣）、反壟斷黨（Anti-Monopoly Party），以及支持工人的勞工改革黨（Labor Reform Party）、勞工聯盟黨（Union Labor Party）、聯合工黨（United Labor Party）及工人黨（Workingmen Party）等。

　　唐納利在結論時說：「我們的國家處於道德、政治和物資的崩潰邊緣……我們要把共和國還給原始創立者──『普通人民』的手中……農村和都市勞工的利益相通，而他們面臨同樣的敵人」[10] 演講結束後，全體代表決定要於國慶日（7月4日）在中西部內布拉斯加州的奧馬哈市（Omaha, Nebraska）舉行創黨大會，同時提名黨員參與總統大選。

　　在該次大會上，人民黨正式成立，而且決定提名詹姆斯・韋弗（James B. Weaver；前北方軍隊將領也是 1880 年鈔幣黨推出的總統候選人）為總統候選人，詹姆斯・菲爾德（James G. Field，前南方軍隊將領）為副總統候選人。大會並通過了著名的奧馬哈宣言，其大意如下：

- 我們處於一個道德、政治和物質面臨崩潰邊緣的國家。
- 腐敗出現在投票箱、國會甚至法院。
- 報紙大多受到補貼或蒙蔽、輿論沉默；生意受挫、房屋被抵押貸款覆蓋、勞動者貧窮化、土地集中在資本家手中。
- 城市工人遭受剝削，正當反抗，但各州建立了一支違法

的雇傭軍，對勞工開槍，我們正迅速退化為歐洲狀況。

- 四分之一世紀以來，我們目睹了兩個政黨為爭奪權力而進行的鬥爭，所有苦難都由人民承受……在即將到來的競選中，他們一致同意只談關稅，用這個假議題來掩蓋被掠奪者的呼聲，導致對資本家、大型公司、國家銀行、聯合組織、托拉斯、被灌水的股票、白銀非貨幣化及高利貸等壓迫現象，視而不見。這樣下去，我們會斷送我們的房屋、生命及孩子，把我們的孩子放在他們財神爺的祭壇上。

- 國家必須回到平民百姓的手裡。

- 我們每年的農業生產總值達數十億元，必須在數週或數月內，將其轉換為價值數十億美元商品；現有貨幣供應完全不足以進行商業交易，導致價格下跌、形成聯合壟斷、生產階級的貧困等。我們保證，如果獲得權力，將推動明智而合理的立法來糾正這些弊端。

- 今天組織起來的改革力量將永遠不會停止前進，直到糾正所有錯誤，並為我們國家所有男人和女人建立平等權利為止。[11]

在該年選舉，支持金本位的民主黨候選人克里夫蘭（Grover Cleveland）當選；但人民黨的候選人在全國拿到超過百萬票，約等於 8.5%，贏得了四個州——科羅拉多、肯薩斯、愛達荷和內華達，成為自美國內戰結束以後，首位贏得候選人票的第三勢力。當時人民黨主要的問題在於，支持

團體裡有勞工，但勞工運動還沒有成為氣候，工會力量弱，而且躲避政治，導致人民黨在工業州或都會區沒有獲得支持。

此外，在後一次（1896 年）總統大選之前，人民黨內部出現兩派不同的聲音，逐漸造成黨內的分化，一是融合主義者（fusionists），主張靠攏民主黨，另一是傾向中間派（mid-roader），維持人民黨的獨立性。1896 年，民主黨提名支持擴大銀幣發行的威廉·布萊恩（William Bryan）為民主黨總統候選人，該年他才 36 歲，人民黨也提名同一人，這樣一來，等同是融合於民主黨了。在該年的大選，布萊恩雖然獲得南部與西部的多數選票，仍被共和黨的威廉·麥金萊（William McKinley）擊敗。四年之後的 1900 年，又是同樣二人對壘，布萊恩再度被擊敗。在此期間，人民黨漸漸式微了。

人民黨雖然從舞台上消失，它的理想活在很多美國人的心中。人民黨的核心價值在於為老百姓說話，維持民主精神，讓人民真正成為國家的主人。在 1900 年以後的美國進步時代（Progressive Era），從老羅斯福總統時期開始，很多人民黨的政策主張開始落實，例如反壟斷、參議員直選、八小時工時、累進所得稅率等。

4. 工人抗議活動

19 世紀中期，是歐洲工業革命後期的動亂階段。1848-

49 年，歐洲多國均發生革命運動，遍及義大利、法國、德國、丹麥、匈牙利、瑞典、瑞士、波蘭、羅馬尼亞、比利時、西班牙等，故被稱為「革命年代」。各國發生的原因不盡相同，有的是要推翻貴族統治，有的是要爭取民主，也有的是工人感覺受到壓榨而起義。在同年，馬克思在倫敦發表了「共產黨宣言」。[12]

誠如卡爾·波蘭尼（Karl Polanyi）在《鉅變：當代政治、經濟的起源，1944》一書中所指出，市場經濟不是自然生成的，而是西歐新興民族國家刻意建立的一套人為體制。在市場經濟中，土地和勞動都成為可以買賣的生產要素，把人市場化了：人所屬的鄉里不見了，所屬的手工業生產相互依存關係也不見了，與人類社會性的本質不符，所以必然會引起反彈。西歐社會主義的興起，就是人民對市場經濟的反彈和救濟。[13]

當時工人的情景，只要看英國維多利亞時代（1837-1901）盛行的童工就可知一二。有些童工從四歲就開始工作，而且是在危險的環境下工作。[14] 例如很多礦場雇用童工，因為他們可以爬到成年人無法爬進去的狹窄坑道；工作時間很長，死亡率也很高。對於童工而言，他們是不得已：在 19 世紀的英國，約有三分之一貧窮家庭沒有主要生計負責人——可能是死亡、遺棄或者入監。依據統計，1788 年英格蘭和蘇格蘭轄區中，水車驅動棉紡織廠裡面約有三分之二是 5 到 14 歲的童工。[15] 英國文豪狄更斯（Charles Dickens）

就是因為父親負債入獄，被迫於 12 歲時到鞋油分裝場做工，每天平均 10 小時。[16]

（1）乾草市場流血事件：五一勞動節的由來

在這種情況下，到 19 世紀的下半葉，工會開始興起，很多地方爆發了勞工運動，也就不足為奇；一個著名的工會運動，就是由美加產職業工會聯合會（Federation of Organized Trades and Labor Unions）發起的運動。其訴求為實施 8 小時的工時，並以 1886 年 5 月 1 日生效為目標。快到了那天，還沒有實施，聯合會發起全美罷工。當天，美國多個大城市同日舉行大規模罷工和示威遊行，估計 30 到 50 萬人參加，其中以芝加哥聲勢最盛。

5 月 3 日，芝加哥一家收割機製造廠從 2 月開始的罷工還在持續，廠方雇用新員工來代替罷工人員，後者向新員工抗議，遭致警方開槍鎮壓，兩位工人被打死（有一說是六位）。工會號召更多人在第二天出來，在鬧區乾草市場（Haymarket）舉行抗議示威。

5 月 4 日，當警方準備驅散抗議群眾時，有無政府主義者引爆炸彈，炸死許多位警察，後者開始對群眾開槍，當場造成至少四位工人死亡，數十人受傷，在歷史上稱為「乾草市場事件」（Haymarket Affair）。此次事件影響深遠——這個大規模工運把各國工人團結起來，終於成功爭取到「八小時工作制」。1889 年 7 月，在巴黎舉行的勞工國際會議中，

各國代表一致通過每年的 5 月 1 日為國際勞動節，以紀念美國工人的事跡；這就是五一勞動節的由來。[17]

（2）普爾曼罷工運動

另一震撼美國社會的標示性工運就是普爾曼罷工（Pullman Strike）[18]，此事件起源於 1893 年金融危機導致經濟衰退：普爾曼公司為鐵路車廂製造廠，新車需求暴跌，收入下滑，公司為維持利潤，削減工人工資達四分之一，卻沒有減少公司房屋租給工人所收的租金，導致很多貧苦工人的生活陷入困境。[19] 而且三天後，公司就宣布給股東分紅；工人不滿，提出抗議，但老闆喬治‧普爾曼（George Pullman）拒絕降低租金或進行仲裁。[20]

1894 年 5 月 11 日，普爾曼的工人開始罷工，但是他們一離開工廠，老闆就把大門關起來，宣布工廠關閉、等待後續通知。當時普爾曼的工人中有三分之一為美國鐵路工會（American Railway Union）[21] 會員；該會的理事長尤金‧德布斯（Engene Debs）為了聲援他們，發起所有工會會員抵制掛載普爾曼車廂的貨車，來逼迫普爾曼妥協。

在兩造僵持下，德布斯在 1894 年 6 月 24 日宣布發起罷工，在四天內，有 29,500 條鐵路上的 125,000 名工人參加罷工，讓芝加哥以西的鐵路交通幾乎全部中斷。注意到工人的高昂情緒，德布斯一再呼籲要保持和平，但情況的發展非他所能控制。在伊利諾州的藍島（Blue Island），他向參加罷

工的工人做公開演說，在他講完離場後，激進的工人在附近的鐵路建築物縱火，且讓車廂翻覆。這樣的大規模衝突事件引發地方政府的關注，要求聯邦政府介入。

總統格羅弗‧克利夫藍（Grover Cleveland）指派美國總檢察長理查德‧奧爾尼（Richard Olney）處理。隨後聯邦法院下達禁令，禁止工會領袖支持此次罷工，並引用「反托拉斯法」，規定此工會之幹部間不得聯繫；這樣一來，德布斯更不可能勸群眾冷靜。後來總統派出聯邦軍隊，與工人發生正面衝突，有三十位工人被打死。

德布斯宣布停止罷工，而且呼籲鐵路公司雇回參與罷工的工人（有暴力犯罪者例外）；但資方團體鐵路經理人協會拒絕，並開始雇用非工會工人，鐵路服務也開始恢復正常。後來德布斯自己也被判刑，並在上訴失敗後入監六個月，但也因此成為家喻戶曉的人物。[22]

1895 年從監獄獲釋後，德布斯成為社會主義的擁護者，在 1896 年他為民主黨和人民黨共同推出的候選人布萊恩助選，後來又參與了 1901 年美國社會黨（Socialist Party of America）的成立。他多次被社會黨提名參選總統，其中有兩次——1912 與 1920 年——獲得 90 萬以上的票。雖然無緣於當總統，社會黨在其他的選舉中有所斬獲，包含兩位聯邦眾議員、數十位州議員，以及數百位市長。

但在兩次世界大戰間，社會黨成員因為是否參戰而分裂。1917 年俄國十月革命及兩年後美國共產黨（Communist

Party USA）的成立，又導致不少黨員流出，轉而加入共產黨。到了戰後，此黨內部對於和工會以及和民主黨的關係有不同意見，逐漸離心，到了 1970 年代初期正式分裂而式微。

二、老羅斯福總統開啟進步時代

在歷史上，有很多的偶然。西奧多·羅斯福（Theodore Roosevelt）[23] 能夠在 1900 年當選美國副總統，並於次年 9 月擔任總統，就是歷史上的偶然。這個偶然，改變了美國的歷史，開啟了美國的進步時代。

老羅斯福靠自學進入大學，是海軍專家，有著爆炸性的脾氣，和類似西部牛仔的公共形象。他的參政從美國紐約的州議會開始，是該會共和黨團中的「改革派」。共和黨的麥金利當選總統後，請他擔任海軍助理部長。1898 年 5 月，美國和西班牙為了古巴獨立問題開戰，麥金利宣布成立志願軍，徵求各界好漢。老羅斯福辭去海軍助理部長，加入志願軍。他所加入的部隊，在他成為指揮官後，被稱為是莽騎兵（Rough Riders）[24]，在古巴打了幾場勝仗，讓他成為戰爭英雄。[25]

1. 意外出任副總統候選人

戴著英雄的光環，他在同年當選紐約州長；但是他的改革作風，讓該州同黨的保守派政治人物受不了。1899 年底，

麥金利總統在規劃競選連任時，他的副總統突然病故，共和黨需要找一位新的副總統候選人。這些紐約州的共和黨人看到機會來了，極力要拱老羅斯福來擔任副總統候選人，以便讓他離開紐約州。

當時，從麥金利總統競選其第一任總統的初選開始，就在財務上支持、在策略上給建議的重要策士和金主參議員漢納（Mark Hanna），極力反對。他認為老羅斯福個性火爆、任性，是個危險人物，不適合擔任備位總統。但是他出手太慢；在費城共和黨的全國代表大會上，紐約州的共和黨代表已經事前徵求麥金利總統的同意，布好了局；漢納是大會主席，等他發現不妙，就打電話給麥金利總統，希望他同意提名另外一位，但總統沒有同意。漢納非常生氣，走出電話亭以後，咆哮地說，他不管了，也不想當主席了。別人問他怎麼回事，他回答說：

「每個人都瘋了！你們在幹什麼？這個大會要提名羅斯福為副總統候選人——你們不知道在這個瘋子和總統職位中間只隔了一條命嗎？［推動提名他的人］普拉特（Thomas Platt）和奎伊（Matthew Quay）[26] 比白癡還不如！是他當紐約州長的禍害大，還是萬一總統死亡他繼任總統對國家的禍害大？」

但是沒有用，已經來不及了。在大會通過提案，漢納回到華盛頓，用比較冷靜的語氣寫了一封信給麥金利總統，大意是說既然提名了，而他又無力阻止，只能接受事實。他認

為這個組合可以贏得選戰，所以還是會全力以赴。至於麥金利總統，「你對國家的最大職責，就是從第二任期開始，一定要好好地活四年。」

2. 意外成為美國歷史上最年輕總統

然而，人算不如天算，麥金利總統贏得連任，於 1901 年 3 月開始第二任的任期，但是到了同年 9 月，就在紐約州的水牛（Buffalo）城被無政府主義者所刺殺，老羅斯福以 42 歲的年齡，開始擔任美國歷史上最年輕的總統。

果然如漢納所料，他上任後大力推動改革，其內容比較接近民主黨人甚至左派人士所呼籲的，可說大幅脫離了共和黨保守派的思維；他開啟了美國歷史上的「進步時代」[27]。

首先，他說他要推動「公平交易」（Square Deal），其內容是三個 C：

* Conservation of natural resources：保護自然資源
* Control of corporations：控制企業不公平的行為
* Consumer protection：保護消費者

1903 年，在老羅斯福的支持下，國會通過艾爾金法案（Elkins Act），規定鐵路公司不准實施差別待遇，對大小農民要一視同仁。1906 年國會通過《赫本法案》（Hepburn Act）則授予州際商業委員會（Interstate Commerce Commission）設定最高費率的權力，而且不只是鐵路，還擴及橋樑、渡輪等其他公共交通費率。

3. 積極推動反壟斷法 被稱為「托拉斯終結者」

在處理壟斷型企業方面，他開始認真執行 1890 年就通過的謝爾曼反托拉斯法（Sherman Antitrust Act）。他認為大企業是美國經濟必然的產出，願意尊重，但他會極力對付那些有問題的「壞托拉斯」，也就是會從事不公平交易和剝削消費者的大企業集團。在他手中，一共把四十四家托拉斯交付法辦 [28]，迫使當時美國最大的鐵路集團事業北方證券公司（Northern Securities Company）解體 [29]，以及標準石油公司——當時美國也是世界最大的煉油與油品供應事業——接受管制。這些作為，讓他在媒體上得到了「托拉斯終結者」（trust-buster）的稱號。

在消費者保護方面，國會也通過法律，規定肉類的包裝必須符合衛生條件；食品和藥品必須有正確的標示，不得誤導消費者。在環境保育方面，他劃定了許多國家公園，而且推動灌溉，讓很多荒地變成農地、可狩獵的森林，以及可以採收的林場。在他任內共實施了 24 個這樣的整地計畫，創造了 150 個國家林場，由農業部負責保育、管理與開採。

他廣獲美國人心，於 1904 年順利連任。他成功地調解了日俄戰爭，讓兩邊達成停戰協議，讓他獲得 1906 年的諾貝爾和平獎。1908 年，他的好友威廉·塔虎脫當選總統，他則在高聲望中卸任。

圖像 6.1　漫畫家筆下對參議院的諷刺：後面是各業的托拉斯（1889）

來源：https://commons.wikimedia.org/wiki/File:The_Bosses_of_the_Senate_by_Joseph_Keppler.jpg；原圖為彩色。

圖像 6.2 老羅斯福肖像

來源：Bureau of Engraving and Printing（https://commons.wikimedia.org/wiki/File:ROOSEVELT,_Theodore-President_(BEP_engraved_portrait).jpg）。

圖像 6.3　老羅斯福卸任前所留下的箴言（1908）

來源：Cartoonist for Duluth Herald - 1908 editorial cartoon USA, first printed in Duluth Herald, 1908，https://commons.wikimedia.org/wiki/File:TR-Farewell. JPG。

第七章

新政所引發的
保守力量集結

一、富蘭克林‧羅斯福的新政

富蘭克林‧羅斯福（Franklin D. Roosevelt，簡稱為羅斯福或小羅斯福）總統因應經濟大蕭條，發起了新政（New Deal），逐步帶領美國經濟走出低迷，開啟了光輝的時代。在談論羅斯福總統的新政對美國國家制度與經濟的影響時，我們將先描述他自己如何對抗身體殘疾，重新站起來；同樣這種精神，他用到國家上，拯救了當時深陷危機的美國。

1. 近四十歲時罹患小兒麻痺

小羅斯福於 1882 年 1 月 30 日出生於紐約海德公園（Hyde Park）富商之家；堂兄西奧多‧羅斯福（老羅斯福總統）則為家族的另一支系。小羅斯福在 1990 年及 1904 年分別進入

哈佛大學歷史系及哥倫比亞法學院就讀。1907 年通過律師考試，還沒有得到法學位就離開學校，進入紐約著名律師事務所執業。1910 年參與民主黨，初涉政壇，當選紐約的州參議員。1913 年，威爾遜總統（Wilson）任命其為海軍部副部長（Assistant Secretary of the Navy）；1920 年被當時代表民主黨參選總統的考克斯（James Cox）提名為副總統候選人，但沒有當選。[1]

1921 年，在一次假期中，突然被感染而罹患脊髓灰質炎症（俗稱小兒麻痺症，Polio Strikes），造成腰部以下永久癱瘓。此類病例多數是在嬰兒期間發病，同時多數孩童在四歲後就對此病免疫，成年人患病的情況並不多見。他為此感到沮喪，一度想放棄政治生涯。

但後來在親友的鼓勵下，他恢復了奮鬥的意志。他買下了喬治亞州溫泉鎮（Warm Springs, Georgia）的一個度假旅館，並在溫泉的水中練習走路，重建肌肉。[2] 在此過程中，羅斯福的手臂恢復力量，身體免疫系統恢復正常運作。再接著他能藉由腿部的鋼製支架，在枴杖的協助下重新站立起來。他制訂一個走路練習計畫，設定每天要走四分之一英里，透過持續性的走路，來增加雙腿力量。[3]

不少在羅斯福周圍的人對他堅強的意志力表示讚佩，例如他在罹患小兒麻痺症後的第一場公開演說之前，他在藏書室努力練習走路好幾個小時，只為了能夠站起來在兒子的攙扶下走一小段，而登上民主黨全國代表大會的講台。阿拉巴

馬州參議員約瑟夫‧希爾（Joseph Hill）的妻子曾談到：「對羅斯福來說，需要費多大的力氣才能控制他殘疾的腿。他克服這樣的身體障礙，讓我覺得他很偉大。我從未見過像他臉上那種表情——那是信念，是勇氣，是全然的欣喜。」[4]

2. 股市大崩盤與經濟大蕭條的來臨：胡佛總統提高關稅雪上加霜

1929 年 10 月，就在胡佛（Herbert Hoover）總統上任僅九個月之後，股市就崩盤，兩個月內，五十隻龍頭股票的平均價格約下跌一半以上。到 1932 年，股票平均價格僅為 1929 年四分之一。工業生產製造業情況也如同股票市場般衰敗，導致前所未見的嚴重失業。到了 1933 年，至少有 25% 的勞動者失業；在通貨緊縮下，工資被腰斬。[5]到了 1930 年冬季，在三年多的經濟蕭條後，情況依舊沒有改善。全國 24,000 家銀行中，有超過 11,000 家倒閉，導致存款人的儲蓄付之一炬。[6]

胡佛沒有採取措施，讓政府出面直接救濟百姓，還在 1930 年 6 月簽署了國會通過的《斯姆特–霍利關稅法》（Smoot–Hawley Tariff Act）。這個法案為了保護國內產業，以「產能過剩」為名，大幅提高了兩萬多項進口商品的關稅，形成美國歷史上僅次於 1828 年的關稅壁壘。多數研究認為，此法引發了歐洲等國家提高關稅來報復，導致全球貿易縮水——美國在大蕭條期間的進口和出口均下滑達三分之二，

對於經濟可說是雪上加霜。[7]看看情況不對，胡佛總統在其任期後期採取干預性較強的措施，如透過立法為公共工程提供大量額外資金，但還是無法拯救經濟。

1931年春，經濟危機國際化。西歐經濟疲軟導致維也納一家主要銀行倒閉，德國拖欠其償還款。胡佛提議暫停為期

圖像 7.1　芝加哥失業者排隊領取免費湯點：1931 年

來源：Unknown author or not provided - U.S. National Archives and Records Administration, https://commons.wikimedia.org/wiki/File:Unemployed_men_queued_outside_a_depression_soup_kitchen_opened_in_Chicago_by_Al_Capone,_02-1931_-_NARA_-_541927_(cropped).jpg [8]

圖像 7.2　紐約市美聯銀行（American Union Bank）遭擠兌：1932 年 4 月

來源：Public Domain, https://commons.wikimedia.org/w/index.php?curid=374093。

一年的賠款和戰爭債務付款，但為時已晚。隨之而來的金融恐慌，讓多數歐洲政府放棄金本位制度，導致貨幣競相貶值，對貿易活動產生破壞性影響。歐洲從美國銀行撤出黃金，導致銀行界一系列的倒閉。

3. 羅斯福當選總統：八天之內解除銀行危機

　　1932 年，羅斯福參與總統競選，以 700 萬張選票，擊

敗爭取連任的胡佛，成為美國第三十二任總統。羅斯福總統上任之際，即必須面對可怕的銀行危機——銀行一家接著一家遭到擠兌而倒閉。羅斯福呼籲大家不要害怕，他在 1933 年 3 月 4 日就職典禮上，向全國民眾宣示：「我們唯一要擔心的就是恐懼的本身」（the only thing we have to fear is fear itself）。[9]

羅斯福總統上任第二天，就停止黃金交易，並宣布全國性的「銀行假期」（bank holiday）。3 月 9 日，他向國會提交《緊急銀行法案》（Emergency Banking Bill），賦予政府加強、重組及重新開放具償付能力的銀行。經過僅三十八分鐘的辯論，眾議院以鼓掌方式通過法案；當天，參議院以 73 票對 7 票也通過議案。羅斯福總統遂於 3 月 12 日宣布，第二天將可重新開放銀行。3 月 13 日，首批銀行重新營業，存款額超過提款額，全國性的銀行危機就此解除。羅斯福的智囊之一雷蒙德·莫利（Raymond Moley）後來形容說，資本主義在八天之內獲得解救。

這個事件顯示，在金融體系中，最重要的是信心。從銀行假期到重新開放，才區區幾天，政府怎麼可能完成對所有銀行的盤點？但沒有關係，民眾信任羅斯福總統的領導能力，於是在幾天之內改變他們對銀行的懷疑態度，重新投入存款，整個金融體系就穩定下來。

羅斯福總統隨後推動新立法，讓銀行體系有穩固的發展基礎。1933 年，根據《格拉斯－斯蒂拉爾法案》（Glass–

Steagall Act），將商業銀行與投資銀行區分開來，並成立聯邦存款保險公司，來擔保小額存款。1935 年的《銀行法》（Banking Act）則加強聯邦儲備系統（聯準會，也就是中央銀行）的功能：此為 1913 年此系統設置以來首次重大的調整。

4. 全面推動新政（New Deal）

就整體經濟而言，他在就職約一百天之內就推動了十三項重大法案，打下了新政的基礎；後續也還有法案，但是密集性仍以前者為最高。在 1933-1934 年間，他推動的重要法案和措施包含：

- 推動公共建設、保障勞工：1933 年通過《國家工業復興法案》（National Industrial Recovery Act），並據以建置公共工程管理局（Public Works Administration, PWA）與國家工業復興總署（National Recovery Administration, NRA）。前者目的在推動各州公共建設，包含道路和橋樑，以創造工作機會。後者則在協助企業領導者制訂和執行相關價格、工資和其他事項的法規，讓勞工獲得保障，避免受到不正當行為的迫害，並獲得集體談判權利；期望能因此提高勞工薪資，讓他們可以增加消費，拯救經濟。

- 政府直接雇用失業者從事公共工作：1933 年國會通過「緊急保育工作方案」（Emergency Conservation

Work），允許聯邦政府成立「平民保育工作團」（Civilian Conservation Corps, CCC），以工代賑，直接雇用失業者六個月，讓他們來為政府從事保育工作，如種樹、土壤保存以及撲滅森林火災。從該年起到 1942 年，此方案總共雇用過 250 萬人。

• 穩定農產品價格及提供農民貸款：1933 年頒布《農業調整法》（Agricultural Adjustment Act, AAA），讓同意限制生產的農民獲得保證價格收購，以抑制生產過剩所導致的農產品價格大跌。1933 年也通過《農業貸款法》（Farm Credit Act），建立了整套的農民信用體系：授權新設的農民信用局創立十二個農產信用協會（Production Credit Association, PCAs）和十二家合作金庫（Banks for Cooperatives）來支援各地農民信用合作社；這些機構連同既有的十二家聯邦土地銀行（Federal Land Banks），以及一家等同農民信用體系中央銀行的中央合作金庫（Central Bank for Cooperatives），就形成了完整的農民融資系統。如此原來必須用高利率向資本主或地主借錢的農民，在經濟上獲得舒緩。後來在 1935 年，又成立農村電器化管理局（Rural Electrification Administration, REA），為農民提供現代化的基礎設施。[10]

• 救濟失業者及窮人：1933 年成立聯邦緊急救援署（Federal Emergency Relief Administration, FERA）。此署編制預算補助救濟機構，以增加他們對窮人提供免費食物和毛

毯的能量；此署也協助地方的州郡創建工作機會，包含營建、特別為藝術家設計的工作，還有製造消費品。從 1933 年 5 月到它因被其他新機構取代而裁撤的 1935 年 12 月，此署共創了兩千萬個工作機會。[11]

- 推動田納西河谷的發展計畫以改善當地民生：1933 年 5 月成立田納西河谷管理局（Tennessee Valley Authority, TVA），屬性為公營事業。它在田納西河河谷——受到經濟大蕭條最嚴重的地區之一，興建水庫，兼具灌溉、電力和防洪之效。它也從事發電、肥料製造、和內河航運。它協助附近農村的現代化，後來成為許多開發中國家仿效的榜樣。受惠地區包含田納西州的大部分、阿拉巴馬、密西西比及肯德基州的一部分，還有喬治亞、北卡羅來那及維吉尼亞州的小部分。

- 監管證券的發行和交易：股市大崩盤的原因之一，是市場上有很多「地雷股」，公司沒有充分揭露真相，讓廣大的股民受害，所以新政府於 1933 年通過證券法（Securities Act），由聯邦政府監管證券的發行，包含股票和債券；1934 年又通過《證券交易法》（Securities Exchange Act），成立證券交易委員會（Securities & Exchange Commission, SEC）來監管與證券交易相關的事項，含新發行證券的申報、證券發行機構資訊的揭露、弊端如內線交易的防止等。

- 給自用住宅者低利貸款以解除其無力償還貸款的危機：

大蕭條的來臨和失業的上升讓許多自用住宅擁有者無力負擔房貸，面臨家園被法拍的困境。羅斯福總統在 1933 年通過了《住房貸款法》（Home Owners Loan Act），成立公營事業，提供低利貸款給自用住宅者。到了 1935 年，美國都市中接近五分之一的房屋均申請此案而讓屋主受惠。

對於這些措施，多數的反應良好，但還是發現有缺點，例如工業復甦管理局管的事太多、法規太繁雜，又要提升薪

圖像 7.3　田納西河谷管理局於二戰期間在北卡羅來那州興建的豐塔納（Fontana）水庫

資，讓民營企業困擾。公共工程管理局（PWA）大張旗鼓投入公共工程建設，如水壩、橋樑、學校、航空母艦等，但對整體經濟而言，力道不夠，無法即刻帶動經濟恢復繁榮。在救濟勞工和失業方面，左派（自由派）認為做得不夠，右派（保守派）則嫌過多。

因應來自左派和右派的批評，羅斯福在 1935-1936 年間調整新政方向，展開俗稱的二次新政（Second New Deal）：

- 更大規模實施國家雇用失業者從事公共及社會建設：1935 年創建公共事業振興署（Works Progress Administration），以工作救濟替代直接救濟；在 1935 年到 1941 年間，WPA 每年平均雇用 210 萬名工人，包括藝術家和作家，建造或改造了數以萬計的學校、醫院、機場及其他設施。另外，為了增加青年就業機會：在同年創建全國青年總署（National Youth Administration），給予失業家庭的青年補貼，讓他們讀書、接受職業訓練或參與公共建設相關的兼差工作。

- 建立社會保障制度：1935 年通過「社會保障法」（Social Security Act）：以薪資給付課徵社會福利捐為財源，建立勞工失業保險及老年給付；對身障者提供援助，以及對單親家庭的補助。

- 確保勞工組織公會、集體談判及罷工權：1935 年通過「全國勞資關係法」（National Labor Relations Act），又稱「瓦格納法」（Wagner Act），保障勞工組織工會、集體談

判及發動罷工的權力，同時禁止雇主組成工會。

1936 年，羅斯福競選連任，受到城市居民、農民、工會會員和年長者的支持，輕鬆擊敗共和黨總統候選人堪薩斯州州長藍登（Alfred Landon）。

隨著歐洲戰爭的爆發，羅斯福專注於外交事務，新政改革立法減少，而大蕭條因國家動員發動戰爭而得以完全解除。德國發動第二次世界大戰，入侵波蘭，儘管美國宣布中立，羅斯福仍設法向盟國提供援助。1940 年，羅斯福二度連任。

1941 年 3 月，羅斯福簽署「租借法案」（Lend-Lease bill），援助與德國及義大利交戰的國家。12 月，日本襲擊珍珠港，迫使美國參戰；第二天，羅斯福在國會發表演講，對德國正式宣戰。但二戰期間，羅斯福的身體已經出現異樣，罹患高血壓、心臟與循環系統疾病；1945 年在喬治亞洲的他自己溫泉莊內的「小白宮」，因腦溢血逝世，享年 63 歲。

二、保守勢力反撲的開始：「有思想，才有力量」

小羅斯福的新政如火如荼地展開，大政府的力量開始發揮之際，來自企業界的杜邦企業三兄——皮埃爾、艾瑞尼、拉蒙（Pierre, Irenee, and Lammot Dupont）卻認為美國正處在崩潰的邊緣；他們認為由憲法保障的自由正一點一滴地消逝，進而造成文明與福祉的下降。

1. 美國自由聯盟

為了抵抗新政的大政府思想，在 1934 年 8 月，三兄弟和他們的生意夥伴們組成了「美國自由聯盟」(American Liberty League)，他們要糾正政體的不平衡、批評社會安全制度，最終改變企業界在政府中沒有發言權的現狀。他們以無黨派教育團體的立場出發，誓言要與激進主義作鬥爭，以維護財產權與憲法為己任。這樣的訴求卻因為成員都來自企業界，而被民主黨批評為是「百萬富翁聯盟」與「美國玻璃紙聯盟」(American Cellophane League) —— 玻璃紙是杜邦的產品之一，此地是取笑其半透明、能輕易地被看穿它本質。相較於廣大的勞動階級，它顯得無力與弱小。[12]

在羅斯福的新政時期，「美國自由聯盟」並非是唯一來自工商界的阻力。在羅斯福執意要擴大工會權利與創建福利國家時，另一個組織站出來，誓言要反對新政與抗衡工會：全國製造者協會（National Association of Manufacturers NAM）[13] 成立於十九世紀末，隨著組織的演進，到了 1935 年，六成的組織成員來自中大型製造業的高層，形成一個不容忽視的勢力。1935 年通過的「全國勞動關係法案」（Wagner Act），賦予勞工避免被報復的權利，同時禁止公司在工會行動時祕密偵探與威脅員工，使勞工權益得到保障。此時，「全國製造者協會」便站在抵抗法案的第一線，但因為明顯代表資方的身分，其聲量與抗爭，在大政府的力量下顯得如

滄海一粟般，並無實效。

這些組織雖然在當時作用有限，長期而言，1930年代的這些運動，成為未來對抗新政自由主義的基石。其中活躍人士諸如倫納德・里德（Leonard Read）與威廉・穆倫多爾（William Clinton Mullendore），成功地推動了美國商會（US Chamber of Commerce）的發展。里德在1930年代初期擔任美國商會西部分支的經理，並結識了南加州愛迪生公司時任執行副總（後任總裁）的穆倫多爾。當時美國正處於大蕭條時期，商會多站在支持羅斯福總統所設國家工業復興總署（NRA）的立場。當里德知道穆倫多爾因該公司在南加州企業界占據重要地位而反對新政時，便想和穆倫多爾見面，試圖說服其加入商會的陣營。然而經過兩人晤談，里德反而被穆倫多爾自由、權利、私有財產的角度給說服了。里德變成了自由主義的教徒，並接受穆倫多爾的建議去鑽研《國富論》；其後兩人開始研究如何去組織並捍衛所謂「自由哲學」的資本主義基礎方針。[14]

2. 經濟教育基金會

里德隨後離開了西岸，前往東岸去宣揚他的理念。在那裡他拜訪了古德里奇公司（B. F. Goodrich Company）的總裁，大衛・古德里奇（David Goodrich）。里德成功說服古德里奇，贊助成立了「經濟教育基金會」（Foundation for Economic Education）。這個組織並非代表企業界，相反的，它是來宣

揚自由市場的理念。[15]

里德接受了當時穆倫多爾的概念，他認為美國需要的是思想，思想才有力量。此組織接觸了來自杜邦企業的高級主管——賈斯珀‧克蘭（Jasper Crane）。克蘭相當鍾情於自由市場，樂意捐錢，在 1950 年代開始贊助里德。克蘭認為自由市場的理念需要更清晰化、通俗化，他認為美國缺少自由思想導師，缺乏一本自由企業的聖經。當時學者的著作，在他的眼中，是無法與民眾對話的，因此他極力尋找能夠成為心目中聖經的那本著作。

三、奉海耶克的《通往奴役之路》為「聖經」

奧地利學者佛烈德利赫‧海耶克（Friedrich von Hayek）的出現，帶給了克蘭一絲希望。他的著作《通往奴役之路》（The Road to Serfdom）以自由為中心之思想，正好與凱因斯主義（Keynesianism）相反。海耶克極力攻擊納粹，認為那是國家社會主義。他認為自由市場而非福利國家，才是真正擊敗法西斯政權的武器。他的書在美國出版後，造成很大回響；便開始在美國巡迴演講。他在底特律經濟俱樂部演講時，批發業老闆哈羅德‧呂諾（Harold Luhnow）在座，大為感動；為了讓海耶克留在美國，呂諾與芝加哥大學達成協議，由旗下慈善機構威廉‧沃爾克基金（Volker Fund）透過芝加哥大學支付海耶克十年，每年一萬五千美元的全職薪

資，讓海耶克留在芝加哥大學教書。其後，又介紹海耶克與克蘭認識。海耶克在克蘭的幫助下，成立了朝聖山學社（Mont Pelerin Society）；這是一個國際性經濟學者組織，旨在推動自由市場、批評福利國家與計劃經濟。據瞭解，台灣的中央研究院院士故蔣碩傑教授曾受教於海耶克，也參加了學會的活動。

海耶克的著作並非如同時期的經濟學著作那樣，把重點放在數學上，而是堅持自由才是經濟生活的核心。他的理論是政治性的，而非停留在方程式。這使他在企業界受到支持與讚揚，對於市場的尊崇讓企業界對於國家權力的擴張產生了懷疑，因而被許多保守主義的生意人讚揚。

他們透過諸如里德的「經濟教育基金會」，不斷地宣傳與倡導，逐漸成為一套核心思想和奉行的學說。海耶克的《通往奴役之路》，也逐漸成為，如同克蘭一直在尋找的，一本可用來抵抗新政的「聖經」。藉由這本聖經，他們相信，有思想就有力量，能夠藉由這樣的中心思想，推廣至一般民眾，與他們對話。先從一般民眾，再往上推至政府，推廣這樣的思想。從歷史教訓之中，他們學習到，如果直接打著企業家名號出去反對新政，很容易為人民所厭惡。

四、企業界影響政治思潮的實際行動

1953 年，共和黨的艾森豪（Dwight Eisenhower）當選總

統，保守派的企業家們喜出望外。他們認為共和黨終於重新占據了主導地位，能扭轉民主黨對市場不利的政策。然而艾森豪並不是正統的共和黨員，他相信美國在 20 世紀的資本主義，不該再是階級的相互鬥爭。他不但容忍新政，他還認為政府能在生活中扮演重要角色，能調節不同團體的利益和衝突。艾森豪認為舊有共和黨的觀念需要調整，私人經濟未管制時會有濫用的情況，政府應出面防止與矯正市場弊病。

在一封競選時期艾森豪寫給企業領袖的信中，他寫到經濟不平均是美國最大威脅。雖然他歡迎企業界進入他的內閣，但他對於短視近利與自私自利的企業界的厭惡，與工會幾乎如初一撤。這樣的言論讓許多企業界人士十分氣憤，有些人士如羅伯特・沃爾奇（Robert Welch），一位來自麻省糖果製造商、「約翰伯奇協會」（John Birch Society）的創始人，批評其為共產黨的代言人。艾森豪的態度，讓企業界慢慢對共和黨失望，因為它不再代表他們的利益；艾森豪如集體主義者般的姿態與逐漸壯大的勞工團體，都讓企業界意識到企業界必須轉型，為了抵抗來自共產主義與法西斯主義對於西方意識形態的衝擊，必須更積極地直接訴諸民眾及參與政治。[16]

1950 年代麥卡錫主義的盛行，鬥爭成為政治界常態。沃爾奇在 1958 年以「全國製造者協會」副總身份，召集了十一位相同理念的人，組成約翰伯奇協會，以「保護美國體制不受共產主義的入侵」。此組織成功地吸引成千上萬人加入，是一次來自企業界成功的動員。

1. 美國企業協會

　　另一種政治介入來自 1943 年，由劉易斯‧布朗（Lewis H. Brown）成立的「美國企業協會」（American Enterprise Association）。此會以發送報告的形式，向國會議員提供「不會受到左翼偏見的立法分析」，試圖影響政治人物的決策。然而與當時另一個以凱因斯學派為主的美國經濟發展委員會（Committee for Economic Development）相比，其聲量較不受重視與關注。且在國會開始調查組織的經費來源與架構後，該組織近乎解體，也差點失去其免稅資格。布朗死後，經由阿倫‧馬歇爾（Allen Marshall）與他所聘任威廉‧巴魯迪（William J. Brody）的帶領，才漸漸恢復生氣。

　　這些來自企業界的動員起因，是因為他們相信美國社會最大的問題是學術界，幾乎都是左派，控制了整個學術圈。為了監督政府，一定要有另一個抗衡的力量，一個堅定的保守主義勢力，來對抗被左派占領的學術界。

　　馬歇爾開始大量募款與擴充組織，到了 1958 年，他已成功地獲得大筆來自大公司的捐款，在當時美國最大 50 個公司中有 26 間公司資助他。到了 1950 年代末期，75% 的眾議員與 84% 的參議員都會收到來自 AEA 的研究報告。隨著組織的壯大其後又分支出「戰略與國際研究中心」（Center for Strategic and International Studies）[17] 來從事外交方面的研究，並於 1962 年將 AEA 更名為美國企業研究院（American

Enterprise Institute for Public Policy Research, AEI）。[18]

在巴魯迪執掌的時期，他激勵企業家們除了關注經濟局勢，也應參與政治。一個開放的市場，這個理念在他眼中，正被環保主義者和其他激進主義者所危害。他認為企業家不應只是待在幕後遊說，而應去影響民意，進而影響政治人物的決策。在巴魯迪的努力下，該組織逐漸發光發熱，並培育出許多具影響力的推廣者。

政治動員也不僅侷限自企業界，宗教界特別是基督教的政治動員也十分值得關注。霍華德・皮尤（J. Howard Pew）是一位石油公司的老闆，同時也是一位基督教徒；他覺得當時教會有一股左傾的歪風，他希望藉由政治行動來打破這樣的情形。1930 年代開始，他認為應該要有介於資本主義以及共產主義之間的第三條路線（The Third Way），用以代表民主社會主義。同時該主義是以基督教神學來合理化與支持的。隨著二戰進入尾聲，皮尤與「洛杉磯第一公理會」領導人詹姆斯・費菲爾德（James Fifield），共同推動「精神動員」（spiritual mobilization）。該運動旨在為神職人員建立正確的觀念，以及規劃如何與健全宗教原則聯繫在一起的活動。整個行動以自由市場思想為核心，以海耶克的《通往奴役之路》為「聖經」，透過將書籍寄送給牧師，試圖影響他們。

2. 國家評論雜誌

這些教會開始在各處試圖抵抗當時的主流思想。他們打

破了一般救貧、利他主義等宗教角度，而從國家日益凋零的繁榮做出發，試圖扭轉現況。這樣的嘗試與企業界的訴求相似。小威廉・巴克利（William Buckley, Jr.）是一位資深的媒體人，他於 1955 年創立「國家評論」（National Review），認為復興保守主義的途徑是讓那些以為保守思想已死的群眾，重新獲得重視。他透過發表期刊、雜誌等形式做推廣，受到商界人士大力贊助。

商界人士除了贊助報章雜誌外，同時也贊助廣播節目。以 1954 年創立的《曼尼翁論壇》（The Manion Forum of Opinion）為例，每星期日固定播送，批評美國朝極權邁進，批評馬克思補貼式制度，工會控制工人等內容。其主持人克拉倫斯・曼尼翁（Clarence Manion）與巴克利一樣都是天主教徒，他相信恐懼是救贖美國的關鍵，因此在節目上他向聽眾行銷恐懼，藉此以換取聽眾支持州的權力與愛國主義的重生等。

五、工會力量受挫

從大蕭條時期開始，工會就不斷壯大；二戰後，更加茁壯。工會為美國的勞工帶來許多福利與待遇的提升，而且不論是否為工會會員，勞工的福利逐漸提升，包含企業年金制度、住院保險、假期普遍化等。到了 1960 年，一年可有四個星期有酬假。

但勞工為了獲得更多的福利，勞資雙方的爭議不斷發生。以 1964 年美國電氣工人大罷工為例，一開始是煉油廠，其後是礦工，後來擴及西北部五萬四千個伐木工人、中西部卡車司機、奧克蘭及三藩市機械工人等；美國國內幾乎進入內戰的狀態。資方經過這一次罷工，最後與勞方妥協。

1. 奇異電器的布爾瓦爾用新策略與勞工談判

勞動條件的改善，使薪資成本占營收比率，由 1944 年的 36%，提高到 1946 年的 50%。然而在這次罷工之中，有一個人令資方十分詫異，他是奇異電氣（General Electric）聘的一位銷售助理萊穆爾·布爾瓦爾（Lemuel Ricketts Boulware）。在大罷工期間，他所管理的七間工廠都沒有參與。其後他被拔擢為社區關係的副總經理，開始了一番事業。[19]

布爾瓦爾著手以削弱工會為目標對員工進行思想改造。他首先改變對工會談判的策略，於談判的一開始便設定談判的底線並同時告訴工人這是公司最好的條件。他所開出的條件通常會落在工會要求的一半以上，讓勞方覺得公司似乎能體諒勞工，接著公司一步都不讓。他的目的是讓工人覺得，他們的福利不是工會在談判中幫他們爭取到的，是公司給的。如果工會抗爭，表示工會阻撓廠商的加薪計畫。

接著他脅迫，若勞方不接受，公司將進行遷廠，從當時勞資爭議多的南方遷往北方。這樣的策略讓工會的談判主導

權，回到了公司的手中，在無形中削去了工會的必要性與權力。

2. 雷根到奇異電器工作

第二階段開始，布爾瓦爾對主管階層進行思想上的改造，繼續削弱工會，也開始教育員工。他的作法是將勞工關係政治化：他要求奇異的主管閱讀華爾街日報、《國家評論》中巴克利所寫的專欄、經濟教育基金會發布的自由人報紙與《擁抱未來》（*The Road Ahead*），一本由約翰·弗林（John Flynn）所著，有關新政是美國邁向極權主義和奴隸制噩夢的書籍。1954 年，他雇用了隆納德·雷根（Ronald Reagan）來主持一個奇異贊助、名為「奇異劇院」（General Electric Theater）類似連續劇的電視節目，結果收視率很高；他也讓這位名演員雷根與工人接觸，做公共關係，進而加強教育員工，並在過程中改變了雷根。

除了奇異，不少公司在同個時期開始對抗工會。隨著對抗的普及，1958 年《財星》（*Fortune*）雜誌以「企業界重新發現了政治」作為標題。那時期如奇異的公共關係經理伍爾特納（J. J. Wuerthner）所著《商人的實用政治指南》（*The Businessman's Guide to Practical Politics*，1959），鼓吹企業家出來和工會領袖「獨裁者」對決。而且，他們不只是要改變自己公司，還要改變政府，拯救資本主義。這樣的策略到了1960 年代看出效果：工會自己的分裂加上企業透過外部進

行軟化，導致此年代後期許多大罷工在不了了之的情況下收尾，象徵了企業策略的勝利。

六、高華德競選總統

高華德（Barry Goldwater）為企業二代，他父親在亞利桑那開設百貨公司，專門賣時尚產品。他們的公司勞工待遇很好，例如實施週休二日、每週工作四十小時，付的工資比其他零售業高，還有退休金、健康保險、人壽保險等。然而高華德的政治哲學出自於對新政的厭惡：他非常討厭當時的全國工業復興法。這個為應付大蕭條所制定的法律，對薪資和物價有很多規定，而且主管單位「全國復興總署」有權干預私人企業的作為。正是因為這樣，高華德對自由市場、資本主義產生熱情。

1954 年，威州一家大型水電器材製造廠科勒（Kohler）公司發生罷工事件，廠方堅拒工會需求，並雇用新工人進廠工作，導致多起肢體衝突。此罷工事件延續多年，連同法律攻防，一直到 1965 年底才真正結束。在此過程中，高華德參議員全力支持資方，還為該公司在參院開聽證會。他的作為，被保守主義者看出來有堅定的意志，所以決定要將他塑造成政壇明日之星。

當時是艾森豪的時代，保守派認為自己遭到共和黨的背叛，他們從高華德身上看到希望。主持廣播節目的曼尼翁

就與高華德聯繫，希望他可以出一本書，來作為保守主義的聖經。曼尼翁幫他找到一個代筆者——小利奧·布倫特·博澤爾（L. Brent Bozell Jr.）——《國家評論雜誌》創辦人巴克利的姊夫。高華德選擇的書名是《保守派的良心》（*The Conscience of a Conservative*），這本書進而變成保守主義的新聖經（Goldwater, 1960）。

曼尼翁負責推廣這本書，他說：「如果這本書可以賣一百萬本的話，世界就可以被改變。」這本書的中心思想強調：保守主義不是自私、為既得利益者辯護，而是真正能為人類社會保持自由本質，並且保持上帝意志的最重要主義、思想與生活方式；並強烈批評福利國家和政府干預。結果這本書大賣。在 1960 年 4 月初問世，到了 6 月底已經是時代雜誌暢銷書的第十名，紐約時報暢銷書的十四名。到了年底已經賣了五十萬本，幾乎所有企業家都買來送給好友和員工。

高華德沒有如曼尼翁慫恿參加 1960 年共和黨總統初選，他讓理查·尼克森（Richard Nixon）出線。而後尼克森在 1960 年與約翰·甘迺迪（John F. Kennedy）選舉時失利，於是 1964 年甘迺迪競選連任時，高華德決定要參加共和黨初選，希望能與甘迺迪一決勝負。沒想到在 1963 年，甘迺迪遭到刺殺，他的繼任者林登·詹森（Lyndon B. Johnson）在 1964 年代表民主黨競選。當時舉國哀悼甘迺迪被刺，且來自德州的詹森與企業界關係非常好，導致高華德慘敗。但無論

如何，高華德在美國保守主義發展史上仍寫下了重要的一頁。

七、反戰與反商的高漲激發了保守主義的反擊

1964 年詹森總統贏得大選，打敗高華德，但是他的好日子並沒有多久。他大幅升高了美國對於越戰的參與，一開始戰事很順利，但隨後卻發現自己深入泥淖；到了越共開始反擊，美國深刻地體會到這是一場無法打贏的戰爭。美國內部各地反戰運動逐漸擴大，抗議四起，而民主黨內也對他有很多雜音，所以他放棄了角逐連任的機會。

1. 尼克森當選總統但反戰與反商情緒依舊

1964 年 4 月馬丁・金恩（Martin Luther King, Jr.）在孟菲斯被刺殺，全國暴動四起，詹森派遣國民軍去鎮壓，讓原本的動亂更加混亂。那年秋天，當年敗給甘迺迪的尼克森取得共和黨提名並當選總統。他以終結詹森的「偉大社會」（The Great Society，一個提高社會福利與反貧窮的方案）為訴求；以「法律與秩序」作為競選口號。

但他當選後，並沒有兌現這些諾言。而在國內，反戰情緒日愈高昂，運動紛起，甚至演變成一股反企業的思潮。漢威企業（Honeywell Corporation）因為製造在越戰中使用的殺傷彈（fragmentation bombs）[20]，在明尼亞波利斯（Minneapolis）開股東會時遭遇到抗議，會議最終沒能開成。

陶氏化學公司（Dow Chemical Company）也因製造燒夷彈
（napalm）而遭到民眾抗議。

連金融業也無法倖免：美國銀行（Bank of America）被
視為是代表美國既得利益的團體，其在加大聖塔芭芭拉校區
的分行被燒毀，重建後還是遭受到抗議者的攻擊；有學生在
攻擊分行的時候，遭到警察射殺。另外，此銀行之多處分行
被威脅要放置炸彈。更甚者，美孚石油（Mobil Oil）和IBM
也被放置炸彈。

瑞秋・卡森所著之《寂靜的春天》（1962）[21]，喚起

圖像 7.4　反對越戰者在首都華盛頓示威遊行：1971 年

來源：Leena A. Krohn，https://commons.wikimedia.org/wiki/File:Vietnam_War_
protest_in_Washington_DC_April_1971.jpg；原圖為彩色。

了美國的環保意識；消費者運動先驅拉爾夫・納德（Ralph Nader）所寫的《任何速度下都不安全：美國汽車的設計中的危險》（*Unsafe at Any Speed*，1965）則攻擊汽車公司對於消費者安全的忽視。在這些壓力下，尼克森成立環境保護署（Environmental Protection Agency）與職業安全與健康管理局（Occupational Safety and Health Administration）。

在這時期，美國全國對於企業的反感持續增加。1973 年一份研究指出，大學生在評價道德標值準的時候給商人最低分；大一新生有三分之一認為自己是左派，到了畢業變成了一半。同時勞資間的紛爭加劇，1967-76 年每一次罷工所牽涉的勞工平均人數上升了 30%，光 1970 年就有三十四次罷工運動，每次平均有一萬名員工參與，其中堪薩斯的罷工更長達 197 天。同年，通用汽車的全國罷工長達了兩個多月；12 月，約三十六萬人參與鐵路工人罷工；郵政員工也罷工，奇異電氣更是有十三萬三千名員工罷工。這一時期被視為是布爾瓦爾主義的式微：勞工運動，加上 1970 年肯特州立大學（Kent State University, Ohio）四位無武裝反戰學生被國民兵打死，都讓反商情緒高漲。有一家民調公司發現 1970 年代，是十年以來反大企業最高漲的時候，僅有 20% 的受訪者表示對於商業領袖有信心。

2. 鮑威爾：「對美國自由企業制度的攻擊」

在這個對企業十分不友善的時期，1971 年的春天，一位

六十四歲的律師，路易斯・鮑威爾（Lewis Powell）與他的老友兼鄰居小歐仁・西德諾（Eugene B. Sydnor, Jr.）開始擔心美國企業的危機。鮑威爾曾任美國律師協會主席、Richmond律師事務所的合夥人與一些大企業的董事。他的好友西德諾則是南方百貨公司老闆與美國商會的董事之一；兩人不約而同都注意到反商的情況，希望積極扭轉這樣的情況。西諾德請鮑威爾幫他寫一份給美國商會的備忘錄——「對美國自由企業制度的攻擊」[22]，內容描述一個商會能運用的政治策略，以應對美國商界所面臨的威脅。他們認為自 1970 年代以來，美國的商人遭到前所未有的危機——他們飽受攻擊，而且這個對私有企業制度的攻擊是廣泛與不斷的，並還在加速。隨著越多的人相信這些思想，攻擊將不只來自極左派，而是從大學校園、傳道者、媒體、知識分子、藝術、科學、政治界……各處來攻擊企業界。他們認為，美國的生意人必須意識到，必須具備政治上的力量，而這樣的力量須透過辛苦耕耘方能獲取。

在該備忘錄問世兩個月後，鮑威爾受到尼克森提名為大法官，就任後他便與此備忘錄切斷關係。可是當備忘錄外漏後，商會並未再躲藏，反而大肆宣傳與散播。這份備忘錄很快得到大企業們的支持。約翰・奧林（John M. Olin）即是創立約翰・奧林基金會的化學大亨，他就非常支持。其他如：惠普企業的 CEO 與百事公司的主席兼任 CEO 都十分推崇，百事的主席批評美國年輕人對經濟無知，得到許多商人的支持。[23]

1972 年 10 月美國企業研究院的總裁巴魯迪到維吉尼亞溫泉區演講。他鼓勵企業家們參與政治，呼籲投入更多資源給研究公共政策的機構去扭轉現況——巴魯迪認為 AEI 在打一場思想戰爭。在 1970 年代，凱因斯學派仍是決策圈的主流，然而無法兌現解決通膨與失業問題的承諾（增加支出會加通膨、減少會影響消費），讓交給市場解決的聲音開始慢慢地在經濟學者間浮現；這讓巴魯迪與其他想要推翻自由派主宰的人們看到了曙光。但隨著高德華選舉失利與尼克森捲入水門案風波，AEI 的勢力遭到一些挫折。在這時候，其地位受到其他保守主義的挑戰，其中又以「美國傳統基金會」（Heritage Foundation）最為重要。

3. 美國傳統基金會

「美國傳統基金會」的執行長約瑟·庫爾斯（Joseph Coors），是世界大品牌庫爾斯啤酒公司的後代，從學生時期就對於政治充滿了熱情，先後支持了高華德與雷根。1970 年代，他藉由共和黨參議員戈登·阿洛特（Gordon Allott）認識保羅·維里希（Paul Weyrich）；後者被他說服成立組織來推廣保守運動。維里希認為 AEI 已陳腐化，已經不願意為保守主義挺身而出，因此新組織的建立刻不容緩——1973 年，「美國傳統基金會」成立。[24]

但 AEI 的巴魯迪沒有退縮，還擴大籌資，從原本一百萬變成一千萬。在石油公司的支持下，AEI 開始致力於對抗

房屋稅的提升。巴魯迪的三個兒子亦隨著 AEI 茁壯，開始致力於保守主義的推廣。此組織培育出的學者如莫瑞・魏登鮑（Murray Weidenbaum），致力於反對管制。他的估計是，政府法規對於私部門的限制，對於消費者的損害可達一千億美元。

與同組織相關的喬治・季爾德（George Gilder）則注重於批評自由派思想不只影響經濟，還同時影響文化、性別關係與道德。他在 1970 年代末期開始寫《財富與貧窮》（*Wealth and Poverty*），以資本主義角度出發：「重視市場需求是道德高尚的，這才能為人類造福。貧窮就是因為沒有好好工作，而美國黑人貧窮與種族毫無關聯」。[25]另外，公認為「供給面經濟學」（supply-side economics）一詞的創始人裘德・萬尼斯基（Jude Wanniski），則致力於減少邊際稅率：他深受阿瑟・拉弗（Arthur Laffer）的影響，對於 1970 年的經濟蕭條提出減稅方針。萬尼斯基的想法受到共和黨眾議員傑克・肯普（Jack kemp）的青睞，隨後該想法受到兩黨重視。[26]

八、保守勢力的凱歌

雷根在擔任加州州長的第一年，用國民衛隊對反戰高漲的加州大學柏克萊校區（University of California at Berkeley）實施戒嚴；在第二任內，對於加州福利系統進行改革。在 1975 年做完兩任州長後，這些成為保守主義的輝煌紀錄。雷

根曾在 1976 年爭取共和黨提名失敗，但他仍不灰心，終於在 1980 年成功，與卡特角逐總統大位。

在 1970 年代晚期，還看不出保守主義可以再生。1977 年《財星》雜誌刊登一篇名為《共和黨解體》的文章，描述了大眾對於共和黨現在與未來悲觀的想法。「共和黨正面臨著瓦解，它失去來自專業人士、企業執行長、受過大學教育、非裔美國人……的支持。」自由派力量集結起來，但共和黨卻未能對此有妥善的運用與計畫，更別提給出一條新的路，而這樣的情況就如此延續到了選舉年。[27]

就在這種悲觀的情況下，雷根在黨內擊敗約翰・康納利（John Connally）——比雷根多募集到兩百萬資金，最後卻被雷根打敗。當時國內的選情對於卡特轉為不利：伊朗人質事件，表達了後越戰時期美國失去的國際地位，且卡特的拯救行動失敗；另外卡特對於通貨膨脹無力處理反而建議美國人民不要消費那麼多；都給了雷根很大的機會。事實上，1970 年代，失業、通膨、能源危機、越戰戰敗，帶給美國很大挫折。

其後很多大企業家與雷根接觸，他所承諾的減稅與鬆綁讓很多企業家感動。雷根獲得了企業界廣泛的支持，而他的助選團，更是由許多企業執行長所組成。這樣的組織之一是「行政諮詢委員會」；委員會的主席威廉・賽蒙（William Simon），是一位資深所羅門兄弟（投資銀行）的合夥人，同時任職過尼克森與福特時期的財政司長；他最著名的事

蹟，是於 1975 年拒絕幫助接近破產邊緣的紐約市。他認為紐約市的處境，導因於雇用人員優渥的待遇與其過度的社會福利制度，完全是自找的。賽蒙於 1978 年出版了一本宣言，名為《真理的時刻》[28]——呼籲企業界要進行一場前所未有的道德動員、智力與財政資源抑注，以支援正在為資本主義征戰的知識分子與作家們。「知識分子與實務者聯手捍衛資本主義的聯盟姍姍來遲。」賽蒙如此寫道，同時他相信任何想要活下去的生意人，都會加入這場運動。

雖然雷根深受企業家們的支持，他仍設法與企業保持一定的距離。雷根自己於《財星》雜誌 1980 年 5 月的專訪說，他並不在乎大企業家；他說他最在乎的是與他握過手的人，尤其是那些手有長繭的人。雷根的策略很對，他的保守主義是民粹式的，他要的是一般人民的支持。生意人知道，卻並不在意，反而更熱衷地支持雷根。隨著提名的聲量越來越大，大企業執行長如美國銀行、菲利普莫里斯國際（煙草）公司、AT&T 通信、輝瑞藥廠、偉達公共關係顧問公司、品食樂公司、美國鋁業公司、通用汽車與其他企業，都來與雷根的助選團討論他的公共關係策略，並做出建議。

一個致力於為雷根助選的企業網絡逐漸形成；整個助選過程中，他們如同 1950 年代巴魯迪嘗試建立起的 AEI 一般，動用了企業的社會力量、員工團體、股東、管理階層、製造商來進行動員與支援。雷根的競選活動同樣吸引到民粹派的基督教人士；這股集結始自 1979 年夏天：八月中，

雷根與一群福音派領袖見面，包括本・阿姆斯特朗（Ben Armstrong）──全國宗教廣播協會的會長。他問了雷根，如果雷根死了，在天堂面見上帝時，雷根要給什麼理由讓他自己進入天堂呢？雷根回答道，我會要求他的仁慈；接著他引用了約翰福音：「因為上帝如此愛世界，所以他賜下了他的獨生子，以至於凡相信他的人都不會滅亡，而是永生。」相反的，他的對手康納利卻以開玩笑的口氣回答道：「我會告訴上帝，既然都讓其他人進去了，應該也要讓我進去。」而會後雷根還寫信向阿姆斯特朗道謝，感謝他安排他們的見面，同時也表達對於福音教派關注議題的支持，讓教派人士很快地支持雷根。

1980 年，福音教派準備投入政治；他們舉辦了關鍵的牧師會議，來激勵牧師用講台推動政治參與。每個參加者都獲得厚厚一袋經典教義，與他們如何能參與政治的文件，當然都是從保守主義出發。雷根拉攏宗教人士很有效果，民粹教派主動幫他拉票，大企業家也信任他。華爾街郵報做了對企業執行長的民調，約 87% 支持雷根。

雷根當選總統

1980 年 11 月雷根當選總統。「若不是當初高華德走那孤獨的一哩路，我們根本不會在今天討論慶功宴！」雷根在一場保守政治行動會議舉辦的晚宴上向群眾說道。隨後他感謝了海耶克、傅利曼（Milton Friedman）與米塞斯（Ludwig von Mises）；原因是朝聖山學社在 1947 年的第一次會議，就在黑暗中點亮了第一盞燈。在這場戰役之中，商人們因為對於共同敵人——自由主義（liberalism，是自由派所信奉的主義）的抗爭，避免了他們彼此間的互鬥。他們堅信，自由市場能夠同時創造經濟豐收和維持道德秩序，它的無形之手將懲罰懶惰的人並獎勵企業家。美國的雷根與英國柴契爾的當選，代表了崇尚自由市場的新自由主義（neo-liberalism）的到來，保守派人士相信，他們的時代終於來臨。

九、從雷根到克林頓：反商情緒消失了

雷根勝選之初，為保守主義志士帶來若干失望。作為總統，雷根並沒有阻止墮胎、他與蘇聯領導人戈巴契夫會晤、沒有遏止福利國家的發展。而且經濟陷入嚴重衰退，至 1982 年失業率甚至飆升到 10 %。經濟開始走向服務業為主，整個製造業萎縮。

即便如此，至少在反商情緒上美國出現改變：從大蕭條到越戰期間，整個反商的情緒在雷根時期消失；反商不再是時尚，正好相反，成功企業家是人民學習的對象。自 1970 年代起，大學紛紛創立新的中心來研究新的商業相關主題，包含企業家精神。國際大學生企業家聯盟（Students in Free Enterprises）於 1975 年成立一個小組，召集學生來討論如何對付美國企業所受到的嚴厲批評。該組織在小型大學校園裡

十分盛行，它收到來自諸如庫爾斯釀酒公司、陶氏化學、沃爾瑪企業，甚至是商業圓桌會議派（Business Roundtable）的贊助；而組織中的學生們透過音樂、舞台劇、衣服等方式，對資本主義進行宣傳與頌揚。在就業市場裡，舊的北部與中西部製造業城市逐漸沒落，取而代之的是太陽帶的大都市與其中的郊區，象徵新經濟文化的來臨，大企業如沃爾瑪企業、家得寶企業、巴諾書店公司成為主流。

民主黨籍柯林頓（Bill Clinton）執政的 1990 年代，象徵新秩序來臨，而非舊制度的復興。他不是一般的民主黨員，他不走階級鬥爭的路線──在冷戰勝利後，資本主義與美國式民主似乎成為唯一真理。新的經濟秩序中沒有工會，同時也沒有政府在塑造經濟目標中扮演的重要角色。柯林頓反而兌現了許多雷根開出的空頭支票，包含縮減福利制度、華爾街鬆綁、大幅擴展自由貿易等。在他八年任內，工會沒有復興，經濟成長持續升高；連高華德對於這樣的總統也讚譽有加。

布爾瓦爾主義使工會力量削弱；在布爾瓦爾去世前一年，一位記者寫道：「他的想法當時被認為是反動的，但布爾瓦爾活著看到其中許多被人們慢慢接受。」這句話同樣可以用在整個保守商人團體及其知識分子和政治盟友。他們將時間、金錢和精力投入到與新政的長期鬥爭裡，重新將政治洗牌。而這次，總算輪到他們做莊。

但是，如同 Phillips-Fein（2009）所說，自由市場狂熱者和商業保守主義者始終面臨的政治危機，就是他們所允諾的經濟自由，對於多數人而言是遙不可及的。在他們所創造的新秩序中，大多數人無法從中獲得所謂的經濟自由。貧富差距不斷擴大，讓一般民眾無法真正享受到經濟自由的時刻。「你可以洗腦民眾，用種種非經濟觀點要他們去支持保守派」，她說：「但你沒法改變經濟環境所帶來的生活困苦。」

　　美國真正需要的，是美國夢的重建。而且這個新的美國夢不能只是宣傳而已，還必須能讓人民實際感受得到。要怎麼做？在以下兩章分析。

第八章

美國和中國均面臨挑戰：
學習與創新是關鍵

　　「成為世界超級強國……不僅是擁有最強大的軍事力量，而是讓人民擁有更好、更優質的生活。關鍵不是成就新奇的事物，而是有賴於和平、環境、人權與平等」。

——吉米‧卡特（Jimmy　Carter）[1]

一、美國製造業就業下滑是那個因素造成？

　　第三章所提到的像俄亥俄州代頓市和北卡羅萊那的胡桃木市，製造業就業人數減少，真正是全球化造成的嗎？進口的增加是否如經濟學者克魯曼所說，在整體效果上來看只是很小一部分？本章將先對此點做深入分析——需要知道美國產業問題的根源，才能尋找藥方。

1. 製造業就業比率穩定下降代表生產力的提高

依據過去多數學者的研究，美國製造業和農業就業的減少，與對應的服務業就業的上升，是長期現象。從圖 8.1 可以看出，美國製造與採礦業占私營企業就業的比率，在二戰時期達到高峰，然後一路下降，從 1944 年的 47.5%，降到 2019 年的 10.9%。這個長期趨勢，應當是和需求型態以及各業生產力有關。這種趨勢跨越戰後的黃金時代，包含戰後初期進口障礙較高、1970 年代以來關稅降低時代，以及 2001 年後中國加入世界貿易組織的超級全球化（hyper-

圖 8.1　美國私部門就業分配：1929-2019

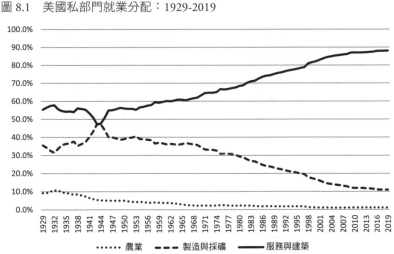

來源：Federal Reserve Bank, St. Louis。

globalization）[2] 時代。把美國製造業占就業比率下跌情況歸咎於中國進口，似乎與事實不符。[3]

如果從各部門所創造附加價值，也就是薪資、利潤、間接稅、折舊等計入國內生產毛額（GDP）的值來看，情況如圖 8.2 所示。由此圖可看出，基本上美國 GDP 裡面的成分從 1947 到 2018 年變動得很有限：大致而言，製造和採礦業的值從 1980 年代開始就幾乎沒有變動，或只有極小的變動，

圖 8.2　美國分部門實質附加價值在全體私部門之分配

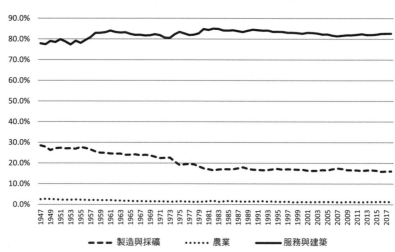

註：以 2012 年價格為底的連鎖量指數（chain-type quantity index）所計算的部門附加價值，除以私部門總和所得之商數；由於採連鎖方式計算，除基礎年外，其餘年無絕對加總性，但實際數字的加總與真實數字接近。
來源：美國 BEA-NIPA。

從 1982 年的 16.5% 到 2018 年的 16.1%；農業則從 1970 年代起，大約就是在 1.2% 到 1.5% 之間波動；服務與建築業本來有上升趨勢，但於 1982 年達到 85.1% 的高點後，往下盤整，到 2018 年為 82.7%。

附加價值比率和圖 8.1 就業比率之間的差距，當然就是勞動生產力。1980 年以後製造業的附加價值維持幾乎不變，但就業比率持續下降，必然表示勞動生產力相對於其他部門在提升之中。實際上，研究顯示，美國農業部門生產力成長最快速，製造與採礦業次之，服務與建築業殿後。國民對於服務的需求，隨著所得的增加而日益擴大，但是生產力提升緩慢，所以就業人口必然上升。[4]

2. 製造業人數絕對值的下降在政治上被歸咎於貿易逆差

不過，以上兩個圖都是相對比率。過去由於美國全國就業人口成長快速，製造業就業比率雖降，絕對人數沒有下降，但是到了 1990 年代，總就業人口成長變緩，製造業就業大約在一千七百萬上下維持不變；但是到了 2000-2010 年間，尤其受到 2008-09 年金融海嘯的影響，製造業就業的絕對人數下降了五百七十萬，引起各界重視。

2000 年之後，中美貿易逆差年年增加，到了 2012 年，大約占美國商品貿易逆差的七成以上，所以也有人把製造業就業絕對人數的下挫，歸咎於雙邊逆差的擴大。但如同 Baily

及 Bosworth（2014）所指出，貿易逆差反應的是美國本身消費太多、包含政府預算赤字過大、儲蓄太少。[5] 不過，一般美國人不可能對此問題有這樣的瞭解，政治人物也不會這樣看；他們只看到了逆差擴大和就業下降的表面現象，就把矛頭指向中國，一如在 1970 年代把矛頭指向日本。[6]

二、美國貧富差距擴大

川普的勝利，多數人認定經濟問題是改變工人階級投票行為的最重要驅動因素。[7] 根據 2016 年總統大選的調查，NBC 報導說：若選民中有一個團體可以……解釋這次令人出乎意料的大選結果，這個團體將可能是工人階級的白人……；這樣的轉變讓希拉蕊・柯林頓（Hillary Clinton）在此次總統大選中失利。2012 年，賓州、俄亥俄州，密歇根州和威斯康辛州的白人工人階級，投給米特羅姆尼（Mitt Romney）的投票率只有 12%，但在 2016 年，投票給川普的比率高達 30%。[8]

1. 貧窮率因金融海嘯居高不下 且有族群差距

貧窮指數的數據也凸顯出美國經濟的現況：全體貧窮率自 2008 年金融海嘯後顯著上升，居高不下，到了八年之後的 2016 年才下降到原來水準。但如果只看非西班牙裔白人，也就是美國主流種族，其絕對水準雖比全國低，但下降得更

慢，基本上十年之後的 2018 年，才回到金融海嘯之前的水準。此族群在 2000 年，共約有 1,440 萬人落點在貧窮線下，貧窮率為 7.4%。但在 2014 年或總統大選的前兩年，該群體人數額外增加 530 萬人，貧窮率攀升到 10.1%，為 1983 年以來的最高值。[9] 在 2016 年選舉期間，貧窮線以下的人數仍然高達 1,730 萬人，占總數的 8.8%[10]；詳圖 8.3。[11]

全國貧窮率雖然在 2018 年回到 2007 年水準，但以絕對人數來看，還是很多，且 2016 年的貧窮率為 12.7%，仍高於 2000 年的 11.3%。

對應同期的美國經濟表現，這樣的貧窮率變化趨勢難以令人想像：（1）2000 到 2016 年，美國的年均 GDP 成長率為 1.88%；（2）美國的年實質人均 GDP 成長率為 1.02%；（3）美國的人均收入（以 2010 年為基期）從 44,727 美金增加到

圖 8.3　美國全國與非西裔白人的貧窮率：2000 年到 2018 年

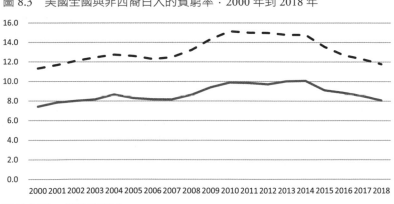

資料來源：美國普查局。

2016 年的 52,534 美金。

2. 貧富差距自 1970 年代後期起擴大

　　美國 GDP 持續強勁增加，貧窮率卻同步攀升；此現象背後隱含著所得或貧富不均的問題。[12] 這樣的情況和更早一段期間，就是從 1920 年到 1970 年間，美國貧富不均減少的現象完全相反。Atkinson 等人（2017）採用調查和收入資料計算吉尼係數[13]，用以評估美國貧富不均現象；在 1929 年大蕭條之前的吉尼係數值為 0.489，在 1968 年降至 0.363，在 1974 年則微增到 0.366；此為美國的黃金時代；在這段時

圖 8.4　所得不均與貿易貿易依存度

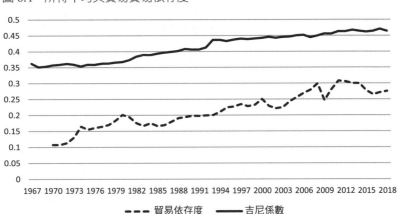

資料來源：家庭平均可支配所得（所得除以人數的平方根；採用家庭收入調查的數據）的吉尼係數來自美國人口普查局，貿易依存度比率（出口加進口占 GDP 比例）是筆者採用美國人口普查局數據計算所得。上圖吉尼係數的突然跳動多源自於定義更改，但趨勢不變。

間，整體經濟成長持續增加、工人階級可獲取優渥的薪水。對任何人而言，只要願意努力工作就可以有優質生活保障。

圖 8.4 的實體曲線，係取自美國人口普查局的吉尼係數。[14] 從圖中可明顯地觀察到吉尼係數於初期略微下降，在 1979 年代後期開始逆轉，係數逐漸增加，到 2017 年上升到 0.471，逼近大蕭條前的數字，表示貧富差距大幅拉大。有些人將這段期間的現象，稱之為新鍍金時代（New Gilded Age）[15] 或第二鍍金時代（Second Gilded Age），視為 1800 年代後期的「鍍金時代」（Gilded Age）的重現。

3. 貧富差距擴大的原因

除 Atkinson 等人研究外，Lindert 和 Williamson（2016）[16] 亦探討美國在 1770 年以來長期貧富不均的趨勢，其將美國 GDP 依社會群體進行分群，並進一步比較各群體所得之間的差異。實證結果顯示：在 1800 年到 1860 年間，美國進入到快速工業化階段，同時也伴隨著貧富不均的急速增加。[17]

與 Atkinson 等人研究發現類似，Lindert 和 Williamson 認為從 1913 年到 1973 年之間，美國所得分配呈現相對扁平趨勢；然在 1970 年代後，所得分配的差距開始擴大，貧富不均現象再次湧現。進一步與其他已發展國家相比，在 1970 年代後貧富不均加劇的因素，並非為 Piketty and Saez（2013）所提出的資本主義發展所驅動，而是透過六種基本因素的交叉影響所致。

表 8.1　驅動美國所得不均變化的因素

驅動因素	1910-1970 年代：貧富不均較低	1980 年代以後：貧富不均增加
政治衝突	第二次世界大戰期間，戰爭與累進稅，導致富人所得稅負增加	雷根時代以來，美國政權偏向右派，管制鬆綁、降低工會權力、減少福利國家措施、降低稅率等
勞動力	低生育率和更嚴格的移民政策，使得勞動力成長放緩；美國勞動力中外籍比例從 1915 年的 21% 下降到 1970 年的 5.4%	來自於低薪發展中國家的移民潮增加，勞動力成長速度較快；美國勞動力中的外籍比例在 2005 年上升到 15% 左右
教育	成人受教育年數平均每 10 年增加一個學年度	1980 年代平均受教育年數增加半年，而 1990 年代則停滯，直到 2000 年才開始恢復增加。另教育品質也受到質疑
技術	較少發展節省低技術勞動者的技術；高技術勞動供給大於需求，每年平均以 1% 速度增加	逐漸增加節省非技術勞動者之技術如自動化；同時，支付給高技術者的報酬增加
貿易	發展中國家成功進入出口競爭的工業化階段者少	陸續出現發展中國家進入出口導向的工業化階段
金融部門發展	戰爭與經濟大蕭條擾亂金融市場發展，一些嚴格監督干預措施問世，如美國証券交易所委員會監管措施、區分商業銀行及投資銀行的《拉格斯 - 史蒂格爾法》(Glass-Steagall Act) 等	偏向管制鬆綁、國際自由資本流動、寬鬆貨幣政策、擴大衍生性商品市場；金融活動扮演重要角色，促使高所得群的收入增加 1%

來源：摘錄自 Lindert and Williamson（2016）第 8 章及第 9 章。

在 1970 年代後的大齊平（Great Leveling）時代和貧富不均現象的再次興起，均是由這些力量之間的拉扯所導致。這個六種驅動因素（詳細討論請見表 8.1），包括：

- 政治衝突：新政時期的財政政策（New Deal fiscal policies）vs. 美國政權偏向右派。
- 勞動力成長速度：快 vs. 慢。
- 人民受教育程度：快速上升 vs. 緩慢上升。
- 非技術勞動者的雇用數量：較少 vs. 更多。
- 自由貿易程度：較少 vs. 較多。
- 金融管制程度及發展情況：高度管制（限制發展）vs. 放鬆管制（蓬勃發展）。

三、賦稅政策的變化

Lindert 和 Williamson（2016）及其他學者研究發現，美國政策偏向右派的減稅措施是導致 1970 年代後期的貧富不均之重要因素之一。在英國總理柴契爾夫人（Thatcher）與美國總統雷根（Reagan）發起的政治衝突下，美國逐漸進入新自由主義（neo-liberalism）時代。

可用圖 8.5 美國最高收入級距的個人所得稅稅率變動趨勢，說明稅負政策的變化。在黃金時代（Golden Age），所得稅稅率非常高：在 1950 年代，最高收入級距的個人所得稅稅率超過 90%，在 1960 和 1970 年代，此比率些微降低，

約略接近 70%。雷根總統啟動系列性減稅措施，提倡供給側（supply-side）經濟行動方案，讓最高收入級距的個人所得稅稅率大幅降低。在 1988 年的稅率僅為 20%；近年來，稅率有些許上修，但最高額度仍低於 40%。

自由貿易也是 Lindert 和 Williamson（2016）論述美國貧富不均急速增加的驅動因素之一。隨著全球化的加速，跨國之間的貿易依存度逐漸上升。如圖 8.4 顯示，貿易依存度（以出口總額占 GDP 比例衡量）的變化趨勢，從 1960 年代後期開始提高，尤其是在 2000 年以後，從一開始的 10%，近期已經增加到接近 30% 左右。

在 Lindert 和 Williamson（2016）提出的 6 大驅動因素中，彼此之間也具相關性，例如技術變化與貿易密切關係，如作

圖 8.5　美國最高收入級距的個人所得稅稅率

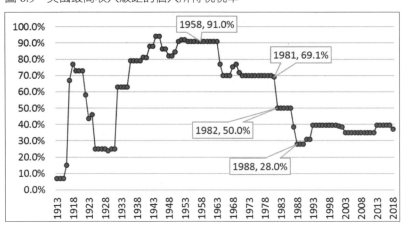

來源：稅收政策中心（Tax Policy Center）。

者指出：廉價勞動密集型產品的進口，迫使美國企業採用更多節省非技術勞動者的技術。

其餘五種驅動因素，包括：稅收與其他公共政策、受教育年限的增加速度減緩、移民潮增加、從中國和墨西哥的廉價進口品以及蓬勃發展的金融部門。不同政黨陣營和意識形態的政客會依照選民的喜好選擇重點，例如共和黨會把重點放在移民和進口商品，而民主黨候選人則選擇了低稅率和降低大學高昂學費等。

川普總統在其任上後，立即展開政見的落實，如即刻宣布退出跨太平洋夥伴關係組織（Trans-Pacific Partnership，縮寫為 TPP）[18]、提高鋁及鋼鐵的進口關稅額、重啟與墨西哥和加拿大的《北美自由貿易協定》、退出氣候變遷的《巴黎協定》、並於 2018 年 6 月發動對中國的貿易戰，一如第三章所述。

上述均為川普總統「使美國再次強大」的措施，只要川普持續擔任美國總統，他就會持續落實其主張的政策；然而這些政策措施是否能真正有效地改善工人階級家庭的經濟弱勢困境，則是另外一個需要辯證的議題。

四、貿易政策應為解決貧富差距問題的最後一個選項

暫時不考慮政治人物對問題的描述和他們提出的藥方；

從經濟理論來看，也就是從整體國民福祉的觀點來看，降低貧富不均的理想藥方為何呢？是不是貿易政策？

Lindert 和 Williamson 認為不是，因為：

- 美國在 1980 年代之前已經建立與其他已發展國家的密切貿易關係，因此，貿易自由化本身並無法充分的解釋貧富不均加劇之現象。

- 亞洲與其他地區的新興出口導向國家轉型，雖減少非技術勞動者密集型的工作需求，但隨著國家產業發展能量的累積，本國仍可提升競爭力。

- 這是未來不可逆的趨勢：中國大陸製造業的競爭力仍不斷增強，目前仍具優勢，但工資不斷地上漲，也會讓中國在勞動密集型製造業的優勢逐漸消失。許多經濟條件相對弱勢的亞洲和非洲國家準備取代中國，成為勞動密集型產品出口的供應地；若一旦成真，這些國家的勞動者仍然會對美國的低技術工作產生同樣的取代效益（Lindert 和 Williamson，2016，第 10 章）。

因此，針對某個目標國家設置貿易壁壘，捍衛低技術勞動者工作職位的作法，是不切實際的，這將傷害需要從其他國進口材料和零組件的美國消費者和產業。固然可以讓直接替代進口的產業受益，但對消費者和供應鏈上下游企業而言，所需付出的成本遠超過於貿易戰前的狀況。

保護目前在國際上沒有競爭力的「幼稚產業」，但隨著時間發展可累積能量，成長為成熟產業，在某種程度上來說，

確有其政策意涵。但是，在美國鐵鏽地區（Rust Belt）消失的工作型態顯然不屬於此類，在政策設計上，這些所在地的州政府需要引進具備競爭優勢的新產業。要保護的，不是舊產業，而是新產業。

總言之，捍衛美國免於受非技術勞動力密集型進口產品的貿易政策，根本不應作為改善美國貧富不均現況的政策工具。這樣的措施將帶來更大的負面影響；若長期持續可能會導致本國產業或民眾受害。[19]

五、可以採取的改善貧富差距措施

但這並不表示政府不需要做任何事，來改善貧富差距。相反地，為了鼓勵製造業留在美國、鼓勵國民取得更多教育、鼓勵創新，政府可以做的事很多，而且很多是在某些州已經出現的創意，以下分述：

1. 讓大學教育可以負擔得起：以賓州的基石學者（Keystone Scholars）計畫為例

賓州是轉變政黨顏色支持川普進入白宮的地區之一。賓州的貧富不均現象與全國平均水準相近，在 1930 到 1970 年代期間，貧富不均大幅度下降，隨後才直線上升到現在。

從 2019 年開始，賓州啟動一項名為基石學者（Keystone Scholars）的計畫，主要內容是針對該州出生的每個嬰兒提供

一百美金，期望激勵父母能夠為小孩儲存從小到高中階段所需的教育費用。[20]

在國家監督下，由一家專業的金融公司提供服務，並依據各新生兒父母的風險趨避程度進行儲蓄管理規劃。後者計畫主要是防範未來大學學費的增加。初步結果顯示，試點項目所選取的六個縣市父母參與程度，比無一百美元獎勵金計畫者的參與率提高一倍。[21]

——減少大學教育負擔

但是 100 美元太少了；隨著大學教育成本的飆升，在賓州和美國其他地區的政府還需要做其他更多的努力。[22]2018年，賓州的基石研究（Keystone Research）和 PA 預算及政策中心（PA Budget and Policy Center）共同提出一項「賓州承諾計畫」（Pennsylvania Promise plan）[23]，其所展現的企圖心比 100 美元倡議更高。計畫涉及之關鍵項目如下：

- 針對聯邦政府轄屬的 14 所公立社區大學，為所有全日制就讀的高中畢業生提供兩年的學費和雜費減免；
- 支付所有符合條件的新進高中畢業生四年學費與學雜費用，設限的條件是家庭收入低於或等於每年 110,000 美元，且有州立高等教育體系的 14 所大學的入學通知者；
- 依據學生家庭收入條件，為四年制學生提供不同級別的獎學金，從 2,000 美金到 11,000 美金不等；
- 為沒有大學學歷的成年人免費提供在職教育費用，尤其是

針對選定的特定技能和產業認可證書（如學徒制）族群。

——財源

計畫每年預期將耗資 10 億美元，相當於以下任何一項的預算收入規模：

- 將賓州的個人所得稅提高一個百分點，因而增加約有 2.5 億美元收入（約達 1/4）；
- 減少工資的個人所得稅稅率，同時提高高所得者的稅率，整體收入約增加 5 億美元（約達 1/2）；此將降低大多數賓州民眾的所得稅，包括絕大多數農村居民；
- 相當於向其他州加徵「非再生能源資源的開採稅」[24] 所創造的收入；
- 相當於對金融財富（淨值）徵收 0.054% 的固定稅率之收入：對擁有 100 萬美金金融資產的納稅人加徵固定稅率，每年每位納稅人增加 540 美元。

——不能單靠教育政策

當然，值得注意的是，單有教育措施恐仍然不足。正如 Hanauer（2019）和其他人的研究所談，無法單獨仰賴教育政策消減貧富不均的現象。基於一些實際面的問題，教育所能發揮的效益仍然受限，包括：

- 大學文憑不再是保證中產階級能夠獲得就業機會的證書；大學畢業新鮮人的實際每小時平均工資與 2000 年相近；

約有 60% 的最底層大學畢業生收入低於 2000 年整體平均水準。

- 接受教育年數取決於家庭收入的情況，這也是決定學生成績的最重要因素。[25]
- 公司稅後利潤從 1970 年的占 GDP 5%，成長到近期的 10%，約增加一倍；然而，工資占 GDP 的比例卻是下降的，最富 1% 稅前收入占 GDP 之比例，卻從 1973 年的 9% 上升到最近的 12%；此意味著每年平均約有超過 2 兆美金，從普通工作家庭流向商業部門和超級富豪手中。

因此，Hanauer 認為，提高平均教育年數固然重要且值得重視，但此作法並無法解決真正的核心問題；意思是說，90% 最低層族群的民眾能夠分配到的國民財富金額還是會逐漸流失。[26]

2. 加強產業與技能培訓以促進製造業就業

一些倡議自由主義市場的團體經常評論開發中國家的產業政策，是導致不正當競爭的根源。但是，毫無疑問的是，許多採用這個政策的國家掌握了高速成長機會，尤其是東亞國家。[27] 這些政策至少包括以下內容：

- 設置促進經濟成長或工業發展的專責機構，並由高層官員主責推動；
- 建立科學園區吸引高科產業進駐；
- 在科學園區附近建立研發機構，為開發下世代工業技術

做準備；

- 建置一套教育體系，讓畢業學生能夠符合目標產業發展所需的技能需求；並鼓勵產學單位之間的合作，共同定義未來技能所需的內涵；
- 與遍布全國的技能培訓中心合作，共同建立一套強大的技能培訓網路；
- 促進產業投資，提供低利貸款；
- 建立包括硬體設備和機構在內的公共基礎設施，支持高科技產業化發展。

前述提到的基石研究中心（Keystone Research Center）在 2017 年所發布「促進賓州提高製造業薪資綱領」報告（Agenda for Growing High-Wage Pennsylvania Manufacturing Jobs）中，談到幾乎完全相同的策略。[28]

該報告一再指出賓州及美國在製造公共基礎設施、技能培育和工人再培訓方面的投資不足之問題。其談到：「綱領中反覆出現的議題是，需要投資更多可支持賓州製造商發展的產業基地（industry commons），包括社群基礎設施（或特定產業的公共財資產），以提高產業聚落或整個產業中多數製造商的競爭力。」

與整體經濟的傳統公共資產（如交通、教育、電信、基礎研究）類似，美國與賓州對特定製造業的基礎設施投資不足，將影響眾多企業的未來發展，關鍵因素包括：與研究型大學的創新合作夥伴關係、產業培訓合作夥伴關係、聯合行

銷……等。從全球尺度來看，在網路為基礎的知識經濟體系內，對這些共同產業資產投資之不足是一種短視近利的作為。

報告中也進行美國與德國之間的比較：「比起其他州，賓州已具備更多產業製造基地，可為製造業建置符合 21 世紀企業所需的職業培訓基礎設施……賓州也參與多數地區的製造業合作夥伴關係，儘管國家資助預算或多或少已被迫削減或取消，但多數產業合作夥伴關係網路仍持續運作……雖然與美國國內其他地區相比已經做得不錯了；但與德國推動的私人或公共資助的學徒培訓制度之規模相比，仍然有巨大差異。現今賓州應該提高在製造業產業合作夥伴關係與學徒計畫方面的費用。」

基石研究中心具體建議包括：（1）建立賓州製造委員會，並發起和制訂政策，創造製造業的高薪就業機會；（2）順勢製造業回流倡議，確保現有製造業工作職位；（3）擴大投入用於製造和創新經費；（4）加強培育符合 21 世紀產業發展所需的技能；（5）激發對賓州製造產品的需求。

從這個角度來看，台灣在美國投資、從事生產的廠商，由於將增加當地就業機會，讓薪資水準有提高的機會，當然會有助於平抑美國的貧富差距。而如果美國的貧富差距減少，中產階級回神，美國民粹仇外的情況就會改善，這將有助於全球和平的維持，也對台灣所處的情勢有利。

如果沒有廠商的投資，尤其是外來廠商的參與，美國工人能夠指望來自政府的協助相當有限。基石研究中心的報

告指出，培訓失業工人和協助其找到新工作的政府經費相當少，甚至不到 29 個經合組織（OECD）國家平均水準的 1/4。工人族群的感受是：「你就只能靠自己努力了（You're on your own）」。美國對於工人權利的態度也迥然不同於其他國家，除從 1930 年到第二次世界大戰期間的短暫新政時期外，美國法律及法院的解釋均對雇主比較有利，尤其是在 1970 年代後。所以，廠商的投資，包含對工人訓練的投資，對於美國具有十分的重要性。[29]

3. 加強勞動收入的所得稅抵免措施

除前述討論外，抑制貧富不均加劇的方法仍有很多選擇，包含直接提供工人階級家庭財政援助。但是，這種替代方法有兩個主要的問題，一是工作動機，另一個是管理成本。前者將縮減國內生產總值，後者則是隨著中介機構加入時，可能會刮取相當部分的資源。

但美國已經有一個簡易可行的辦法，可解決上述兩個問題。此措施稱之為勞動所得稅抵減制（Earned Income Tax Credit，縮寫為 EITC），[30] 其適用對象為有工作的家庭，而所得稅抵減的設計不會降低民眾找尋高收入工作的動機；同時可配合一年一度的報稅進行，管理成本也很低。此措施是福特（Ford）總統在 1975 年創建，隨後兩黨總統都進行調整與修改，並擴大該體系的適用範疇，包括歐巴馬總統。

除所得稅抵減外，還有許多州提供其他 EITC 計畫的額

外援助項目。不幸的是，一些州基於財政考量而縮減計畫適用範圍，包括 2011 年的威斯康辛州。[31] 另外，民主黨控制的眾院在 2019 年提出擴大 EITC 和兒童稅收減免（Child Tax Credit，縮寫為 CTC）的立法提案，但無後續進展。[32]

恰恰相反的是，川普政府在 2017 年推動了減稅提案。Sommeiller 和 Price（2018）[33] 的研究中，引述了稅收政策中心（Tax Policy Center, TPC）報告指出，預計該稅收抵減的受益者有 83% 是來自於收入最高的群體（TPC，2017 年）。[34] 他們也談到：如果政策目標要縮減高所得人士與其他族群之間的差異，這樣的行動措施並無法達到效果，反而可能會造成擴大不均現象。

另外，Sommeiller 和 Price 認為應該採行的經濟政策應該要確保每位國家未來主人翁均能夠獲得足夠的食物、住房、醫療、照護及教育。他們談到：「讓美國再次偉大的作法，是要讓經濟體系能夠為多數人提供優質生活服務，而不是滿足少數人想要的利益。」[35]

但是，川普總統的減稅政策和鼓勵國內投資的措施，從當時的數據來看，有助於經濟體系的擴張性發展，一如第四章所言。但這可能是短期效果，長期而言，反而會造成貧富差距的擴大。

4. 改善在地公共基礎設施

在美國各地，由於多年的忽視和投資不足，導致道路

崩壞、橋樑損壞、公共交通運輸不足、學校教育大樓老舊以及其他關鍵基礎設施缺乏維護等，各方面的數據均顯示出美國對基礎設施投資需求的迫切。預算和政策優先事項中心（Center on Budget and Policy Priorities）的資深研究員 Elizabeth McNichol（2019）具體地描繪了美國對基礎設施投資的需求：（1）美國土木工程師學會（the American Society of Civil Engineers，縮寫為 ASCE）對基礎設施的評分打為「D+」或「較差」等級，並估算若要重新修護基礎設施到良好狀態（B 級），到 2025 年需要投入建設成本約 4.6 兆美元。其中，僅約 55% 取得預算。（2）根據環境保護署統計數據，美國飲用水處理和配輸系統，在未來 20 年需要投入維運成本達 4,730 億美元；（3）根據美國教育部調查，約有一半以上的公立學校需要翻修或進行現代化建設；（4）聯邦公路管理局（Federal Highway Administration）的最新調查縣市，美國近乎 20% 的道路狀況不佳，需要重新翻修。[36]

　　川普政府在 2018 年 2 月宣布了美國基礎設施倡議[37]，表面上看是一項即時雨，但細究其內容，正如同一中心的 Jacob Leibenluft（2018）所提，2000 億美元的美國基礎設施倡議可能會是一個「海市蜃樓」：基礎設施倡議增加新預算，但同時中央政府撤回對州和地方政府的現有預算補貼，包含：

- 減少對大眾運輸交通工具的投資，降低對許多創新性的在地基礎設施項目資助；
- 減少對陸軍工程兵團新項目的投資；

- 取消住房和城市發展部用於建造和翻修社會住宅的計畫經費；

- 減少聯邦支出在高速公路信託基金的預算費用，就未來十年而言，平均每年減少 210 億美元。

該倡議宣稱 2,000 億美金的新投資將帶動巨大的乘數效果，將可創造 1.5 兆美元帶動效益；但這樣的說法是有瑕疵的。因為在 2,000 億美金基礎建設投資預算中，只有一半用於鼓勵州、地方政府以及私營部門進行新的基礎設施投資；對於單項目中，這 2,000 億美金的預算僅支付整體預算的20%，對於州和地方政府而言，不易找到其餘 80% 的配合款經費。[38] 私部門通常只會對具商業前景項目感興趣，例如可收通行費的道路建設，導致非營利的項目無法找到配合款經費。[39]

根據川普政府的規劃，基礎建設倡議的經費不會來自於新稅收收入，而是削減其他聯邦預算的地方支出。有趣的是，其中許多刪減的項目均屬於同一類的公共基礎設施補助經費。

擴增地區性基礎設施投資對於地方產業發展十分重要。Lindert 和 Williamson 提到，1970 年代以後貧富不均現象趨於嚴重，但同時也出現三大現象：種族差距的持續減少（儘管速度慢於 1940 年到 1970 年期間）、性別差距加速縮小、區域城鄉差距縮小。

許多非裔美國人當初從相對貧窮的南部州搬移到如俄亥俄州代頓市等製造業興盛地區。即使生活型態與品質上仍有

很大的差異，這些新移民搬移到類似代頓市的地區後，有機會成為新中產階級，可縮減種族之間的所得差距。[40]

但是在 1980 年代之後，尤其是經濟大衰退後，屬於鐵鏽地區的俄亥俄州工作機會大量減少，促使許多非裔美國人遷移回南部的故鄉州。[41] 若在地基礎設施可有效改善，就能夠建構更美好生活與商業發展的環境，將可提高從中西部州回流的族群之生活品質，進而削減貧富不均的情況。[42]

六、財源怎麼來？

各種基礎建設的投資、降低大學學費、改善在地公立學校設施、建置有助製造業發展的產業基地、改善農村基礎設施、提供更多職業培訓機會、更多育兒和醫療支援、擴大 EITC 的措施等，都有機會減少中產階級或貧困家庭改善生活品質，進而減緩貧富不均現象，但都需要財源。

美國聯邦政府和許多州政府一直有預算赤字的問題，也曾發生過因無法支付員工薪水，而面臨政府運作停擺的風險，因此，未來應如何在沒有新稅收前提下，找到新計畫預算來源呢？

1. 法國的富人稅改革失敗

一些已觀察到此問題的政治人物（如 Bernie Sanders、Elizabeth Warren 及 Andrew Yang 等）主張向富人徵收更高的

稅額，以便籌措更多公共建設預算財源。他們都是 2020 年民主黨總統大選的參與者，但都沒有獲得提名。而且，即便其中一位候選人當選，其政見能夠成功地通過國會，並對富人實施加稅措施，但仍存在一個隱憂，就是富人可能因此而大量移民或攜帶高額資本外流，進而導致政策的失敗。

法國總統歐蘭德（François Hollande）經驗就是一個很好的案例。他聽取皮凱提等學者的建議，在 2012 年徵收 75% 的最高邊際所得稅稅率，但正如 Hartley（2015）所說[43]，其後法國向外移民開始急速增加。[44] 到 2015 年，估計約有 250 萬法國公民移民到英國、比利時和其他歐洲國家。相應所產生的變化就是法國財政入的下降，根據 Hartley 說法，2013 年財政收入僅為 160 億歐元，比法國政府預計的 300 億稅收，短少 140 億歐元。Pichet（2008）也發覺歐蘭德總統加徵財產稅率導致資本外流的證據。其認為新稅率讓法國 GDP 成長年均減少 0.2%，因為實施財富稅時，會刺激有錢人將財富轉移到海外。[45]

Hollande 總統聲望因此大跌，放棄競選連任。

2. 美國有能力推動最適資本稅率的國際合作

所以，如果要採行這種制度，必須所有國家合作。美國作為世界上的領導者，應該仔細研究「最適資本租稅負擔」，也就是在提高努力誘因和平衡所得分配方面，求取一個中間數，然後聯合世界上主要國家，一起來推動這個中間數。

它可以在聯合國或其他跨國組織討論是否啟動制定《最適稅率共同協定》（General Agreement on the Harmonization of Optimized Taxation），來促成各國的協同努力，就如同國際上已經推動實施的國際洗錢防制一樣。

七、前總統卡特對「美國更偉大」的建議：成就民眾生活更美好的國度

在美中貿易爭端期間，前總統卡特於 2019 年春季，寫一封信給川普。並在該年的 6 月初，在家鄉喬治亞州的馬拉納瑟浸信會（Maranatha Baptist Church）主日學時，談到川普總統給他的回信和電話。卡特回憶其與川普總統的對話內容說：他告訴川普，在他當擔任總統期間，美國和日本之間也發生激烈的貿易爭端，因為日本幾乎打敗了美國所有重要產業，包含鋼鐵、鋁、汽車、電視、收音機、襯衫、皮鞋……。後來在卡特出訪東京期間，與當時的日本福田首相決定共同組成一個兩國六人小組的閉門（不公開）溝通小組，透過定期舉辦會議，探討兩國之間的衝突問題，進而向兩國領導人提供建言。卡特在信中暗示川普總統，中美之間也可能建立類似的溝通小組。[46]

卡特回憶說，川普在電話中表達其擔憂的問題，是中國可能在未來幾年內取代美國成為世界超級強國，不僅在經濟上，還在其他重要領域也所有著墨。講到這裡，卡特尋問教

會中的聽眾，他們如何定義「超級強國」呢？在聽完現場大家的意見後，卡特提出一段話形容自己對「超級強國」之想像，他說：

「如果美國是上帝判定的超級強國，而地球上任何國與國發生衝突或準備發動戰爭時，他們會這樣說：為何不去華盛頓特區？因為那裡可以找到和平，那裡是地球上最和平的超級強國……

「假設您擔心海平面上升……或暴風雨增加……我會這樣說：為何不去華盛頓特區？因為那裡的領導人最關心環境議題……

「假設您擔心受到不平等待遇，我會這樣說：為何不去

圖像 8.1　卡特總統和蘇聯總書記布列茲涅夫簽署第二階段限武條約：1979 年

來源：Bill Fitz-Patrick（https://commons.wikimedia.org/wiki/Category:SALT_II#/media/File:Carter_Brezhnev_sign_SALT_II.jpg）；原圖為彩色。[47]

華盛頓特區？因為那裡在《憲法》及相關的法律和習俗規範下，每個人均能會得同等待遇。

「這樣的超級強國概念跟你想像的有何不同呢？

「要成為世界的超級強權，關鍵不是成就新奇的事物，而是有賴於和平、環境、人權與平等，這些都是教義。」

卡特不只是言教，也有身教。在他擔任總統期間，美國和蘇聯簽署了第二期戰略武器限制條約（Strategic Arms Limitation Treaty II, SALT II, 1979），明確限制雙方的洲際導彈數量，對於抑制核武發展，立下一個重要的里程碑。

美國目前是世界上的軍事和科技強國。如果美國能夠成為前總統卡特所定義的超級強國，將會受到世界上所有其他國家的尊重，而不是害怕；無疑的，這是讓美國再次偉大的另一種路徑。

八、中國經濟發展的歷程與挑戰：美國不想當老二，中國不想當老大

川普政府已經一再宣稱中國是美國的主要「對手」；這種趨勢在新冠病毒肆虐美國後尤其明顯，一如前述。

中國大陸從一個在世界事務上比較低調的開發中國家，一下子被貼上世界強國的第一對手標籤，其時間之快速令人難以想像。哈佛大學艾利森教授在 2017 年出版《注定一戰？中美能否避免修昔底德陷阱》一書時，他所屬的甘迺迪

學院幫他舉行了一個新書發表會；出席人士除他本人外，還有在歐巴馬時期駐聯合國的大使薩曼莎・鮑爾（Samantha Power）教授。鮑爾在發言時回憶 2013-2017 年在聯合國工作期間，與常任理事國代表開會時，發現對於大部分國際事務，中國都非常的謹慎，沒有太強硬或鮮明的立場，讓人感覺是相當的低調。[48]

1. 中國不想當老大

這個說法，和本書第四章所言一致：2014 年世界銀行用修正後方法估計購買力平價，而發布中國用購買力平價計算的 GDP，將躍居世界第一大時，中國在事前百般抗拒，事後還讓世界銀行在報告上寫「中國統計局對該報告的方法有不同意見，而拒絕對報告背書」的字樣。[49]

但是大象的身體太大，總有藏不住的一天。中國就是這樣，忽然被「發掘」出來，不知不覺，變成對第一大國美國的「威脅」。既然如此，我們在此簡短地介紹一下中國經濟體快速擴大的因素，以及其面臨的挑戰。

2. 史蒂格列茲：中國快速成長的因素在於學習與演化

介紹中國經濟發展的文獻很多，此地我們將聚焦於諾貝爾經濟學獎得主史蒂格列茲於 2018 年 9 月在 BI 挪威商學院，就「改革：中國為何成功」發表演講的內容。

他認為中國成功的關鍵，在於「學習」。他說：「學習對所有國家都重要……包含科學與技術上的學習，也包含制度創新的學習」。在這樣的大原則下，他認為中國經濟發展成功的三個關鍵是：

（1）務實主義：未受限於意識形態

- 體認到體制轉型是新問題，還沒有被成功解決過。
- 但可以從其他國家經驗吸取教訓。
- 「摸著石頭過河」：走一步，檢討修正，再走一步，就這樣走下去。

（2）漸進主義：不要震撼療法（shock therapy）

- 雖說漸進，有時還是必須要做決定性、最小規模的努力，來跨越門檻。
- 所以，是快速與漸進的混和：漸進不表示緩慢，只表示態度的慎重。

（3）學習主義[50]：新制度和政策不斷演化

- 每個發展階段都需要有新的制度設計和政策來配合。
- 幾乎每隔十年，就有重大的政策變革，但在方向上維持了延續性。

作為學習主義、制度變革的例子，他舉了三件事：價格雙軌、鄉鎮集體企業和合資企業。他說，每一個政策，都有

推出的背景，但是等到時效過去，有的就退場，或者退居第二線。就這樣，一個一個接棒，讓經濟持續發展。

例如價格雙軌制。在原先共產體制之下，幾乎所有物資的價和量都受到管制。想引進自由市場，又怕全面引進導致價格波動太大，影響民生；所以，後來採取雙軌制，也就是同一個物品，在公營的市場中，在一定的數量範圍內，照管制價格出售；但允許在旁邊有自由市場，物品自由定價、自由交易。

3.「糧票」的有趣回憶

對於這項政策，本書第一作者曾經有過相關的親身經驗。1990 年夏，他曾經到中國大陸，從北到南，在好幾個城市旅遊。住在北京的時候，有一天一大早在街上看到一家豆漿店，賣熱的燒餅、油條，他非常興奮；看看牆上貼的價目表，實在是便宜到令人不敢相信。於是，他很快地就掏出人民幣，向店員表示要買早點帶走。結果店員問他：糧票呢？他不知如何回答。後來知道，糧票上記載的是重量，例如半市斤，消費者必須有糧票，有了數量上的「購買權」，才能用人民幣照商店標價購買糧食。弄懂了以後，由於身上沒有糧票，他只好放棄了那頓香噴噴的早餐。

但是在同一年同一月，幾天之後，他來到上海。這次他學乖了，看到餐廳，先進去問需不需要糧票才能點餐。結果餐廳回答說，有糧票很好，如果沒有，可以向餐廳買「糧票」。所以，北京不能做的事，上海就有變通辦法，只要有

人民幣，就行得通。

　　同一年同一月，幾天之後，他來到了廣州。和上海一樣，他進入餐廳點餐前，先問需不需要糧票。結果餐廳的人說，我們不需要糧票。他聽了傻眼。同樣一國，北、中、南不一樣；在廣州，糧票已經名存實亡。

　　所以，不僅價格是雙軌制，連糧票制度都是多軌制，南北可以不同。這樣安排的壞處是到各地都需要「入境問俗」，好處是，不同的制度在不同的地方同時實施，優劣易辨；容易讓決策者依實際運行狀況，做出決定。例如不需要糧票的廣州，和糧票可以買賣的上海，運行起來沒有出什麼問題，那就表示糧票制度基本上可以廢止。

　　果然，不出幾年，糧票以及其他類似控制消費總量性質的日用工業品購買票等，都被廢止了。到了今天，當初發行

圖像 8.2　大陸南京市於 1962 年發行的日用工業品購買券

來源：Farm（https://commons.wikimedia.org/wiki/User:Farm）；原圖為彩色。[51]

過的糧票及類似票證，已經成為收藏家的古董。甚至有媒體說，早期如 1950 年代於特殊省政府發行的糧票，每套可以賣到上萬元人民幣。

4. 鄉鎮集體事業角色的變化

糧票如此，鄉鎮集體事業也是一樣。這種由鄉鎮政府主導，其利益歸全體鄉鎮居民共有的企業，雖是「集體」，但不算「國營」，而且必須和其他各種企業，在市場中自由競爭——可說是資本主義和社會主義的一種混合體。

它的前身是社隊企業，亦即由人民公社、生產大隊、或生產隊三級農村集體經濟組織舉辦的企業。1984 年人民公社、生產大隊、或生產隊分別改稱鄉鎮、村、村民小組後，社隊企業改稱鄉鎮企業。在改革開放盛行的當時，曾經蓬勃發展。後來因為在許多地方產生弊病，例如環境污染、物價上漲等，而暫時被抑制。到了 1992 年鄧小平南巡後，政策再度開放，於是再度振興，在中國發展勞力密集製造業的過程中，發揮了一定的功效。

但是，市場經濟進一步開放之後，隨著私營和合資企業的崛起，鄉鎮集體企業的重要性快速下降。例如，到了 2000年，其中，鄉鎮集體企業從業人員為 3833 萬人，鄉鎮私營企業（公司類）從業人員為 3253 萬人，鄉鎮個體（個人自主經營）從業人員 5734 萬人；後二者的加總已經大幅超過集體企業。[52]

其他制度也是一樣，每個發展階段，有其特殊需求，等到時空環境變化，制度和政策就跟著變：包含對教育的投資、留學政策、貿易開放、加工出口區、自由貿易特區、基礎建設、環境保育等均是。

就這樣，史蒂格列茲說，中國創造了近 40 年的高速成長，讓 7 億 4 千萬人脫貧，而且成為全世界最大的儲蓄來源。

5. 未來的巨大挑戰

但是，展望未來，中國面臨的挑戰也是空前的。史蒂格列茲（2018）列出的挑戰有：

（1）每人平均所得只有美國的 1/6。

（2）眾多攸關生活品質的環保、教育和醫療問題有待解決。

（3）分配不平均，包含教育機會在內。

（4）過度仰賴債務，地方政府尤然。

（5）逐漸在經濟上出現既得利益，可能制肘新政策的推行。

在史蒂格列茲演講的時刻，也就是 2018 年 9 月，貿易戰剛剛開始，還沒有到達高峰。到了 2020 年，貿易戰暫時停火，但其他科技、外交、防疫等大戰陸續開打；尤其新冠病毒的來到和流行，讓美國態度全面趨於強硬，更讓中國面臨極大的挑戰。

中國能否成功面對這些挑戰，有待未來的證明。史蒂格

列茲說，指導過去 40 年發展的兩大指導原則，在未來很可能依然適用，一是務實主義，二是經濟開放；是極為敏銳的觀察。

九、學習的要件在收集資訊與分析資訊

學習不是一件容易的事。要學習，必須先要掌握資訊，然後從資訊中找出脈絡，從脈絡中找出關鍵要素。資訊是母體，脈絡和關鍵要素的擷取是分析能力，二者均不可或缺。我們先討論如何取得資訊。

1. 以台灣消基會經驗為例：消費者申訴是重要資訊來源

在台灣，最好的例子是消費者保護。在早期，也就是1970 和 1980 年代，台灣大多廠商都把消費者的申訴，視為是「找麻煩」，對於來投訴的消費者，大多不當回事。後來台灣出現了消費者保護基金會（簡稱消基會），接受民眾申訴，並協助民眾去和廠商聯絡，許多廠商就把這個基金會視為幫民眾來找他們麻煩的團體，多所抗拒。

但是再過十年左右，愈來愈多台灣廠商的想法改變了。廠商發現，消費者來申訴的，很多是他們產品的缺點或不足之處，也可能是設計下一代產品靈感的來源。愈挑剔的消費者，給的靈感愈多。至於無理取鬧的，也不是沒有，但只占很少數。

於是，逐漸地，消基會反而成為廠商要學習和合作的對象。愈來愈多廠商自己成立消費者申訴處理部門或專線電話，然後反過來委託消基會派人來指導或訓練他們如何處理消費者的申訴。他們發現，消費者就是最好的產品試驗員，願意來申訴的消費者，就是最好的產品改良資訊的來源；他們不但接受申訴，還鼓勵申訴。

所有申訴的內容，都變成了資訊的母體。當然，廠商也會從其他來源獲取資訊，例如媒體報導等。所有母體資訊進來之後，廠商會進行分析，把無理取鬧的內容排除，然後開始從這些資料中，找出產品應當具備的「關鍵特性」或「關鍵品質」，作為改善既有產品或設計下一代產品的重要參考。這就是「學習」的精義。

廠商另外一個求取資訊的方法，就是就既有的用戶，做抽樣調查。如果產品是複雜個體，而非簡單印象，例如汽車，那就請被抽到的消費者，或以其他方法找到的「代表性個人」，前來進行幾個小時的座談，深入討論某個既有或構想中產品在理想上應該具有的特質，這被稱為「焦點團體」（focus group）討論。事實上，多數汽車公司在決定新款汽車設計的大方向之前，都會進行這種過程。

2. 審議式或協商民主以公民隨機抽樣加聚會討論來分享資訊

在現在的社會，就公共政策的抉擇，也有一種類似的安

排，就是美國史丹福大學詹姆士‧費什金（James Fishkin）教授所倡導的「隨機抽樣審議民主」（deliberative polling）[53]，大陸稱為「協商式民主」或「協商式民調」。朱雲鵬等（2017）曾出版《理想國的磚塊：當盲目民粹遇到審議民主》一書，收錄了台灣曾經進行過的實驗，以及中國大陸曾經採取過的實際作法；以下我們深入介紹這個觀念。

十、台灣及中國大陸曾進行的隨機抽樣審議式民主實驗

1. 台灣進行過的實驗

台灣曾經進行過多次隨機抽樣審議式民主的實驗，包含台灣大學公共政策與法律研究中心舉辦的「十二年國教基北區家長論壇」：以隨機抽樣方式，邀請上百位北北基家長出席一整天的論壇，聽取不同專家學者意見，也經由小組討論形成問題，再反過來詢問專家。[54] 朱雲鵬、吳中書、鄭睿合（2017）撰寫的「審議式民主工作坊能源政策」，則記錄了主要針對台灣發電是否應當使用核能、核四是否應當停建、核電是否安全等相關議題進行的審議式討論過程。[55]

具體而言，抽樣式審議民主的重要步驟為：

- 就特定想要討論的議題成立籌備委員會，邀請不同立場人士討論如何在顧及公平性、平衡性的條件下，準備會前書面資料、設計問卷、決定專家出席名單。

- 以隨機抽樣，做問卷調查，這被稱為「前測」。
- 邀請受訪者（全部或部分，如為後者，必須使用隨機抽樣）出席審議大會進行討論；其過程為（a）事前寄出書面資料，（b）大會開始後先由不同立場專家就此議題進行說明，（c）民眾隨機分組後，在工作人員的引導下，進行分組討論，旨在產生各該分組要提出、再向專家請教的問題，（d）回到大會，請專家就各組提出問題進行解答，以及答覆大會現場出現的其他問題，（e）重複以上步驟一次或多次。
- 使用前測相同題目問卷，對出席者進行意見調查；此稱為「後測」（朱雲鵬等，2017：26）。

2. 歐洲和澳洲進行的實驗

在此之前，許多國家都曾採取過這個方法進行實驗。推廣此方法的費什金教授發現，在審議過程中，並沒有出現少數人士獨霸審議過程的現象發生，也沒有出現兩極分化的問題（Fishkin, 2009：131）；審議式討論能幫助參與者對政策更加瞭解。費什金指出，在 1995 年至 2004 年間，共有九個實施抽樣式審議民主的案例，參與者對政策態度在前測和後測之間發生明顯變化。

舉例來說，澳洲之前針對是否應該經過公投修憲改為共和體制，將過去由女王任命的總理，改成由國會三分之二通過產生。在歷經多次審議後，參與民眾對國會選出總理做出

明確的修正選擇；「支持」修正的比率從第一次問卷的 57％ 上升到 73％。結果證實，若參與者對議題能有更多的瞭解，的確有助於改變投票結果。

另一個著名的案例是在義大利羅馬近郊「拉齊奧」（Lazio）大區對醫療改革和住院病房分配的審議案例。此一抽樣式審議民主在意大利獲得了新聞界的廣泛報導，而最終的審議結果也敦促政府對病床政策的改變。由於有了審議程序，羅馬市政府開始實施一系列措施，比如重組醫院網絡、減少病床數量並重新分配醫療資源等。

抽樣式審議民主的另一個優勢是通過對話，使人民的聲音能被聽見。群眾一般不願意參與公共事務的主要原因是，他們不相信自己的意見會被重視或採納。抽樣式審議民主的經驗顯示，在審議的過程中，公民發現自己的聲音和意見可以出來，就會很認真，也很願意表達。

由上可見，隨機抽樣審議民主最重要的兩個基石，一是隨機抽樣，可以確保參加者在統計上可以代表全民，二是審議，也就是參與者通過學習與反覆的討論及問答，對於議題開始有深入的瞭解，一如美國平民陪審團。換言之，審議旨在讓群眾接收到相關知識與信息，並真誠地權衡政策的優缺點（Fishkin, 2009：128）。費什金教授對實驗的結果發現，許多民眾在審議之前沒有特殊偏好，一旦經過多輪討論後，即便起初沒有定見的群眾也會逐漸形成某種意見，所以參與者反倒更容易達成共識。

抽樣式審議民主的另外一個代議式民主沒有的優點，就是在討論的過程中，沒有「代表人」，也沒有媒體和名嘴。所以，一人一票選舉制度下，容易出現的民粹現象，在審議民主過程中很難出現。既然沒有媒體、沒有選票壓力，無人有動機在鏡頭前做「煽動性表演」，來贏得媒體的播出、名嘴的讚揚和選票。

3. 中國大陸浙江省等地的協商式民調

令人意外的是，相較於其他地方的實驗，審議式民主已經在中國大陸若干地區生根發芽。事實上，中國大陸在地方公共事務上，不間斷地試驗各種形式的參與式民主。最早可以追溯到 1980 年代後期，當時引入了地方村委選舉和參與式民主。2005 年，官媒刊登了一篇支持溫嶺市澤國鎮協商式民調的社論；2006 年，「協商式民主」也得到了人民日報的支持。

澤國鎮為何會開始採行協商式民主或民調這個制度呢？此鎮隸屬於浙江省溫嶺市，屬於縣級市，主要靠私營經濟提供城鎮發展與就業。澤國鎮面積 63 平方公里，有 89 個村莊和 9 個市居民委員會。該鎮的主要產業包括傳統的製鞋業、水泵、空氣壓縮機和建築材料。其實早在費什金等人進行審議實驗之前，溫嶺市官員對於讓民眾參與某些公共議題已經產生興趣。過去在鎮內公共事務有舉行所謂的「懇談會」，徵求公眾提出自己的偏好，始於 1999 年，是當時省府為了開展農業和農村現代化教育，而推動的一項創新舉措。在

1999 年至 2005 年期間，在鄉鎮一級舉行了約 190 次「民主協商會議」，在村一級舉行了約 1,190 次。

2005 年，在溫嶺市澤國鎮的第一份發展計劃中，當地官員最初確定了三十個較可能的基礎設施項目，但次年的預算大約只能供應十個基礎項目；如何在這三十個基礎建設中取捨，變成地方官員頭痛的議題（Fishkin et al., 2010）。後來因為這些官員在某研討會聽到了隨機抽樣審議民主的方法，想做創新性的嚐試，就透過會議主辦者找到了專家——史丹福大學費什金教授與何包鋼教授（現任澳大利亞迪肯大學教授），來協助他們進行。

自 2005 年以來，費什金及何包鋼進行了數次實驗調查，並在相關研究中取得了巨大成果。具體而言，以第一次的調查為例，是由費什金教授設計問卷，以隨機抽樣方式，就 1000 人口以上的村民，每村抽出 4 戶，1000 人口以下的村民，每村抽出 2 戶的原則，以乒乓球搖號的方式，抽取了 276 位澤國鎮居民，來參加為期一天的研討會。地方政府支付參與者 50 元人民幣的日支費用，以補貼經濟損失。

當天有 257 位公民參加了會議。經過一整天的審議會議之後，參與者對三十項基礎建設進行討論，並對其中 12 個項目之態度，產生了前測與後測間統計上的顯著變化。概要來說，對汙水和垃圾處理和主要幹道的道路建設表現出更多的偏好；其中三個主要汙水處理項目得到較高的支持度。而在道路規劃方面，嘉惠許多村民的主要幹道文昌路的支持度

上升，但只讓部分村莊受益的道路則沒有收到太大的支持變化。在公園方面，具有休憩功能的支持度上升，但用來提升城市和政府形象的文昌公園，反而沒有受到太大的支持。

澤國鎮主事官員原本沒有預期汙水和垃圾處理與其他環境、休閒相關設施會得到高分，也沒有預期形象工程和地區性經貿道路會被打低分；所以，該次的民主協商，確實達到了反應民眾真實需求的效果。由此可見，協商過程確實有助於地方政府在做決策之前，意識到不同公共政策的相對重要性和必要性（Fishkin et al., 2010）。

4. 河北省青縣與河南省焦作市的參與式預算

除了抽樣式民調外，協商民主還有其他形式來處理預算的編列與計畫，例如參與式預算（participatory budgeting）。閻小駿等（Yan and Ge, 2016）曾對三種不同參與式預算案例做出分析；他們的研究指出，除了協商式民調外，參與式預算為地方政府公共政策的制訂和改進提供有效的平台。

首先，他們考察中國大陸地方預算編列的相關程序和改革，找出三個協商式民主的主要案例，進行比較分析：包括河北省青縣，浙江省溫嶺市和河南省焦作市。在這三個不同案例中，閻小駿等發現了不同類型的參與式預算。

河北省青縣是藉由村民代表選舉，在村議會中進行預算審議。青縣並非採用隨機抽選民眾進入審議會議，而是選舉村民代表，但在年度預算案的編列上，還是會經過冗長討論

和投票表決。簡單來說，此舉仍然使一般民眾有機會通過官方認證的村議會參與地方預算審查，而這裡的村議會是合法授權成立，為村級財政的主要管理者。

第二種參與式預算是浙江溫嶺市模式。如前所述，該市澤國鎮運用隨機抽樣的方式，選擇民眾參與年度預算的編列。主要採取的方式是經過一系列的審議式討論，決定最需要編列預算的項目。因此，這種參與式預算制定方式是以某種「諮詢形式」進行，在法律上預算的制定需由鎮人民代表大會通過，但在實際的演變上，人代會都尊重協商式民調的結果；後來部分人代會代表也受邀直接參與審議過程。

第三種參與式預算則以河南省焦作市作為代表：該市通過互聯網，電視和報紙向公眾披露地方預算信息。財政和預算方面的訊息會放置在「焦作財政網」的網路平台，其中包括了「財經沙盤」和「民情通道」供人民參考。地方政府的所有行政開支也會定期刊印，供人民取閱。一般民眾可以到「財政服務大廳」索取行政審批、政府採購、財產交易或公共財產拍賣等相關資訊。地方政府也會在電視媒體如「公共財政與百姓生活」的節目中，公布政府財政收支（Yan and Ge，2016：226）。總體而言，焦作模式採用較公開且透明的方式進行預算審議，但必須注意的是，此模式缺乏前面兩個案例的主動權。人民雖然能接收公共事務資訊，但在審議討論和最後執行面上，並沒有前面兩個案例那麼自主。[56]

以上三種協商民主模式的主要差異在於公民參與程度之

不同。青縣模式是中共中央正式制定了公民參與地方預算的機制，其預算審議交由當地直接選舉出來的村民代表，而最終決定預算案的機構，也是由村民代表所組成的村議會；具備高度法治化與正式的法規。溫嶺市的澤國鎮，則由隨機選取的村民討論預算編列，達成決議後交由地方人民代表大會（議會）來進行正式審議；這裡表現出較青縣多一些的公民參與和審議制定。最後，焦作市的參與式預算則是由行政部門主導，市政府在資訊的公開與透明度上著力甚深，預算的決策權仍掌握在黨與地方幹部手中。

　　無論如何，協商式民調是中國大陸地方公共決策機制上一個重要的里程碑，在中國大陸民主發展的歷史上具有重要的意義。在未來，其實透過這個機制，就可以有系統地收集民意與創新。如果未來中國大陸可以將類似的制度，用於上述史蒂格列茲所列舉的內部各種挑戰，包含住房、子女教育、醫療、衛生、環境保護等，理解轄區居民的意見，作為施政的重要參考，將有助於學習機制的建立。這應該也是為何澤國鎮的制度，已經推廣到浙江數個其他縣市，甚至上海市某些區的原因。[57]

十一、學習永無止境

　　以上所舉的美國和中國的問題、挑戰和創新方法，都只是舉例而已。而且這些都會隨著無法預測事件的發生，而出

現一套全新的面貌和環境條件。由於環境不斷在變，學習也不能停止。停止學習的社會，將無法應付新發生的變化，從而產生危機。

學習的第一步，是資訊的收集。相對於過去，在電子化和行動化的社會，資訊收集的效率相對快速。其實連民意調查都一樣；以前的調查，依賴面訪或電訪，現在很多改為依賴網路，而且已經在事前聚集好一批可用的、有代表性的線上樣本。所以從前做民調，即使是電話，也需要好幾天，現在可能不到一天就結束。

但是，民意調查有一個缺點，就是只方便問印象或態度，無法處理複雜或專業的問題。可是在社會上，需要專業或甚至跨領域專業知識的問題隨處可見。例如所得分配問題，就是一個專業問題；公共建設預算，也是一個專業問題。

要收集民眾對於這些問題的看法，光是民意調查不夠，應當考慮更先進的集思廣益方式。本章所介紹的，是費什金教授所推動的隨機抽樣審議式民主，大陸稱為協商式民調；這種直接民主，去掉了中間人、代表人、代議士、媒體、名嘴，而是由抽到的公民直接和專家對話，討論公共議題，有其特殊價值。

在世界上，除了中國若干地方政府的公共建設優先順序，是以此方式進行討論，而且已經行之多年以外，另外一個重要的案例是南韓。文在寅在 2017 年競選總統時承諾，他如果當選，會讓興建中的兩組核電反應爐停工，然後用審

議民主的方式，決定後續處理方法。

　　等到當選後，他實現諾言，宣布暫停蔚山既有新古里兩座核能機組的興建；同時推動審議民主，組成了一個 471 人的「公論化委員會」，其成員為經由隨機抽樣產生的公民所組成，而後經由聽取不同立場專家辯論、小組討論、大會討論等程序，由主辦單位對與會公民做民意調查。其結果在 2017 年 10 月下旬出爐，大多數出席公民為了效率與經濟考量，主張恢復興建，但宣示追求非核發電的長期目標不變。有媒體說這是對反核的文總統打臉，但文總統公開宣布尊重這個結果，而且對支持說：「我相信民主制度在人民有權討論、且接受討論結果時更加完美。我要求那些支持我的競選承諾者尊重並接受公論化委員會的建議。」這是審議式民主一次極為優美的展現。[58]

　　這個制度，在美國和中國大陸都可以推廣，也可以推廣到世界各地。或許透過這個制度的推動，可以讓西方國家的民主更脫離民粹，也可以讓中國的學習更貼近人民；它是一個優良的潛在共同點，值得嘗試作為一個出發，來增進學習，也讓雙方制度的重大差距，有一個對話的窗口。

第九章

未來的挑戰：
學習能力決定盛衰興亡

「文明成長的動力來源於挑戰激起成功的應變，應變又反過來引發新的挑戰…貫穿文明解體階段始終的一個特徵，是同樣的挑戰反覆出現，原因是解體中的社會始終未能成功地應變。」

——阿諾德・湯恩比（Arnold Toynbee）[1]

一、學習能力：從個人到團體

　　以上所引述英國歷史學家湯恩比的名句，是他研究了人類歷史上已知出現過的數十個文明，而得到的綜合結論。本章從這個結論衍生一個想法：湯恩比說的「成功應變」是結果，那這個結果是如何得來的？在絕大多數狀況，不是靠大自然給的運氣，而是靠「學習」兩個字，這就是本章要探討

的主題——社會的學習能力決定應變的成敗。

學習不是一件容易的事，對個人說是如此，對於有複雜成員的團體或社會而言更是如此。學習的過程需要分析本身或其他社會過去曾經發生過的經驗，找出關鍵因素，然後以創新的精神，找到合適的「制度變革」，從而把這個關鍵因素轉化為適應當前特殊情境的「成功應變」。用本章的語言來說，有強大學習和創新能力的個人或團體，會繼續成長，反之則會衰敗。

從演化的觀點而言，學習能力是生存和發展的重要關鍵。學習能力欠佳的嬰兒，其他條件不變，能成功長大並發展的機率比較小；負責照顧子女的父母也是一樣，學習能力欠佳的父母，其能成功撫養下一代長大並發展的機率變小。久而久之，具有較高學習能力的基因容易繁衍，反之則容易滅絕。

即使一個嬰兒長大，變成成人，其後續的學習與應變能力，基本上也影響了這個人未來事業、家庭和其他重要人生經歷，能否達成原來目標的機率。絕大多數我們所謂「成功」的人，都是在人生過程中，有能力從失敗中學習，用創新來解決困難的人。俗說：「失敗的人找藉口，成功的人找方法」就是此意，而所謂找方法，其實就是學習和創新。生命每天都有挑戰，所以學習是一輩子的態度；有學習才有成長。

個人如此，團體亦然。但是從個人放大到團體，馬上出現「群體」不等同於「個人」的複雜性。例如以企業而言，如果整體目標是可以獲得更大的市場和利潤，那企業如何學習？是

帶領企業的執行長需要具有學習能力，還是所有員工都要有學習能力？帶領企業的執行長，能否需設計一套制度，塑造一種文化，讓所有的員工在此制度和文化下都有動機學習？

「更大的市場和利潤」是企業的整體目標，就是所謂的「公共財」。[2] 企業學習的關鍵，就在於其是否能產生優秀的執行長，設計出制度、帶領出士氣和文化，讓他和全體企業員工都有動機為達到這個共同目標而努力。所以，不同於個人，團體學習的必要條件是藉由具體的「制度」和成員的「互動」或「企業文化」，來克服個體之間的可能差異，讓個體目標與團體目標一致，否則無法成功。

管理學名著彼得・聖吉的《第五項修煉》（1990，2006）就指出，對任何一個企業而言，長期可以存活的唯一法則，就是要比競爭對手有更快的學習能力；而企業可藉由「系統思考」[3] 模式，建立「學習型組織」，來鼓勵並帶動集體學習。[4]

二、國家學習能力的重點在於關鍵領導人和關鍵政策的產生

把分析對象從「企業」再擴大到國家時，出現很多新的難題需要解決，以下分四個面向說明：

1. 國家的目標是什麼？

企業的目標通常比較單純，就是擴大市場營收、獲取利

潤、對股東負責。國家這個團體的原始目標應當是生存，但除了為確保生存而做的防禦外，在承平時期，國家的其他目標就可能有很多不同的面向。照理說，國家應該對「國民」負責，國家的目標應當反映「國民」的目標；問題是，國民的數目眾多，其目標可能是多元的，或互斥的。在多元或可能互斥的情況下，如何定義國家的目標？

2. 如何產生國家領導人？是否能讓具有品德、能力、智慧的人出線？

就算國家目標可以定義，接下來的問題是如何產生領導人。在企業界，領導人可能是家族傳承，可能是股東選出。在西方一人一票的民主國家，多數領導人是直接或間接由選舉產生；在其他政體，就有不同的可能性。基本的問題在於：這個過程能否讓有品德、能力優秀、有智慧的人出線？

3. 掌理國家事務的人，能否借重全國力量，來推出應對變局的優良政策？

下一個接踵而至的問題是，國家領袖能否借重全國力量，來推出應對變局的優良政策？領袖要能做到這點，他（或她）需要能夠克服兩件事：

- 菁英意見：他能否找到優秀的社會菁英，來做他的幕僚？他能否判斷誰是菁英，誰是無料的應聲蟲而已？他能否容納批評，而從批評中學習改進？他能不能有管道，吸

收各界的發聲和建言，並篩選／採納其中的創新性智慧意見，進而做出對於社會最有利的決定？

- 人民動機：國家不屬於領袖一個人，也不屬於菁英；這些都是少數中的少數。多數的國民就是一般老百姓，士、農、工、商。好的制度設計和有效的誘因機制，會讓這些人有動機在成就其個人動機時，同時也服務了社會目標。反之，大家互鬥、抵銷力量，國家的力量就難建立。

4. 過去已經存在的資產和缺陷，對於這個國家現在應該做的變革，會有正面還是負面的影響？

這些通常包含：

- 生活水準：相對於其他國家而言，是高還是低？
- 所得與財富分配：相對於其他國家，或相對於歷史軌跡，是平均還是不平均？貧窮問題是否嚴重？是否有足夠大的中產階級？
- 科技水準：其水準及其創新能力是強（資產）？還是弱（缺陷）？
- 產業競爭力：是否具有競爭性和未來性？是否在世界前端？
- 教育水準與人才培育：一般人民的教育水準，相對於其他國家或相對於本身歷史，是比較高還是低？科技創新和制度創新的人才培養機制是強還是弱？教育資源的公平性，是否足以削弱社會階級帶來的不平等？

- 人口與種族結構：走向老化和還是走向勞動力的相對擴張？種族是否複雜？
- 社會福利：是相當齊全？相當欠缺？還是過於優惠？
- 投資、儲蓄和債務：是否有足夠儲蓄來作為投資的來源？累積債務負擔是否過重？
- 自然資源和地理位置：是否得天獨厚，還是相當不利？
- 利益團體的運作：在市場經濟的運作之下，會有勝出者，他們有沒有力量或方法，來影響公共政策？如果有的話，他們所施用的力量，對於這個國家應做的變革，會有正面還是負面的效果？同樣的道理適用於工會和其他利益團體。
- 文化與思想傳承：往往左右了人民的觀念和習慣；這些是否有助於形成有意義的應變？
- 官僚清廉與效率：清廉還是貪腐？是否有效率？管制是否適當？
- 司法公正：是否有公正司法的傳統？
- 媒體和意見領袖生態：是有助於正確消息的傳達，和具平衡性分析的散播？還是相反？
- 軟硬體建設：交通、港口、網路等。
- 社會結構：家庭力量、社區力量、非營利組織力量、宗教力量等。

過去絕大多數研究，都把重點放在以上第四面向，而且只探討其中可以量化的項目。一個典型的「成長模型」，

就是把經濟成長率當作被解釋變數，然後把第四面向中可以量化的變數，列為解釋變數，用數量方法探求二者的關係。[5]

這樣的研究方法有很大的缺點，主要因為把前面幾個面向都忽略了。在 Chu（2015）和朱雲鵬（2010）的研究中，試圖做一個補救；其方法就是先把第四面向中重要的且可測量的變數挑出，作為用數量模型解釋經濟成長的因素，然後找出有那些國家、在那些時間，於此數量模型中出現很大的、無法解釋的「剩餘數」——也就是某個國家在某時期的經濟成長率，在考慮既有生活水準、投資、教育、生育率、法治、石油危機、金融危機、關稅……等可量化因素後，所出現無法由模型解釋的重大差距；如果剩餘數為正，表示經濟成長優於模型的預期，如果為負，就相反。然後，依照以上第一到第三面向的思路，去探討這些國家在這些時期的歷史中，有什麼值得特別注意的特徵。研究的範圍則限定在中大型的發展中經濟體，時間為 1965-2000 年。

結果發現，全球有 17 個開發中國家／時期，出現過經濟成長明顯超過模型預期，也就是無法由這些可測量變數解釋的「特殊表現」；其中有九個出現在亞洲。經過對於這些國家／時期的歷史／事件研究，發現每一個案例都出現過一位特別的領導人，採行有效的革新政策，帶領國家度過難關、再創新局。這些案例的亞洲部分整理如以下表 9.1 所示。[6]

表 9.1 對經濟成長有額外助益的改革政策：亞洲開發中國家

國家（領導人）	期間	政策措施
中國大陸（鄧小平、江澤民）	1979-1997	農村「包產到戶」、國有企業改革、價格管制逐步放寬、進出口貿易放寬、稅制改革、個體戶的出現、外資准入、外匯改革。（見 Naughton, 2007 等）
印度（總理拉奧 Pamulaparthi Rao 及財政部長辛赫 Manmohan Singh）	1991-1994	廢除多數的執照，使國外直接投資更為開放；終止對資本財和中間原料的進口證照制度；盧布貶值。（見 Panagariya, 2008 等）
印尼（蘇哈托 Suharto）	1967-1970	廢除多重匯率制、恢復中央銀行、大幅降低政府支出（含國防預算）、鼓勵外國投資。（見 Prawiro, 1998; Hill, 2000 等）
	1988-1993	二次貶值貨幣、廢除多數非關稅障礙、設立出口退稅體制、實行稅務改革、金融部門自由化。（見 Soesastro, 1989; MacIntyre, 1992 等）
南韓（朴正熙）	1963-1966	實施稅務改革、貶值韓元、低利貸款以鼓勵出口；與日本關係正常化，以加速技術轉移以及雙邊貿易和投資。（見 Woo, 1991; Haggard, 1990 等）
南韓（全斗煥）	1983-1985	為控制通膨而凍結預算和稻米收購價格；限制借貸成長、貶值韓元以對抗 1985 年的衰退、增加對出口的貸款。（見 Haggard et al., 1994; Haggard, Lim and Kim, 2003 等）
巴基斯坦（齊亞·哈克 Muhammad Zia-ul-Haq）	1980-1985	貶值貨幣，出口補貼擴及所有製造業。增加稅收。提高穀物及肥料價格。（見 Hasan, 1998; Kemal, Din and Qadir, 2006 等）

中華民國（蔣經國）	1972-1988	推動十項建設、減少進口管制、促進關鍵出口產業發展；導入基礎技術，發展半導體業。（見 Haggard, 1990; Schive, 1990; Chu, 2006 等）
泰國（普瑞姆 Prem Tinsulanonda）	1980-1988	改進國際收支、降低政府赤字、兩度貶值泰銖、積極促進非傳統出口。（見 Phongpachit and Baker, 1995; Anek, 1988 等）

來源：朱雲鵬（2010），《關鍵處方：引領新興國家走向富強的人物和作為》

　　所以，非常顯然的，「成功應變」的關鍵在於領導人。經濟成長如此，國家整體國力的進步，乃至文明的成長與停滯，皆是如此。所以，所謂國家的學習能力，其重中之重，就是能否在關鍵時刻產生關鍵領導人，推出關鍵作法，帶領國家克服困難，再創新局，以達到「成功應變」。[7]

　　也有一些國家曾出現「出類拔萃」的領袖，看起來「解決」了以上所說各個面向的所有問題，但反而可能帶領國家走向災難：

- 這位領袖定義了國家的目標，然後說服大多數人民同意這是國家目標。

- 他通常會有超高的支持率，讓很多菁英願意來投靠，也會讓很多的國民願意響應。即使法令有不完善之處，無法提供足夠的誘因，也可以用「感性勸說」，動員人民力量，為共同的目標而努力。

- 他超高的支持率，可以讓社會上各層面的團體和組織，

都像一般人民一樣「被動員」。於是，資產發出光亮，掩蓋了負債（缺陷）。

高支持有如水，可以載舟也可以覆舟。偉大的領袖將其高支持率轉化為成功的回應，就像前面提過的案例，不肖的領袖，則挾帶其高支持率把國家帶向絕路，例如納粹德國的希特勒。

一個國家會不會出現高支持率的領袖？這位領袖能否帶領國家走往康莊大道、成功應變？實在有太多的變數，難怪有些人乾脆用「國運」二字來形容其出現的機率以及其效果的正負。

這也再度說明領導人的特質、眼界和作法，是一個國家學習能力的重中之重。這就是為何本書要分析美國領導人如何產生，下一屆領導人會是由誰出線的主要原因。美國是世界強國，如同導言所言，美國轉個身，全世界都為之震動，更需要我們做深入分析。

三、美國過去的成功應變

依據 Bairoch（1982）的研究，各國（地區）在全球製造業產出的長期占比如以下表 9.2 所示。在西元 1750 年亦即清乾隆十五年，中國是全球最大的經濟體，占製造業產出近三分之一，第二大是印度[8]，占約四分之一。中印相加，占比超過全球一半。在那個時代，如果要定義「開發中」和「已

開發」國家，恐怕中印都應列為「已開發」國家，其他地方屬「開發中」國家。

表 9.2　全球製造業產出的占比（%）：1750 到 1913 年

	1750	1830	1880	1913
歐洲含英國	23.2	34.2	61.3	56.6
英國	1.9	9.5	22.9	13.6
美國	0.1	2.4	14.7	32.0
中國大陸	32.8	29.8	12.5	3.6
印度	24.5	17.6	2.8	1.4

來源：Bairoch（1982）。

　　工業革命的來臨，加上美國的誕生，改變了整個世界。在 1830 年時，中國的製造業產出還是美國的 12 倍，到了 1913 年也就是民國二年，倒過來美國是中國的近 9 倍。從拿破崙在滑鐵盧敗北的 1815 年，到第一次大戰 1914 年之間的 100 年，通常被稱為不列顛治世（Pax Britannica），也就是在大英帝國的霸權下，西方世界大致維持了和平，貿易興盛，可說是第一波全球化，促使西方各國經濟快速成長。

　　在這段期間，美國的經濟從 1776 年獨立後也快速成長，然後於 1861 至 1865 年間因南北想法不同而發生內戰：北方為發展工業而要採取保護主義，南方要發展農業、取得價廉農業機具而希望採取自由貿易。[9] 為了取得作戰所需的財政收入，美國關稅在 1864 年達到歷史新高，內戰結束後，由

於代表工業的北方戰勝，這些關稅大部分留下來，使得美國成為當時世界上實施保護主義最強的國家，也在同一時期，美國迅速工業化，而且以鐵路造就了中西部和西部的開發，成為世界上成長最快的國家。[10]

也就是在同一時期，美國的貧富差距大幅擴大，快速累積財富的「托拉斯」富可敵國，而且對政治產生極大的影響力；那段時期被稱為是鍍金時代。在本書的前面章節，已經詳細地分析了那個時期的制度演變。

從國家學習的角度來看，美國對於鍍金時代的內部問題，的確產生學習的過程，包含農民抗爭、人民黨的成立、工人抗爭與死傷等。這些抗爭沒有白費，他們直接和間接導致立法保護農民和勞工，以及訂立反托拉斯法。

當然，這些學習真正看出成果，要到老羅斯福因為原總統被刺殺的意外而繼任總統後，才開始得到實現。如同之前所分析，老羅斯福的出現，看似對資本主義不利，事實上展延了資本主義的正當性和壽命。我們可以說，美國成功地完成了對「鍍金時代」的應變。[11]

第一次大戰後的經濟大蕭條，美國和所有其他西方國家一樣，面臨了極大的挑戰。在位的胡佛總統試圖通過市場的「自由運作」，讓工資自然下滑，來戰勝不景氣的作法，沒有給經濟帶來起色。1932 年他被富蘭克林·羅斯福擊敗，結束共和黨自 1860 年來的長期執政。

羅斯福上任後，改採政府積極作為主義，推出一連串的

政府投資、救助、刺激景氣的措施，稱為「新政」，一如在本書之前所描述。他在位共 13 年，帶領美國度過經濟難關，在第二次大戰中走向勝利，並且鋪好了美國成為世界第一強國的道路。這是美國對於經濟大蕭條的「成功應變」。

從戰後到 1980 年間的約 40 年間，被稱為「黃金時代」：經濟快速成長、所得分配趨於平均，大量勞動者躍升為中產階級，也就是本書第一章所說的「美國夢」實現時代。在這段期間，幾乎都是屬自由派的民主黨執政。在這段期間，美國的所得快速提升，成為全球最富的國家之一；在科技方面突飛猛進，派太空人登陸月球；在絕大多數領域，美國企業成為全球最有競爭力的企業；在金融方面，美元成為全球通用貨幣，其匯兌系統掌握了全球的跨國金流。

這段期間，美國面臨蘇聯在科技、思想和軍事上的挑戰，但它的回應是成功的，可以稱為面對蘇聯競爭的「成功應變」。

等到蘇聯解體，全世界都認為美國所代表的資本主義和自由民主已經取得最後的勝利。但是，好景不常，一如本書前幾章所述，美國和其他許多西方國家的內部開始出現各種分裂和問題，包含貧富差距的擴大、種族問題的持續、自由和保守派日益對立、經濟危機、債務危機、民粹政治抬頭……等。同時，美國也面臨復興的中國在經濟和其他方面所展現的力量，開始覺得不快或不安。美國能不能面對這些問題，做出成功的應變？我們在上一章已經約略分析，此地再進一

步引申並導引出結論。

四、美國未來需要怎樣的領導人？

其實，湯恩比在 1946 年就已經提出了這個命題，只是當時大戰剛剛結束，他說的是「西方社會」為了繼續成長，必須做到的事；在本書，我們關心的是西方社會第一大國美國，為了繼續成長，應該做到的事。不過，他的觀點放到現在的美國，看來依然適用。[12]

他所說的「必須做到的事」有三件。一是設立國際約束機制以保障和平、促進合作；二是為解決社會內部資產階級和平民階級之間的矛盾，在自由市場和社會主義之間找到一個可行的中庸之道；三是重建信仰基礎，讓精神有所寄託。

第三件事有其重要性，但超過本書範圍，而且在現代社會，可能要有新的詮釋，此地不討論。[13]

此地我們希望細看的是第一和第二件事。第二件事，如同史蒂格列茲所說，在美國的用語也需要改變，不能用「社會主義」這個已被貼上負面標籤的字；可能要改說是「自由市場」和「社會和諧」之間的平衡，但它所需要的內涵其實和湯恩比所說的一樣，也就是史蒂格列茲所說的「進步資本主義」（progressive capitalism）。

在第一件事方面，湯恩比當時看到的，是美國和蘇聯之間的競爭和冷戰的開始。他認為這個第一件事，是當時最

優先必須處理的要務。他希望當時新創的聯合國能夠發揮功能，但他也說，即使不能，也要找到和平的共存之道。他說：「美國和其他西方國家能否通過聯合國與蘇聯合作？如果聯合國組織能夠發展成為一個有效的世界政府體系，那將是我們政治癥結的最佳解決方案。但是，我們必須考慮到該組織失敗的可能性，如果它垮，有沒有備案？聯合國是否可以在不破壞和平的前提下，事實上分成兩組？假設全球可以劃分為美國和俄羅斯兩個勢力，那麼此二勢力可否在「非暴力、不合作」的基礎上並存足夠長的時間，讓時間來緩解他們在社會和意識形態方面的差異？」

這種看法的方向其實和上一章所引述美國前總統卡特的呼籲不謀而合。

事實上，現在的情況和當時並不相同，現在的中國不是當時的蘇聯。美國與其非要「找尋」一個「敵人」，來製造一個新的兩極世界[14]，何不改以崇尚和平，來贏得全球人民的尊敬，就如同卡特前總統所建議的？[15]如此，則美國不但是軍事強國，也是全球人心之所向。

如果美國能這樣做，世界上沒有一個國家會是美國的威脅，大家都爭著來做美國的朋友。美國要做的是和事佬，就像卡特總統當年促成了以色列和埃及之間的大衛營協議一樣。

美國可以繼續推動科技研發、高等教育、太空探索，並設法解決國內貧富和種族問題；也可以繼續擔任世界第一強

國：但美國真正強的地方，除了實力以外，還應當有促進和平的愛心、對世界其他文明的寬容、擔起人類共同面對環保危機的領導。

但願川普或拜登能夠有這樣的高度，可以說服美國人民要往這個方向走。什麼時候美國能出現一位以百姓福祉為先，兼具道德能力、智慧與關懷心的總統？我們不知道。為了全人類的和平，希望這一天早日來到。

附錄 「公共財」的核心問題

所謂「公共財」，就是群體共同享受、消費或使用的財貨或服務。公共財供給的核心問題是：在集體使用、無法排除任一個體使用的情況下，如何克服個體的「搭便車」心理，也就是由「別人」提供，自己免費享用？[16]

研究公共財問題的公共部門經濟學，喜歡用一個「遊戲」（又稱賽局）矩陣，來描述以上問題。此地我們設計了一個「交通困境」的遊戲矩陣，來描述這個情況，如表 9A.1。

表 9A.1　交通困境的遊戲矩陣

		乙的策略選擇	
		遵守交通規則	不遵守交通規則
甲的策略選擇	遵守交通規則	甲通勤時間：20 分 乙通勤時間：20 分	甲通勤時間：40 分 乙通勤時間：10 分
	不遵守交通規則	甲通勤時間：10 分 乙通勤時間：40 分	甲通勤時間：30 分 乙通勤時間：30 分

來源：作者自製。

表 9A.1 基本上假設一個社會只有兩個人，當然也可以解釋為兩群人，分別稱為甲和乙，或解釋為「自己」vs.「他人」。這兩個「人」都有兩個策略可以選擇，一是「遵守交通規則」，另一是「不遵守」。如果二人都遵守交通規則，

那交通就很有秩序，如此兩人的通勤時間都是 20 分鐘左右。如果兩人都不遵守規則，交通很亂，互相干擾，通勤時間成為兩個人都需要 30 分鐘。但是，如果甲遵守規則，而乙不遵守，例如乙可以闖紅燈，那乙的通勤時間就可以減少到 10 分鐘；甲的情況很慘，就算前面是綠燈，也不敢順利通過，而必須東西張望——隨時都必須提防一位不遵守交通規則的乙，所以，甲的通行時間會增加到 40 分鐘。

在以上的例子中，「社會成員都遵守交通規則」是一個公共財，這個「交通困境」，就是「公共財的困境」，也就是在沒有處罰措施的情況下，這個公共財不會產生。原因很簡單，對甲而言，無論乙是否遵守交通規則，甲不遵守規則，是一個最佳選擇：如果乙遵守，那甲的通勤時間可以縮小到 10 分鐘，比甲遵守交通規則的 20 分鐘要好；如果乙不遵守規則，甲的通勤時間會是 30 分鐘，比甲遵守規則的通勤時間 40 分鐘要好。所以，這個矩陣的「均衡」解，又稱為納許（Nash）解，就是兩個人都不遵守交通規則。

但是對整個團體而言，兩個人都遵守規則的結果，使兩人通勤時間都可以減到 20 分鐘，是比較理想的結果，但可惜的是，這不會是理性選擇的均衡結果。解決的方法，就是雙方訂立「契約」，約定好違反規則者將被處罰，而且同意設立機構和人員來執行這個契約。

在實際社會，這個契約名叫「道路交通管理處罰條例」或類似名稱，而執行者就是交通警察或類似名稱，還有法院。

但是，契約有了，執行者也有了，仍然不能長治久安，因為外在的條件在變化，科技在變化。例如車輛從有人駕駛轉成無人駕駛，就是新的挑戰。面對這個新挑戰，社會能否成功回應？是禁絕無人駕駛，還是為了無人駕駛重新設計規則，或更改行車動線？這就是「應變」或「應戰」。

參考文獻

中文部分

王宏仁，2020，「重思『後疫情』時代的國際秩序：無可避免的中國衝突？」，台北論壇，2020年7月，http://www.taipeiforum.org.tw/view_pdf/615.pdf。

王健全，2020，「疫後企業如何迎戰『四去』趨勢」，名采論壇，2020/4/25，https://tw.appledaily.com/forum/20200425/QRQLZGRDKYVBHTIGDZMYCOGWLU/。

朱雲鵬，2010，《關鍵處方：引領新興國家走向富強的人物和作為》，台北：美商麥格羅·希爾。

朱雲鵬，2017，「當川普遇見文在寅」，名家專論，2017/11/08，https://www.chinatimes.com/opinion/20171108005775-262104?chdtv。

朱雲鵬，2019，「轉單效應使美國貿易逆差不減反增」，名家專論，2019/12/11，https://www.chinatimes.com/opinion/20191211004301-262104?chdtv。

朱雲鵬，2020a，「99％人民的命也是命」，名家專論，2020/6/25，https://www.chinatimes.com/newspapers/20200625000577-260109?chdtv。

朱雲鵬，2020b，「數字貨幣終將過萬重山」，名家專論，2020/5/27，https://www.chinatimes.com/opinion/20200722005561-262104?chdtv。

朱雲鵬，2020c，「美中對抗是必然還是偶然」，名家專論，2020/8/19，https://www.chinatimes.com/opinion/20200819005680-262104?chdtv。

朱雲鵬、王立昇、吳中書、鄭睿合、吳建忠，2017，《理想國的磚塊：當盲目民粹遇到審議民主》。台北：五南。

朱雲鵬、歐宜佩，2019，《中美貿易戰：一場沒有贏家的對決》。台北：時報出版。

朱嘉明，2020，「認知數字貨幣的理想元素」，數字資產研究院 CIDA，2020/8/14，https://www.chainnews.com/zh-hant/articles/ 413276294060.htm。

吳中書，2020，「疫情下的全球量化寬鬆風險」，發表於「疫情下的全球 量化寬鬆風險研討會」，台北：現代財經基金會。

吳崇涵，2018，「中美競逐影響力下的臺灣避險策略」，《歐美研究》， 台北：中研院。

吳崇涵，湯智貿（編），2017，「國際衝突與利益和平論」，《和平與衝 突研究：理論新視野》。台北：五南。

吳崇涵、翁履中、陳冠吾，2020，「抗中不等於保台 川普賣槍不賣命」， 民意論壇，2020/8/5，https://udn.com/news/story/7339/4755989。

周建明，2020，「美對華理性派的戰略競爭說，會比脫鉤派更難應付 嗎？」，《觀察者》，2020/7/24，https://m.guancha.cn/zhoujianming/ 2020_07_24_558789.shtml?from=groupmessage。

林中斌，2020，「中美貿易戰下的台灣戰略地位與策略」，台北：永豐金 控演講，2020/8/27。

林郁方，2020，「別光研究犯台時機」，言論，2020/09/18，https://www. chinatimes.com/opinion/20200918005396-262105?chdtv。CHAP. 4.

林建甫，2020a，「『十四五』是大陸未來的經濟大戲」，名家評論， 2020/9/14，https://view.ctee.com.tw/economic/23029.html。

林建甫，2020b，「海嘯後十多年，換來債務問題嚴重」，名家評論， 2020/1/20，https://view.ctee.com.tw/monetary/14991.html。

張登及，2020，「北京戰略定力頂得住華府超限施壓？」，名家專論， 2020/8/13，https://www.chinatimes.com/opinion/20200813004761 -262104。

張學明，2018，「地方人大預算審查監督能力建設的溫嶺路徑—基於浙江 溫嶺參與式預算實證分析」，http://www.rdyj.com.cn/Public/uploads/ file/2018-02-02/5a73f59989544.pdf。

章念馳，2020，「找出兩岸關係新出路」，中時專欄，2020/7/15，https:// www.chinatimes.com/newspapers/20200715000454-260118?chdtv。

許倬雲，2020，《許倬雲說美國》，kindle 電子書，https://www.amazon. cn/dp/B08C797Z2S。

許嘉棟，2017，「全球經濟脫困解方」，台北：《台灣銀行家雜誌》

第 86 期 106 年 2 月　號，http://service.tabf.org.tw/TTB/Article/Detail?aID=21。

單驥，2020，「美國進入經濟衰退期　大蕭條只剩一步之遙？」，雲論，2020/3/19，https://forum.ettoday.net/news/1671585#ixzz6Y1o7jrpA。

黃光國，2020，「李登輝・王曉波・中庸之道」，中時專欄，2020/8/4，https://www.chinatimes.com/newspapers/20200804000706-260109?chdtv&utm_source=dable。

勤業眾信，2020，「疫情衝擊！勤業眾信更新 2020 全球高科技、媒體及電信產業趨勢」，https://www2.deloitte.com/tw/tc/pages/technology-media-and-telecommunications/articles/pr200507-tmt-for-covid19.html#。

劉大年，2020，「製造脫勾、市場連結」，中時專欄，2020/1/7，https://www.chinatimes.com/realtimenews/20200107000776-260502?chdtv。

劉冬舒，2014，「讓居民參與預算制定：中國政治參與改革的新途徑？」，2014/9/2，http://cnpolitics.org/2014/09/participatory-policy-making/。

劉必榮，2020，「十年後中美關係的圖像」，觀點評論，2020/6/5，http://www.uzaobao.com/mon/keji/20200605/72391.html。

鄭永年，2020，「中美之爭，我最擔心這件事發生」，2020/7/6，https://mp.weixin.qq.com/s/ak3rpKqQ0iAhxKtinrFGfg。

蕭新煌、朱雲鵬、蔣本基、劉小如、紀駿傑、林俊全，2003，《永續台灣 2011》台北：天下。

盧信昌，2020，「後疫情時期，全球經濟發展的格局變動」，台北論壇，2020 年 8 月，http://www.taipeiforum.org.tw/view_pdf/619.pdf。

薛琦，2020，「後疫時期的財金困境」，名人堂，2020/7/25，https://udn.com/news/story/7340/4705240。

韓福國、何菁、楊旭，2015，「市政廳／民主如何可操作：上海城市治理首次協商民意測驗」，澎湃新聞，2015/6/10，https://www.thepaper.cn/newsDetail_forward_1340311。

魏加寧，2019，「中國經濟走勢與政策取向」，長江創創社群，https://www.chainnews.com/zh-hant/articles/498662378828.htm。

嚴安林，2020，「為何說民意對抗與民心疏離，是新冠疫情對兩岸關係最大傷害？」，上觀新聞，2020/5/18，https://www.jfdaily.com/news/detail?id=248656。

嚴震生，2020，「為何美中僅各有五個總領事館可以選擇關閉？」，言論，
　　2020/7/28，https://www.chinatimes.com/opinion/20200728003882-
　　262104?chdtv。

蘇孟宗，2020，「掌握後疫情時代的產業新局」，工業技術資訊月刊，
　　2020/5/30，https://news.cnyes.com/news/id/4483583。

蘇起，2020a，「台灣不安全的三根源」，台北：馬英九基金會主辦「國
　　家不安全研討會」，2020/8/22。

蘇起，2020b，「台灣站在命運的十字路口」，台北論壇，2020/2/29，
　　http://www.taipeiforum.org.tw/SuChi/100.php。

蘇起，2020c，「台灣戰略角色的轉變：由守而攻」，台北論壇，
　　2020/8/16，http://www.taipeiforum.org.tw/SuChi/106.php。

英文部分

A. T. Kearney Inc., 2020, "Trade War Spurs Sharp Reversal in 2019 Reshoring
Index, Foreshadowing Covid-19 Test of Supply Chain Resilience,"
https://www.kearney.com/documents/20152/5708085/2020+Reshoring+
Index.pdf/ba38cd1e-c2a8-08ed-5095-2e3e8c93e142?t=1586268199800.

Alberta, Tim, 2019, *American Carnage: On the Front Lines of the Republican Civil
War and the Rise of President Trump*, NY: Harper.

Allison, Graham, 2017, *Destined for War: Can America and China Escape
Thucydides's Trap?* Boston: Houghton Mifflin Harcourt.

Almeida, H. and Daniel Ferreira, 2002, "Democracy and the Variability of
Economic Performance," *Economics and Politics*, 14: 225–257.

Atkinson, A. B., Joe Hasell, Salvatore Morelli, and Max Roser, 2017, *The
Chartbook of Economic Inequality*, Oxford: Institute for New Economic
Thinking, https://www.chartbookofeconomicinequality.com/wp-content/
uploads/Chartbook_Of_Economic_Inequality_complete.pdf.

Baily, Martin Neil, and Barry P. Bosworth, 2014, "US Manufacturing:
Understanding Its Past and Its Potential Future," *Journal of Economic
Perspectives*, 28 (1): 3-26.

Bairoch, Paul, 1982. "International Industrialization Levels from 1750 to 1980",
Journal of European History, 2: 269–333.

Bardhan, Pranab, 2012, *Awakening Giants, Feet of Clay: Assessing the Economic Rise of China and India*, NJ: Princeton University Press.

Barro, Robert and Xavier Sala-i-Martin, 1998, *Economic Growth*, Cambridge, MA: MIT Press.

Barro, Robert, 1994, "Democracy and Growth," the National Bureau of Economic Research Working Paper Series No. 4909.

Berry, Jeffrey and Sarah Sobieraj, 2016, *The Outrage Industry: Political Opinion Media and the New Incivility*, NY: Oxford University Press.

Bivens, Josh, Elise Gould, Lawrence Mishel, and Heidi Shierholz. 2014. *Raising America's Pay: Why It's Our Central Economic Policy Challenge*, Economic Policy Institute, Briefing Paper No. 378, http://www.epi.org/publication/raising-americas-pay/.

Bolton, John, 2020, *The Room Where It Happened: A White House Memoir*, NY: Simon and Schuster.

Bown, Chad, 2020, "Unappreciated Hazards of the US-China Phase One Deal," Peterson Institute for International Economics, https://www.piie.com/blogs/trade-and-investment-policy-watch/unappreciated-hazards-us-china-phase-one-deal.

Branch, Taylor, 2013, *The King Years: Historic Moments in the Civil Rights Movement*, NY: Simon and Schuster.

Campbell, James, 2016, *Polarized: Making Sense of a Divided America*, Princeton: Princeton University Press.

Campbell, Kurt M. and Jake Sullivan, 2019, "Competition without Catastrophe: How: America Can Both Challenge and Coexist With China," *Foreign Affairs*, 2019/9, https://www.foreignaffairs.com/articles/china/competition-with-china-without-catastrophe.

Carson, Rachel, 1962, *Silent Spring*, Boston: Houghton Mifflin.

Chang, Ha-Choong, 2002, *Kicking Away the Ladder*, London: Anthem Press.

Chernow, Ron, 1998, *Titan, the Life of John D. Rockefeller, Sr.*, NY: Vintage Books.

Chu, Yun-Peng, 2006, "The Political Economy of Taiwan's High-Tech Industrialization: The Developmental State and Its Mutinous Mutation," in Chu, Yun-Peng and Hal Hill (eds.), *The East Asian High-Tech Drive*,

London: Edward Elgar, 119-181.

Chu, Yun-Peng, 2015, "Excessive Credits and the 'Lost Decades' in Growth Performance," in Chu, Yun-Peng (ed.), *Lost Decades in Growth Performance: Causes and Case Studies*, London: Palgrave Macmillan, 1-19.

Clanton, Gene, 1991, *Populism: The Humane Preference in America, 1890-1900*, Michigan: Twayne Publishers.

Corak, Miles, 2012, "How to Slide Down the 'Great Gatsby Curve': Inequality, Life Chances, and Public Policy in the United States," Center for American Progress, https://www.americanprogress.org/issues/economy/reports/2012/12/05/46851/how-to-slide-down-the-great-gatsby-curve/.

Crandall, Robert W., 1993, *The Continuing Decline of Manufacturing in the Rust Belt*, Washington, D.C.: Brookings Institution.

Diamond, Jared 著，莊安祺譯，2019，《動盪：國家如何化解危局、成功轉型？》，台北：時報出版。

Dryzek, John S., Richard B Norgaard, David Schlosberg, 2011, *The Oxford Handbook of Climate Change and Society*, NY: Oxford University Press.

Doris, Kearns G. 著，王如欣譯，2020，《危機領導：在體現品格與價值的時代》，一起來出版。

Durden, Robert, 1965, *The Climax of Populism: The Election of 1896*, Lexington: University Press of Kentucky.

Eckes, Alfred, Jr., 1995, *Opening America's Market: U.S. Foreign Trade Policy since 1776*, Chapel Hill: University of North Carolina Press.

Edwards, Lawrence, and Robert Z. Lawrence, 2013, *Rising Tide: Is Growth in Emerging Economies Good for the United States?* Washington, D. C.: Peterson Institute for International Economics.

Evans, Thomas, 2008, *The Education of Ronald Reagan: The General Electric Years and the Untold Story of His Conversion to Conservatism*, NY: Columbia University Press.

Fishkin, James, 2004, *Deliberation Day*, New Haven: Yale University Press.

Fishkin, James, 2009, *When the People Speak: Deliberative Democratic Theory and Empirical Political Science,* NY: Oxford University Press.

Fishkin, James, Baogang He, Robert C. Luskin and Alice Siu, 2010, "Deliberative Democracy in an Unlikely Place: Deliberative Polling in China," *British*

Journal of Political Science, 40(2): 435-448.

Fishkin, James, 2011, *When the People Speak: Deliberative Democracy and Public Consultation*, NY: Oxford University Press.

Flynn, John, 1949, *The Road Ahead America's Creeping Revolution,* NY: Devin-Adair(1970 年遷至 Greenwich, Connecticut).

Formisano, Ronald, 2008, *For the People: American Populist Movements from the Revolution to the 1850s*, Chapel Hill: University of North Carolina Press.

Freeman, Richard. 1997. "Spurts in Union Growth: Defining Moments and Social Processes," National Bureau of Economic Research Working Paper No. 6012.

Frey, William, 2004, "The New Great Migration: Black Americans' Return to the South, 1965-to the present," Brookings Institution, https://www.brookings.edu/research/the-new-great-migration-black-americans-return-to-the-south-1965-2000/.

Fukuyama, Francis, 2018, "Why Populism Surge?" *The American Interest*, https://www.the-american-interest.com/2018/02/09/the-populist-surge/.

Galbraith, John, 1958, *The Affluent Society*, Boston: Houghton Mifflin.

Gibler, Douglas M., 2012, *The Territorial Peace: Borders, State Development, and International Conflict*, Cambridge: Cambridge University Press.

Gilder, George, 1993, *Wealth and Poverty*, San Francisco: Institute for Contemporary Studies.

Giridharadas, Anand, 2018, *Winners Take All: The Elite Charade of Changing the World,* NY: Knopf Publishing Group.

Glyn, Andrew, Alan Hughes, Alain Lipietz and Ajit Singh, 1992, "The Rise and Fall of the Golden Age," in Marglin, Stephine and Juliet Schor (eds.), *The Golden Age of Capitalism: Reinterpreting the Postwar Experience*, NY: Oxford U. Press.

Goldwater, Barry, 1960, *The Conscience of a Conservative*, Kentucky: Victor Publishing Company.

Goodwyn, Lawrence, 1978, *The Populist Moment: A Short History of the Agrarian Revolt in America*, NY: Oxford University Press.

Hall, Patricia Wong and Victor M. Hwang, 2001, *Anti-Asian Violence in North America: Asian American and Asian Canadian Reflections on Hate, Healing, and Resistance*, Lanham: AltaMira Press.

Halle, David and Frank Romo, 1991, "The Blue-Collar Working Class: Continuity and Change," in Wolfe, Alan (ed.), *America at Centurys End,* Berkeley: University of California Press, http://ark.cdlib.org/ark:/13030/ft158004pr/.

Hanauer, Nick, 2019, "Better Schools Won't Fix America," *The Atlantic*, https://www.theatlantic.com/magazine/archive/2019/07/education-isnt-enough/590611/.

Hansen, D. D., 2003, *The Dream: Martin Luther King Jr. and the Speech that Inspired a Nation*, NY: Harper Collins.

Hartley, Jon, 2015, "Hollande's 75% 'Supertax' Failure: A Blow to Piketty's Economics," *Forbes*, 2015/2/12, https://www.forbes.com/sites/jonhartley/2015/02/02/frances-75-supertax-failure-a-blow-to-pikettys-economics/#3bce4b055df2.

Hayek, Friedrich, 1944, *The Road to Serfdom*, Chicago: U. of Chicago Press.

Hayton, Bill 著，林添貴譯，2015，《南海：21 世紀的亞洲火藥庫與中國稱霸的第一步》，台北：麥田。

Hetherington, Marc and Jonathan Weiler 著，陳重亨譯，2019，《極端政治的誕生：政客如何透過選舉操縱左右派世界觀的嚴重對立》，台北：有方文化。

Himmelberg, Robert, 1993, *The Origins of the National Recovery Administration*, 2nd paperback ed. NY: Fordham University Press.

Hurt, R. Douglas, 2002, *Problems of Plenty: The American Farmer in the Twentieth Century*, Lanham: Ivan R. Dee.

Hutt, David, 2020, "'Cold War 1.5' Is a Better Historical Analogy: Analysis of US-China Rivalry Demands a Level of Skepticism and Nuance," *Asia Times*, 2020/6/2, https://asiatimes.com/2020/06/cold-war-1-5-is-a-better-historical-analogy/.

Johnson, Dennis, 2017, *Democracy for Hire: A History of American Political Consulting*, NY: Oxford University Press.

Johnson, Keith, and Robbie Gramer, 2020, "The Great Decoupling," *Foreign Affairs*, 2020/5/14, https://foreignpolicy.com/2020/05/14/china-us-pandemic-economy-tensions-trump-coronavirus-covid-new-cold-wareconomics-the-great-decoupling/.

Josephson, Matthew, 1962, *The Robber Barons*, NY: Harcourt, Brace and World.

Kane, Joseph and Tomer, Adie, 2019, "Shifting Into an Era of Repair: US Infrastructure Spending Trends," *Brookings*, 2019/5/10, https://www. brookings.edu/research/shifting-into-an-era-of-repair-us-infrastructure-spending-trends/.

Kazin, Michael, 1995, *The Populist Persuasion*, NY: Basic Books.

Krugman, Paul, 2019, "What Did We Miss about Globalization," presented at U. of Melbourne, Australia in April, https://www.youtube.com/watch?v=rWQ3jCURzy0.

Lamoreaux, Naomi, 1985, *The Great Merger Movement in American Business, 1895-1904*, Cambridge: Cambridge University Press.

Lear, Linda, 2009, *Rachel Carson: Witness for Nature*, NY: Mariner Books.

Lee, Harper, 1960, *To Kill a Mockingbird*, Philadelphia: J. B. Lippincott and Co.

Leibenluft, Jacob, 2018, "Trump '$1.5 Trillion' Infrastructure Plan Is a Mirage," Center for Budget and Policy Priorities, 2018/2/12, https://www.cbpp.org/blog/trump-15-trillion-infrastructure-plan-is-a-mirage.

Lemann, Nicholas, 1991, *The Promised Land: The Great Black Migration and How It Changed America*, NY: Alfred A. Knopf.

Levitsky, Steven and Daniel Ziblatt, 2018, *How Democracies Die*, NY: Crown.

Libby, Ronald T., 2013, *Purging the Republican Party: Tea Party Campaigns and Elections*, NY: Lexington Books.

Lieber, Robert, 2007, *The American Era: Power and Strategy for the 21st Century*, Cambridge: Cambridge University Press.

Lindert, Peter H. and Jeffrey G. Williamson, 2016, *Unequal Gains: American Growth and Inequality since 1700*, NJ: Princeton University Press.

Lysy, Frank, 2017, "Long-Term Structural Change in the US Economy: Manufacturing is Simply Following the Path of Agriculture," *An Economic Sense*, 2017/3/19, https://aneconomicsense.org/2017/03/19/long-term-structural-change-in-the-us-economy-manufacturing-is-simply-following-the-path-of-agriculture/.

Maddison, Augus, 1982, *Phases of Capitalist Development*, NY: Oxford University Press.

Martin, Nicole and Augustine Kposowa, 2019, "Race and Consequences: An Examination of Police Abuse in America," *Journal of Social Sciences*, 15: 1-10.

Mayer, Jane, 2017, *Dark Money: The Hidden History of the Billionaires behind the Rise of the Radical Right*, NY: Anchor.

McEnany, Kayleigh, 2018, *The New American Revolution: The Making of a Populist Movement*, NY: Simon and Schuster.

Mcnichol, Elizabeth, 2019, "It's Time for States to Invest in Infrastructure," Center for Budget and Policy Priorities, 2019/3/19, https://www.cbpp.org/research/state-budget-and-tax/its-time-for-states-to-invest-in-infrastructure.

Merriman, John, 1996, *A History of Modern Europe: From the French Revolution to the Present*, NY: W.W. Norton.

Meyer, David R., 1989. "Midwestern Industrialization and the American Manufacturing Belt in the Nineteenth Century," *Journal of Economic History*, 49(4):921–937.

Miller, Tom 著,林添貴譯,2017,《中國的亞洲夢,一帶一路全面解讀,對台灣、全球將帶來甚麼樣的威脅與挑戰》,台北:時報出版。

Mishel, Lawrence, 2015, "The Opportunity Dodge," *The American Prospect*, 2015/4/9, https://prospect.org/power/opportunity-dodge/.

Mishel, Lawrence, and Jessica Schieder, 2017, "CEO Pay Remains High Relative to the Pay of Typical Workers and High-Wage Earners," Economic Policy Institute, 2017/7/20, https://prospect.org/power/opportunity-dodge/.

Moore, Michael, 2009, *Capitalism: A Love Story*, documentary, Overture Films, https://www.boxofficemojo.com/movies/?id=michaelmoore09.htm.

Mujic, Julie, 2019, "Education Reform and the Failure to Fix Inequality in America," *The Atlantic*, 2015/10/29, https://www.theatlantic.com/education/archive/2015/10/education-solving-inequality/412729/.

Mutz, Diana, 2018, "Status Threat, Not Economic Hardship, Explains the 2016 Presidential Vote," *Proceedings of the National Academy of Sciences*, 115(19).

Nader, Ralph, 1965, *Unsafe at Any Speed: The Designed-In Dangers of the American Automobile*, NY: Grossman Publishers.

Nesbit, Jeff Nesbit, 2016, *Poison Tea: How Big Oil and Big Tobacco Invented the*

Tea Party and Captured the GOP, NY: Thomas Dunne Books.

Olson, Mancur, 1971, *The Logic of Collection Action: Public Googs and the Theory of Groups,* Revised Edition, Cambridge, MA: Harvard University Press.

Phillips, Kevin, 1969, *The Emerging Republican Majority,* NY: Arlington House.

Phillips-Fein, Kim, 2009, *Invisible Hands: The Businessmen's Crusade against the New Deal*, NY: W. W. Norton and Company.

Pichet, Eric, 2008, "The Economic Consequences of the French Wealth Tax," SSRN, 2008/9/15, https://papers.ssrn.com/sol3/papers.cfm?abstract_id=1268381.

Piketty, Thomas and Emmanuel Saez. 2003. "Income Inequality in the United States, 1913- 1998," *Quarterly Journal of Economics*, 118 (1): 1-39.

Piketty, Thomas, Emmanuel Saez, and Gabriel Zucman. 2018. "Distributional National Accounts: Methods and Estimates for the United States," *Quarterly Journal of Economics*, 133 (2): 553-609.

Pillsbury, Michael 著，林添貴譯，2015，《百年馬拉松：中國稱霸全球的秘密戰略》。台北：麥田。

Polanyi, Karl, 1944, *The Great Transformation*, NY: Farrar and Rinehart.

Porter, Glenn, 1973, *The Rise of Big Business, 1860-1910*, NY: Thomas Y. Crowell Company.

Przeworski, A., 2004. "Democracy and Economic Development" in Mansfield, E. D. and R. Sisson (eds.), *The Evolution of Political Knowledge. Democracy, Autonomy, and Conflict in Comparative and International Politics*, Columbus: The Ohio State University Press, 300-324.

Przeworski, Adam, Michael Alvarez, Jose Antonio Cheibub, and Fernando Limongi, 2000, *Democracy and Development: Political Institutions and Well-being in the World, 1950-1990*, Cambridge: Cambridge University Press.

Reich, Charles, 1970, *Greening of America*, NY: Random House.

Ritholtz, Barry, 2009, *Bailout Nation: How Greed and Easy Money Corrupted Wall Street and Shook the World Economy*, NY: Wiley.

Robbins, Katherine and Rebecca Vallas, "Five Reasons Why Strengthening the EITC and CTC Is the Kind of Tax Reform America Needs," Center for American Progress, 2019/4/19, https://www.americanprogress.org/issues/poverty/news/2019/04/19/468918/5-reasons-strengthening-eitc-ctc-kind-tax-reform-america-needs/.

Rodrik, Dani, 2011, *The Globalization Paradox : Democracy and The Future of The World Economy* (1st ed.), NY: W. W. Norton and Co.

Rudd, Kevin, 2018, "How to Avoid an Avoidable War: Ten Questions about the New U.S. China Strategy," *Foreign Affairs*, https://www.foreignaffairs.com/articles/china/2018-10-22/how-avoid-avoidable-war.

Russett, Bruce and John R. O'Neal, 2001, *Triangulating Peace: Democracy, Interdependence, and International Organizations*, NY: W.W. Norton and Company.

Saltsma, Michael, 2013, "The $9 Minimum Wage That Already Exists," Employment Policies Institute, 2013/2, https://epionline.org/oped/the-9-minimum-wage-that-already-exists/.

Samuels, Peggy, 1997, *Teddy Roosevelt at San Juan: The Making of a President*, College Station: Texas A&M University Press.

Sandschneider, Eberhard, 2020, "US-China Tensions Will Be the 'Defining Relationship' of Our Time," *Global Asia*, https://www.globalasia.org/v15no2/cover/us-china-tensions-will-be-the-defining-relationship-of-our-time_eberhard-sandschneider.

Seim, David, 2017, "Behavioral Responses to Wealth Taxes: Evidence from Sweden," American Economic Association, https://www.aeaweb.org/articles?id=10.1257/pol.20150290.

Senge, Peter, 1990, *The Fifth Discipline Fieldbook: The Art and Practice of The Learning Organization,* NY: Currency, Doubleday.

Senge, Peter, 2006, *The Fifth Discipline: The Art and Practice of The Learning Organization,* NY: Doubleday.

Shambaugh, David, 2020, "Toward a Smart Competition Strategy for U.S China Policy," in Bitounis, Leah and Jonathon Price (eds.), *The Struggle For Power: U.S.-China Relations In The 21st Century*, Queenstown: The Aspen Institute.

Simon, William, 1978, *A Time for Truth*, NY: Readers Digest Press.

Sommeiller, Estelle and Price, Mark, 2018, "The New Glided Age," Employment Policies Institute, 2018/7/19, https://www.epi.org/publication/the-new-gilded-age-income-inequality-in-the-u-s-by-state-metropolitan-area-andcounty/.

Stiglitz, Joseph, 2018, "How Did China Succeed?" presented at BI Norwegian Business School, Norway, https://www.youtube.com/watch?v=Iaw4n9IZDdc&ab_channel=BINorwegianBusinessSchool.

Stiglitz, Joseph E., 2019, *People, Power, Profits: Progressive Capitalism for an Age of Discontent*, London: Penguin.

Tax Policy Center, 2017, "Distributional Analysis of the Conference Agreement for the Tax Cuts and Jobs Act," *Tax Policy Center*, 2017/12/18, https://www.taxpolicycenter.org/publications/distributional-analysis-conference-agreement-tax-cuts-and-jobs-act/full.

Temin, Peter, 1964, *Iron and Steel in Nineteenth-Century America: An Economic Inquiry*, Cambridge, MA: The MIT Press.

Theoharis, Athan G., Tony G. Poveda, Richard G. Powers, Susan Rosenfeld, 1999, *The FBI: A Comprehensive Reference Guide,* Boston: Greenwood Publishing Group.

Thompson, E. P., 1966, *The Making of the English Working Class*, NY: Vintage.

Trachtenberg, Alan, 1982, *The Incorporation of America: Culture and Society in the Gilded Age*, NY: Hill and Wang.

Trowbridge, David, 2016, *A History of the United States: 1865 to Present*, Asheville: Soomo Learning.

Toynbee, Arnold 著，郭小淩譯，2009，《歷史研究》，上海：上海人民出版社。

Ward, James, 1986, *Railroads and the Character of America, 1820-1887*, Knoxville: University of Tennessee Press.

Werner, Richard, 2003, *Princes of the Yen: Japan's Central Bankers and the Transformation of the Economy*, NY: M.E. Sharpe.

Winnefeld, James A. and Michael J. Morell, 2020, "The War that Never Was?" U.S. Naval Institute, https://www.usni.org/magazines/proceedings/2020/august/war-never-was.

Wolchover, Natalie, 2012, "Why Did the Democratic and Republican Parties Switch Platforms?" *Life Science*, https://www.livescience.com/34241-democratic-republican-parties-switch-platforms.html.

Wolfskill, George, 1962, *The Revolt of the Conservatives: A History of the American*

Liberty League, 1934–1940, Boston: Houghton Mifflin.

Woodward, Bob, 2020, *Rage*, NY: Simon and Schuster.

Wu , Charles Chonghan, 2014, *Seeking Common Ground While Keeping Differences: Using the Case of Cross-Strait Relations as a Case*, Baltimore, MD: University of Maryland School of Law, Maryland Series in Contemporary Asian Studies.

Wu , Charles Chonghan, 2016, "Taiwan's Hedging Strategy against China: The Strategic Implications of Ma Ying-Jeou's Mainland Policy." *Asian Survey,* 56(3): 466-487.

Wuerthner, J. J., 1959, *The Businessman's Guide to Practical Politics*. Chicago: Regnery.

Yan, Xiaojun, and Xin Ge, 2016, "Participatory Policy Making under Authoritarianism: the Pathways of Local Budgetary Reform in the People's Republic of China," *Policy and Politics*, 44(2): 215-234.

Zabala, Craig and Daniel Luria, 2019, "New Gilded Age or Old Normal?" *American Affairs*, https://americanaffairsjournal.org/2019/08/new-gilded-age-or-old-normal/.

Zunz, Olivier, 1990, *Making America Corporate, 1870-1920*, Chicago: University of Chicago Press.

註釋

第一章

1　Michael Moore，1954年出生於密西根州Genesee郡。父親和祖父都是當地通用汽車廠的工人，母親在同廠擔任秘書。

2　*Capitalism: A Love Story*, 2009出品。

3　有關美國藍領工人的階級意識特性，可參閱：Halle and Romo, 1991。

4　Medicaid及Medicare，在1960年代中期建立，前者服務低收入者，後者服務65歲以上長者以及所有身障者。

5　https://www.smecc.org/microwave_oven.htm。本書第一作者於1980年在美國買了一台奇異牌微波爐，後來帶回台灣，現在還可以用（見圖像1.1）。

6　資料來源：Federal Reserve Bank of St. Louis，https://fred.stlouisfed.org/series/SPDYNLE00INUSA。

7　見：https://americasbesthistory.com/abhtimeline1970.html。

8　見：Meyer（1989）。

9　包含紐約州西部、賓夕凡尼亞、密西根、俄亥俄俄、伊利諾，見：Crandall（1993）。

10　見：https://www.investopedia.com/terms/j/jobless-recovery.asp。

11　見：https://www.theatlantic.com/ideas/archive/2019/07/whatever-happened-tech-bubble/594856/。

12　2001年9月11日，美國民航機被劫持後對紐約世貿中心雙塔及其他目標進行自殺式攻擊，造成近3千人死亡或失蹤。

13　醜聞從2001年10月能源產業的恩隆公司就開始爆發，見：https://www.cato.org/sites/cato.org/files/pubs/pdf/pa497.pdf。

14　Alan Greenspan，從1987年8月到2006年1月擔任美國聯準會主席。他自己承認到2005年末期他快要卸任的時候，才看到房地產泡沫化的危機，見：https://www.reuters.com/article/us-usa-economy-greenspan/greenspan-says-didnt-see-subprime-storm-brewing-idUSWBT00756820070913。

15　Federal Reserve System，簡稱Fed。

16　Sup-prime。

17　見：Ritholtz（2009）。金融海嘯後來在美國普遍改稱為「大衰退」（The Great Recession）。

18　Ben Bernanke的Quantitative Easing；其實最早使用此名詞的是德裔經濟學者Richard Werner在日本媒體的撰文，見：https://eprints.soton.ac.uk/340476/。此學者的名著為Werner（2003）。

19　見附錄圖1A.1。

20　資料來源：Federal Reserve Bank of St. Louis。

21　由Thomas Piketty等學者整理的World Inequality Database資料庫而來，基本的來源是報稅資料。此地所謂成年人所得，是指家庭報稅總所得除以戶內成年人口，故為equal-split的觀念。此地所謂稅前所得，包含社會安全淨收益，但不包含（或扣除）其他向政府所繳的稅或來自政府的補貼和救助。見：https://wid.world/codes-dictionary/#fiscal-。詳見附錄。

22　所謂中產階級，是指其（經過家戶大小調整後的）家庭所得，落於中位數家庭所得的2/3到2倍；其他階級之定義同理可知。所謂經過家戶大小調整，是指將家庭平均所得定義為家庭總所得除以戶內人數的平方根。後者很重要：美國平均家庭人數從1970年的3.1人已經下降到2016年的2.5人。以上資料均見Pew Research Center。

23　見：https://www.pbs.org/video/left-behind-america-tkmile/。

24　電影中的受訪者說，代頓市曾經是全美第二大汽車製造城市，僅次於底特律；金融海嘯造成約1/3的製造業工作機會消失。

25　此廠也成為《美國工廠》（American Factory）紀錄片的主要場景之一。《美國工廠》是由Higher Ground Productions發行，為美國前總統和第一夫人（巴拉克及蜜雪兒歐巴馬）設立。此部紀錄片在2020年獲得奧斯卡最佳紀錄片獎，參閱：https://www.cnbc.com/2020/02/09/oscars-2020-obama-backed-american-factory-wins-for-documentary.html。

26　發送食物給需要民眾的救濟機構，通常由教會等慈善團體設立。

27　Paul Krugman（2019）：該年4月於澳洲墨爾本大學發表演講。

28　以下章節將詳細說明。

29　"Make America Great Again"。

30　可見：https://www.youtube.com/watch?v=apjNfkysjbM。

31　美國總統大選為間接選舉，先由各州選民選出「選舉人」，其名額依照該州人口占全國

總數決定，然後由選舉人投票選舉總統。絕大多數的州規定，此州多數選民支持的政黨候選人，在選舉的次一階段，可以拿到該州的所有選舉人票。這使得全國多數選民支持的候選人，有可能和獲勝者不同。

32 所謂保守主義或保守派（conservatives），一般是指政治意向上較趨向於自由市場至上、縮小政府規模、平衡政府預算，以及在社會議題上偏向於傳統看法者，例如反對墮胎及反對槍枝管制。保守派中特別重視自由市場及縮小政府規模者，又稱為右派自由主義者（libertarians）。與保守派及右派自由主義者相對的，是「自由派」（liberals）：較傾向於政府應當扮演積極角色以補市場力量之不足、贊成社會福利，並且在社會議題上採取比較開放的態度，例如有條件的允許墮胎、強調種族平等、同意槍枝管制等。在美國用語上也常用左右相稱，保守派有時被稱為右派（rightist），自由派則有時被稱為左派（leftist）。故自由派信奉的自由主義（liberalism）在中文表達上常被稱為左派自由主義，以與上述右派自由主義區分。

33 如果用月份來看，此薪資到2019年3月才回復到46年前，也就是1972年2月的同樣水準；見：https://www.weforum.org/agenda/2019/04/50-years-of-us-wages-in-one-chart/。亦可參見：https://www.oakworthcapital.com/common-cents-for-labor-day-on-august-30-2019/。

第二章

1 關於此名詞在本書的使用原則，詳見第三章。

2 Constitutional law，指國家定義行政機構、立法機構及司法機構之間關係的法律，例如憲法或基本法。

3 見：https://en.wikipedia.org/wiki/Barack_Obama#/media/File:Obama_signs_health_care-20100323.jpg。

4 見：https://www.politifact.com/article/2009/dec/18/politifact-lie-year-death-panels/；另見：https://www.npr.org/2017/01/10/509164679/from-the-start-obama-struggled-with-fallout-from-a-kind-of-fake-news。

5 見：https://www.theguardian.com/world/2009/jul/28/birther-movement-obama-citizenship。

6 見：https://newsone.com/16051/top-10-racist-limbaugh-quotes/。

7 見：https://www.nydailynews.com/news/politics/rush-limbaugh-hints-left-strict-consensual-sex-article-1.2828825。

8 見：https://web.archive.org/web/20110116201410/http://www.rushlimbaugh.com/home/daily/site_101408/content/01125113.guest.html。

9 見：https://www.rushlimbaugh.com/daily/2019/03/29/trump-threatens-to-shut-down-the-southern-border/。

10 Rock Hudson，美國著名男演員，同性戀者。

11 1821年美國殖民協會為了公益目的而在非洲西岸建立的黑人「移民區」，鼓勵獲得自由的奴隸前來定居，於1847年7月26日宣布獨立。

12 見：https://money.cnn.com/2014/10/21/media/stelter-response-to-rush-limbaugh/index.html。

13 見：https://web.archive.org/web/20110522044757/http://thinkprogress.org/2010/04/17/limbaugh-volcano/。

14 見：https://web.archive.org/web/20200406173318/https://www.politifact.com/factchecks/2020/feb/27/rush-limbaugh/fact-checking-rush-limbaughs-misleading-claim-new-/。

15 見：https://web.archive.org/web/20091128110904/http://www.rushlimbaugh.com/home/daily/site_112509/content/01125106.guest.html；另見：https://www.politifact.com/factchecks/2019/feb/19/rush-limbaugh/scientists-response-rush-limbaughs-climate-denial-/；另見：https://www.ontheissues.org/Celeb/Rush_Limbaugh_Energy_+_Oil.htm。

16 見：https://www.washingtonpost.com/blogs/the-buzz/post/rush-limbaugh-calls-georgetown-student-sandra-fluke-a-slut-for-advocating-contraception/2012/03/02/gIQAvjfSmR_blog.html。

17 見：https://www.politifact.com/personalities/rush-limbaugh/。2020年2月，他獲頒美國平民最高榮譽的「自由勳章」，被稱為「史上最偉大的戰鬥者和勝利者…獲得數百萬美國人的喜愛。」見：https://www.businessinsider.com/presidential-medal-awardee-rush-limbaughs-racist-and-sexist-comments-2020-2。

18 Federal Emergency Management Agency，是美國的自然災害應變機構，2003年併入國土安全部。

19 Oklahoma City bombing發生在1995年4月19日，是針對美國奧克拉荷馬市大樓發起的恐怖主義炸彈襲擊。見：https://www.thedailybeast.com/glenn-beck-and-other-too-little-too-late-apologies。

20 見：Berry and Sobieraj（2016）。

21 見：https://www.politifact.com/factchecks/2009/

jul/29/glenn-beck/glenn-beck-claims-science-czar-john-holdren-propos/。

22　「racist」一字可翻為「種族主義者」或「種族歧視者」，通常指對本身種族有優越感，或對其他種族有敵意或貶低意識。見：http://content.time.com/time/specials/packages/article/0,28804,2080482_2080489_2080495,00.html。他在福斯電視的節目上這樣說了以後，有57家廣告商退出該節目。他後來道歉，說他的真正意思是歐巴馬相信黑人神學（black theology）。

23　見：https://www.theatlantic.com/politics/archive/2012/11/glenn-beck-has-re-opened-bidding-obama-doll-drenched-his-fake-urine/321066/。

24　Political Action Committee（政治行動委員會）是一種為特定政黨或候選人募集選舉資金，或募集資金來進行廣告放送等活動，以幫助特定政黨或候選人當選的法定團體。

25　杜威（John Deway），美國哲學家，被認為是實用主義哲學代表人物。克羅利（Herbert Croly），美國政治哲學家，影響了許多進步主義者。李普曼（Walter Lippmann），美國政治評論家，對傳播學有重要影響。來源：https://pubmed.ncbi.nlm.nih.gov/11763887/；另見：https://archive.org/details/herbertcrolyofne0000levy及https://archive.org/stream/publicopinion00lippgoog#page/n6/mode/2up。

26　Theodore Roosevelt，共和黨籍，但政策取向較像民主黨，於1901-1909年擔任美國總統，本書後文會詳細介紹。

27　Woodrow Wilson，民主黨籍，1919-1921年擔任美國總統。

28　Franklin Roosevelt，民主黨籍，1933-1945年擔任美國總統。

29　主要以擴大政府投資支出、救濟弱勢等政府政策來帶動就業成長，以脫離蕭條；本書後文將詳述。

30　見：https://www.latimes.com/archives/la-xpm-2009-mar-06-et-foxnews6-story.html。當時有2.2百萬人收看。

31　他的節目後來是在付費及網路電視播出。見：https://www.youtube.com/watch?v=ZZHJGp2IMjc。

32　見：https://nymag.com/intelligencer/2018/05/sean-hannity-donald-trump-late-night-calls.html。

33　晚上8-11時。

34　見：https://www.forbes.com/sites/markjoyella/2020/06/30/tucker-carlson-has-highest-rated-program-in-cable-news-history/#7977788b6195及https://www.foxnews.com/media/fox-news-ratings-2020-best-history。

35　見：https://www.politico.com/story/2011/04/birtherism-where-it-all-began-053563。

36　見：https://www.washingtonpost.com/lifestyle/style/the-making-of-sean-hannity-how-a-long-island-kid-learned-to-channel-red-state-rage/2017/10/09/540cfc38-8821-11e7-961d-2f373b3977ee_story.html及https://www.bbc.com/news/election-us-2016-36195317。

37　見：https://dq.yam.com/post.php?id=6621。

38　見：https://www.cbsnews.com/news/sean-hannity-has-message-for-roger-ailes-enemies/。

39　見：https://money.cnn.com/2017/09/26/media/oreilly-hannity-fox-news-interview/index.html。

40　見：Dryzek and Norgaard（2011）。

41　見：https://www.foxnews.com/story/hannity-grodin-go-one-on-one-on-waterboarding-obamas-agenda。

42　他一直認為美國政府內另外還有一個真正的「政府」，由一群左派的人所控制；他把這個稱為deep state。他說當保守派當政時，這些人會試圖破壞。見：https://www.nytimes.com/2020/03/11/us/politics/coronavirus-conservative-media.html及https://www.mediamatters.org/coronavirus-covid-19/sean-hannity-it-may-be-true-deep-state-using-coronavirus-manipulate-markets。

43　他曾經自詡布萊巴特新聞是極右派的公器播台。見：https://www.washingtonpost.com/politics/is-trumps-new-chief-strategist-a-racist-critics-say-so/2016/11/14/b72e2ab0-aa9d-11e6-a31b-4b6397e625d0_story.html。2020年8月20日，他在一艘豪華遊艇上被捕：「美國聯邦檢察官在曼哈頓以共謀電匯詐騙與共謀洗錢，起訴66歲的班農和他的三名同伙科法奇（Brian Kolfage）、巴多拉托（Andrew Badolato）和謝伊（Timothy Shea），指控他們詐騙了數百人，透過「我們築牆」群眾募資案……吸引數千名捐贈者，並募得2500萬美元……其中數十萬的美元用在個人開支。」見：https://udn.com/news/story/6813/4799042。

44　見：https://www.motherjones.com/politics/2016/08/stephen-bannon-donald-trump-alt-right-breitbart-news/及https://cn.nytimes.com/world/20161115/stephen-bannon-white-house-trump/zh-hant/dual/。

45　見：https://www.chicagotribune.com/nation-world/ct-bannon-france-far-right-speech-

20180310-story.html。

46　見：https://www.theguardian.com/us-news/
　　2018/mar/10/steve-bannon-tells-french-far-right-
　　history-is-on-our-side。

47　見：https://www.motherjones.com/politics/
　　2016/08/stephen-bannon-donald-trump-alt-
　　right-breitbart-news/。

48　見：https://www.nytimes.com/2016/11/21/us/
　　alt-right-salutes-donald-trump.html。

49　見：https://www.nytimes.com/2016/11/15/us/
　　politics/stephen-bannon-breitbart-words.html。

50　見：https://www.yzzk.com/article/details/%E4%
　　B8%96%E7%95%8C%E5%8B%95%E6%85%
　　8B/2010-08/1365135248233/%E7%BE%8E%E
　　5%9C%8B%E8%8C%B6%E9%BB%A8%E5%
　　B4%9B%E8%B5%B7%E4%BE%86%E9%BE
　　%8D%E5%8E%BB%E8%84%88。

51　這顯然是雙關語：美國獨立戰爭源於茶商
　　抗議茶稅，聚會把茶箱倒入海中，以表抗
　　議。他鼓勵支加哥期交所的交易員把他們
　　日常交易的期貨，「倒入」河中。另由於
　　同一字party是「聚會」，也是「政黨」，故
　　「茶會」後來就變成「茶黨」。見：https://
　　www.newyorker.com/magazine/2010/02/01/the-
　　movement。

52　見：Nesbit（2016）及Mayer（2017）；另
　　見：https://time.com/secret-origins-of-the-tea-
　　party/；https://wtop.com/news/2020/05/10-of-
　　the-most-valuable-private-companies/；https://
　　www.investopedia.com/articles/investing/122915/
　　koch-brothers-americas-2nd-wealthiest-family.
　　asp。

53　見：https://www.forbes.com/companies/koch-
　　industries/#66b2460074ce。

54　見：https://cn.nytimes.com/readers-translation/
　　20160114/c14koch-reader/。

55　見：http://www.takepart.com/feature/2015/
　　10/30/tea-party-history。

56　那年有87位共和黨的新人當選眾議員，
　　見：https://apnews.com/7fdb3482127d4edf8
　　409d5b823d85685/Tea-party-class-of-House-
　　Republicans-fades。

57　見：http://america.aljazeera.com/watch/
　　shows/america-tonight/america-tonight-
　　blog/2013/11/5/the-tea-party-bythenumbers.
　　html。

58　見：https://www.britannica.com/topic/Tea-
　　Party-movement。

59　有關於美國非裔或黑人種族之稱呼，本書採
　　用美國人口普查局之用語，亦即稱為「黑
　　人」或「非裔」，詳細定義見第三章。

60　見：Libby（2013）。

61　以共和黨籍的前眾院議長Paul Ryan為例。
　　《Politico》雜誌記者Tim Alberta在公開報導
　　中表示，Ryan非常不喜歡川普；但2016年川
　　普當選後，作為執政黨的眾議院議長，他以
　　公為重、相忍為國，盡其能力幫忙通過所
　　有川普支持的法案。到了2018年，他宣布
　　從政壇退休。見：https://www.politico.com/
　　magazine/story/2019/07/16/donald-trump-paul-
　　ryan-feud-227360及Alberta（2019）。

62　*Prius or Pickup?: How the Answers to Four Simple
　　Questions Explain America's Great Divide*。

63　Hetherington 與Weiler原著，陳重亨譯
　　（2019）。

64　依據Wolchover（2012），南北戰爭時，共和
　　黨支持北方工業家和財團，要求政府提高關
　　稅保護，進行基礎建設，民主黨則主張對南
　　方農民較有利的低關稅及連帶的小政府。但
　　到了大蕭條時期，民主黨主張大政府、福利
　　政策；民主黨則主張小政府、自由市場。學
　　者指出，其實共和黨一向比較偏向大企業，
　　當大企業需要政府保護時，他們主張大政
　　府，當大企業已經壯大，自由市場和政府放
　　手時，他們就主張小政府。所以表面上有改
　　變，實質沒有改變。

65　*The Emerging Republican Majority*。

66　Jared Diamond原著，莊安祺譯（2019：頁
　　367）。

67　見：Diamond，2019，頁370。

68　戴蒙認為大約八成能投票的選民年收入超
　　過十五萬美元，而低於兩萬美元年收入的
　　美國人卻是占了全美一半的人口。請見：
　　Diamond，2019，頁371。

69　Fukuyama, 2018。

70　*Awakening Giants, Feet of Clay: Assessing the
　　Economic Rise of China and India*。

71　*How Democracies Die*。

第三章

1　詳見：https://www.census.gov/topics/
　　population/hispanic-origin/about.html。

2　原文為：A person having origins in any of the
　　original peoples of Europe, the Middle East,
　　or North Africa. 見：https://www.census.gov/
　　topics/population/race/about.html。族群人口比
　　率來自：https://www.census.gov/quickfacts/fact/
　　table/US/PST045219，以下同。

3　原文為：A person having origins in any of the
　　Black racial groups of Africa. It includes people
　　who indicate their race as "Black or African
　　American," or report entries such as African

American, Kenyan, Nigerian, or Haitian。見：https://www.census.gov/quickfacts/fact/table/US/PST045219。按：海地雖然是中美洲國家，其人口95%以上為原始來自非洲的黑人。

4 「A person having origins in any of the original peoples of the Far East, Southeast Asia, or the Indian subcontinent including, for example, Cambodia, China, India, Japan, Korea, Malaysia, Pakistan, the Philippine Islands, Thailand, and Vietnam.」見：https://www.census.gov/topics/population/race/about.html。

5 「American Indian or Alaska Native – A person having origins in any of the original peoples of North and South America (including Central America) and who maintains tribal affiliation or community attachment. Native Hawaiian or Other Pacific Islander – A person having origins in any of the original peoples of Hawaii, Guam, Samoa, or other Pacific Islands.」見：https://www.census.gov/topics/population/race/about.html。

6 NPR/PBS NewsHour/Marist poll，其中NPR全稱是National Public Radio，PBS是Public Broadcasting System。

7 Evangelicals。

8 樣本誤差之估計值見：https://www.pewresearch.org/science/2020/06/23/government-and-climate-methodology/。

9 見：https://www.pewresearch.org/politics/2020/06/30/publics-mood-turns-grim-trump-trails-biden-on-most-personal-traits-major-issues/；樣本誤差同表3.1。

10 Pew在定義「決戰州」時，曾參考Larry Sabato的Crystal Ball、the Cook Political Report、Inside Elections，以及Nate Cohn的紐約時報民調。見：https://www.pewresearch.org/politics/wp-content/uploads/sites/4/2020/04/PP_2020.04.16_Trump-and-COVID-19_FINAL.pdf。

11 見：Johnson（2017）。

12 見：https://www.census.gov/content/dam/Census/library/stories/2019/04/behind-2018-united-states-midterm-election-turnout-table-1.jpg。

13 見：https://www.npr.org/2020/06/26/883336183/poll-trump-disapproval-hits-all-time-high-and-he-trails-biden-by-8。

14 見：https://www.nbcnews.com/politics/meet-the-press/biden-remains-ahead-trump-nationally-eve-conventions-nbc-news-wsj-n1236873。Emerson於2020年8月30到31日的民調則

顯示，兩人差距縮小到2個百分點。見：RealClearPolitics網站。

15 見：https://www.chinatimes.com/realtimenews/20200205003119-260410?chdtv。

16 美國國會預算局分析減稅與削減福利（包含若干歐巴馬推動健保改革項目的取消），將對高收入者有利，中低收入者雖然也享受到一些所得稅減少的好處，但是所損失的福利更多，故為淨受害者。見：https://www.cbo.gov/publication/53429。

17 相對於前一年同季的實質GDP成長率；已經過季節調整。見：https://fred.stlouisfed.org/graph/?g=8eiT。

18 見：https://fred.stlouisfed.org/series/UNRATE。

19 見：https://fred.stlouisfed.org/series/LES1252881600Q。

20 見：https://www.gobankingrates.com/saving-money/savings-advice/americans-have-less-than-1000-in-savings/；亦可見單驥（2020）。

21 見：朱雲鵬，2020a，「99%人民的命也是命」，見：https://www.chinatimes.com/newspapers/20200625000577-260109?chdtv。

22 見：https://www.whitehouse.gov/briefings-statements/remarks-president-trump-south-dakotas-2020-mount-rushmore-fireworks-celebration-keystone-south-dakota/。

23 見：https://new.finalcall.com/2020/08/06/cities-brace-for-more-federal-agent-deployments/。

24 見：https://www.nytimes.com/2020/06/25/upshot/poll-2020-biden-battlegrounds.html。

25 2020年第一季美國經濟成長率為負5.0%，第二季負31.7%則應為谷底。見：https://www.bea.gov/news/2020/gross-domestic-product-2nd-quarter-2020-advance-estimate-and-annual-update。

26 見：https://theconversation.com/donald-trumps-chinese-virus-the-politics-of-naming-136796。

27 來自蓬佩奧在前總統理查·尼克森（Richard Nixon）出生地加利福尼亞州約巴林達（Yorba Linda，California）的尼克森圖書館發表的演說。見：https://www.reuters.com/article/us-usa-china-pompeo/pompeo-urges-more-assertive-approach-to-frankenstein-china-idUSKCN24O310。

28 不過，這些招數的效果，會受到前國家安全顧問波頓新書《事發之室白宮回憶錄》的影響，而打折扣；依據後者，川普之前和中國大陸交好，意圖非常明顯。見：Bolton（2020）。

29 見：https://www.realclearpolitics.com/epolls/2020/president/wi/wisconsin_trump_vs_

biden-6849.html。

30 見：https://www.forbes.com/sites/markjoyella/
2020/06/30/tucker-carlson-has-highest-rated-
program-in-cable-news-history/#e9f1ad161953。

31 就2019年而言，福斯在黃金時段收視率的
表現也領先同業，比2018年上升了2%，而
川普宣稱對他不友善的CNN與MSNBC則分
別下降了2%與3%。在平均收視人數方面，
福斯為250萬人，MSNBC居次為175萬人，
CNN則為97萬人。見：https://www.forbes.
com/sites/markjoyella/2019/12/11/fox-news-
ends-2019-with-highest-rated-prime-time-ratings-
ever/#57ae423d3347。

32 見：https://news.stonybrook.edu/facultystaff/
maverick-modeller-helmut-norpoth-predicts-
another-win-for-trump/。

第四章

1 德國柏林自由大學教授，見：Sandschneider,
2020。

2 見：A. T. Kearny Inc., 2020。韌性是指如果某
一生產基地發生類似疫情的突發事件，而必
須關閉時，此廠商可否繼續存活？

3 The Thucydides Trap，見：朱雲鵬、歐宜佩
（2019）第二篇第一章。但艾氏對此「陷
阱」的認知，可能和原著有出入，見朱雲鵬
（2020b）及後文分析。

4 見：https://europa.eu/european-union/about-eu/
symbols/europe-day/schuman-declaration_en。
原文是：「Determined to prevent another such
terrible war, European governments concluded
that pooling coal and steel production would – in
the words of the Declaration – make war between
historic rivals France and Germany "not merely
unthinkable, but materially impossible".」

5 見：朱雲鵬、歐宜佩（2019）第二篇第三
章。亦可見王宏仁（2020）。

6 見：https://udn.com/news/story/6813/
4804948。

7 見：Johnson and Gramer (2020)。

8 見：A. T. Kearny, 2020。

9 劉大年（2020）表示，中美簽成貿易協議，
雙邊關係將成為「製造脫勾、市場連結」，
見：https://www.chinatimes.com/realtimenews/
20200107000776-260502?chdtv。

10 這些都是非常大的數字，讓彼得森國際經濟
研究所的鮑恩（Bown）（2020）認為可能
無法實現。除了購買量龐大，他還提到了
無法實現目標的五個其他原因：（i）美國
農民和生產者可能不願意為他們未來增加供
應做積極投資，考量到川普貿易政策下市場

需求存在極大不確定性的經驗；（ii）出於
國家安全的考慮，美國政府無意放寬對許多
中國有大量需求的技術敏感產品的出口限
制；（iii）中國經濟持續在放緩，其進口需
求也在放緩；（iv）北京的關稅報復行動導
致許多中國買家尋找新的供應商，而要他們
回頭，其代價是昂貴的；（v）非洲豬瘟爆
發等意外事件將進一步降低中國對進口動
物飼料的需求如大豆。見：https://www.piie.
com/blogs/trade-and-investment-policy-watch/
unappreciated-hazards-us-china-phase-one-deal。

11 Jeep 品牌部門，屬於B公司（Fiat Chrysler
Automobiles, US）。

12 Lindsey Graham，南卡羅來納州聯邦參議員。

13 見：https://www.whitehouse.gov/briefings-
statements/remarks-president-trump-signing-u-s-
china-phase-one-trade-agreement-2/。

14 見：https://spectator.sme.sk/c/22026015/
slovakia-again-breaks-record-in-car-production.
html 事實上，斯洛伐克在2018年出口了超過
100萬輛汽車，這是她歷史上的最高水平。
標緻，雪鐵龍和歐寶都是PSA集團（法國公
司）的品牌。

15 在國際貿易統計上，A國從B國的進口量，和
B國對A國的出口量不相等，是正常現象。

16 見：https://www.washingtonpost.com/
politics/2020/05/15/biden-versus-trump-ad-
battle-over-china-coronavirus/。

17 見：https://www.nytimes.com/2020/07/25/
business/economy/us-china-trade-diplomacy.
html。

18 川普於2020/8/23接受福斯新聞（Fox News）
採訪時說，經濟上美國可以把中國完全隔
除掉，沒有問題。見：https://www.reuters.
com/article/us-usa-china-decoupling-trump-
says-could-decouple-and-not-do-business-with-
china-idUSKBN25I0S7。亦見：https://udn.
com/news/story/6813/4804953?from=udn-
catelistnews_ch2。

19 見：https://ustr.gov/about-us/policy-offices/
press-office/press-releases/2020/may/usda-
and-ustr-announce-continued-progress-
implementation-us-china-phase-one-agreement。

20 見：https://www.reuters.com/article/us-
usa-trade/us-trade-groups-urge-china-to-
increase-purchases-of-us-goods-services-
idUSKBN2471UY。

21 見：https://www.nytimes.com/2020/07/25/
business/economy/us-china-trade-diplomacy.
html。此報導指出，川普在7月23日還公開表
示，要大家注意中國對美國玉米破紀錄的採

購數量。不過他也同時說，貿易協議對他的
意義已經不如最初簽訂的時候。

22 見：https://www.chinatimes.com/realtimenews/
20200806002146-260410?chdtv。

23 見：https://www.piie.com/research/piie-charts/
us-china-phase-one-tracker-chinas-purchases-us-
goods；但這不包含發布時間比較晚的服務業
貿易項目。

24 見：https://www.chinatimes.com/realtimenews/
20200806002146-260410?chdtv。

25 見：https://udn.com/news/story/7333/
4813077。

26 見：https://www.nytimes.com/2020/07/25/
business/economy/us-china-trade-diplomacy.
html；以下同，如無特別註明。另可見嚴震
生（2020）。

27 見：https://udn.com/news/story/6809/
4813426。

28 見：https://www.bbc.com/news/world-us-
canada-53412598。

29 見：https://www.cnbc.com/2020/07/14/uk-says-
it-will-phase-out-huawei-from-5g-networks-in-
major-u-turn.html。

30 見：https://www.nytimes.com/2020/07/13/
world/asia/south-china-sea-pompeo.html。

31 見：https://www.defenseone.com/policy/
2020/06/bidens-china-policy-starts-building-
stronger-america/166555/。

32 見：https://www.foreignaffairs.com/articles/
united-states/2020-01-23/why-america-must-
lead-again。

33 見：https://www.defenseone.com/
policy/2020/06/bidens-china-policy-starts-
building-stronger-america/166555/。

34 見：https://www.cfr.org/election2020/candidate-
tracker/joe-biden。

35 又可稱為「巧競爭」，見：Shambaugh
（2020）。

36 見：周建明（2020）。另亦可參見劉必榮
（2020）。

37 *Triangulating Peace: Democracy, Interdependence,
and International Organizations*。

38 關於利益和平論的論述，可參見吳崇涵、湯
智賢（2017）。

39 見：Wu（2014）。這裡所謂安全利益相似
度，是藉由COW dataset中對於兩國聯盟相
似度的衡量發展而來。數值越高代表兩國
安全利益越相近，數值越低代表兩國安全
利益越相異。請見COW project, at: https://
correlatesofwar.org/。

40 *The Hundred-Year Marathon: China's Secret Strategy*

41 *to Replace America as the Global Superpower*。

41 見：https://www.youtube.com/watch?v=
Iaw4n9IZDdc：8'50"。

42 見：https://thediplomat.com/2014/05/china-
doesnt-want-to-be-number-one/。

43 魏加寧於2019年10月在「長江創創社羣」
分享的課程，見：https://www.chainnews.com/
zh-hant/articles/498662378828.htm。

44 見：鄭永年（2020）。另可見林建甫
（2020a）對中國大陸第十四個五年計畫的分
析。

45 見：https://www.chinatimes.com/opinion/
20191211004301-262104?chdtv。

46 見：http://service.mof.gov.tw/public/Data/
statistic/bulletin/109/108%E5%B9%B4%E6%8
8%91%E5%9C%8B%E5%87%BA%E9%80%B
2%E5%8F%A3%E8%B2%BF%E6%98%93%E
6%A6%82%E6%B3%81.pdf。

47 見：https://www.msn.com/zh-tw/money/
topstories/%E4%B8%8A%E5%B8%82%
E5%85%AC%E5%8F%B8%E5%8E%BB
%E5%B9%B4%E7%87%9F%E6%94%B
6%E8%A1%B0%E9%80%80068percent-
%E7%8D%B2%E5%88%A9%E6%B8%9B901
percent/ar-BB121677。

48 見：https://www.chinatimes.com/opinion/
20200722005561-262104?chdtv。

49 見：王健全（2020）在「疫後企業如何迎戰
『四去』趨勢」一文中，說疫情促使「去全
球化、去實體化、去官僚化、去弱存強」；
其中第四個去，意思是疫情嚴重時，缺乏現
金流、缺乏因應能力、缺乏核心競爭力，
且不能化危機為轉機，並尋求新商機的企
業，將被趨勢所淘汰。在這方面，有些體質
弱的中小企業，會在中美貿易戰和疫情雙
殺下被淘汰，所以也對大企業有利。見：
https://www.npf.org.tw/1/22701。亦可見盧信
昌（2020）。

50 光刻機是用來製造晶片的大型機器，可將
設計好的電路圖「刻」到矽圓上。而極紫
外（extreme ultraviolet, EUV）光刻機主要
用於生產7奈米及更先進製程的晶片，目
前全球只有荷蘭的ASML有能力生產。若
買不到此種極紫外光刻機，晶圓製造將只
能停留在12或14奈米製程。又：ASML所
生產的光刻機採濕式（又稱沉浸式）製
程，是當時在台積電的台灣工程師林本堅
所發明，見：https://www.chinatimes.com/
realtimenews/20200718000013-260410?chdtv。
有關ASML光刻機的製程介紹，可見：
https://youtu.be/skUCP2f4HIM?list=PLLROO

Wd6snSL9N6IhaldTZ65Fz04vHhZV及https://
youtu.be/IattxYrc9Go?list=PLLROOWd6snSL9N
6IhaldTZ65Fz04vHhZV。

51 見：https://news.cnyes.com/news/id/4513226。
華為是台積電第二大客戶，2019年貢獻了
14%營收。

52 見：https://news.cnyes.com/news/id/4483583。

53 見：https://udn.com/news/story/7340/
4705240。另可見林建甫（2020b）及吳中書
（2020）。

54 見：https://goldprice.org/zh-hant/gold-price-
chart.html。

55 發明比特幣的中本聰在其「Bitcoin: A Peer-
to-Peer Electronic Cash System」文中說：「傳
統貨幣的根本問題，正是源於維持它運轉
所需要的東西——信任。人們必須要相信
中央銀行不會有意劣化貨幣，可是法幣的歷
史卻充滿了對這種信任的背叛。」參見朱嘉
明（2020），https://www.chainnews.com/zh-
hant/articles/413276294060.htm。

56 見：https://crypto.cnyes.com/BTC/24h。

57 參見：https://www.chinatimes.com/opinion/
20200527004462-262104?chdtv。

58 其後新批准的軍購包含M142海馬斯（High
Mobility Advanced Rocket System, HIMARS）
多管火箭、路基AGM-84魚叉反艦飛彈
（Harpoon）及MQ-9B海上衛士（Sea
Guardian）大型無人機，參見：https://www.
chinatimes.com/opinion/20200810003894-
262104?chdtv。

59 軍備資料請見：https://www.sipri.org/research/
armament-and-disarmament/arms-and-military-
expenditure/international-arms-transfers。

60 「台灣旅行法」請見：https://duoweicn.
dwnews.com/TW-2018/E5%B9%B4034/E6%
9C%9F/10006811.html。

61 「國防授權法」，請見：https://udn.com/
news/story/6813/4240179。

62 請見：https://www.chinatimes.com/realtimenews/
20200313000070-260407?chdtv。

63 見：https://www.hawley.senate.gov/senator-
hawley-introduces-taiwan-defense-act。

64 見：https://news.sina.com.tw/article/20200803
/35936684.html。

65 請見：https://www.taiwannews.com.tw/ch/
news/3976825。2020年9月17日，參議員史
考特（Rick Scott）提出同名內容一致的法
案，見udn.com/news/story/6809/4872219。

66 見：https://www.chinatimes.com/newspapers/
20200828000640-260110?chdtv。亦可參見蘇
起（2020b，2020c）

67 見：https://www.usni.org/magazines/
proceedings/2020/august/war-never-was。

68 見：張登及（2020）。張文指出，目前中
共最優先的施政目標沒有改變，就是「六
穩」——穩住就業、金融、外貿、外資、
投資、預期，和「六保」——保住居民就
業、基本民生、市場主體、糧食能源安全、
產業鏈供應鏈穩定、基層運轉。此外，值
得注意的是，上海市台灣研究會會長嚴安
林教授（2020）擔心疫情的來臨讓兩岸關
係更加疏離；上海東亞所所長章念馳教授
（2020）則在台灣媒體撰文，呼籲兩岸停止
對抗和仇視，創造雙贏。另亦可參見黃光國
（2020）。

69 後來修正為31.7%，見：https://www.bea.gov/
news/2020/gross-domestic-product-2nd-quarter-
2020-second-estimate-corporate-profits-2nd-
quarter。

70 林文另指出，2020年8月3日《財新製造業》
報導：中國PMI達52.8%，創9年半新高；在
中國的美國商會2020年4月民調：83%公司無
意離開中國，只有9%計劃離開。亦可參見林
郁方（2020）。

71 見：https://www.chinatimes.com/opinion/
20200819005680-262104?chdtv。亦可參見林
郁方（2020）。

72 參見吳崇涵、翁履中、陳冠吾（2020）對美
國是否會出兵的看法。

73 對於避險政策相關研究，可參見Wu
（2016）。

第五章

1 見：https://www.un.org/development/desa/
dpad/wp-content/uploads/sites/45/WESS_2017_
ch2.pdf。

2 見：Lieber（2007）。川普於2016年當選總
統的支持者中，除了第一章所說不滿經濟
和薪資停滯以外，應當也有對於美國國際
地位產生危機感的人。另亦見：McEnany
（2018）。

3 澳大利亞、奧地利、比利時、加拿大、丹
麥、芬蘭、法國、德國、義大利、日本、荷
蘭、挪威、瑞典、瑞士、英國、美國。

4 用公式表示見附錄。

5 Glyn等（1992）提到黃金時代另外三個支柱
是（1）結合機械化及標準化的生產體系：
採用泰勒主義的工作組織原則（Taylorist
principles of work organization），以最有效
率的方式，將工作流程進行嚴謹標準化，包
括手工操作時間和執行所需時間，以此提高
生產力。（2）制度的干預與協調：比如實

質薪資的上升和生產力同步，不是天然產
生的，而是無數次勞方抗爭、勞資協商的結
果；政府總體政策方面也要配合，適時、適
度地調整財政與貨幣政策，以降低經濟波
動、促成充分就業；（3）國際秩序：包含
維持匯率的穩定、國際清算制度的建立、維
持貿易的暢通，以及對國際間資本移動的規
範。

6　見：Lear（2009）。

7　見：http://chm.pops.int/Convention/Pressrelease
　　/COP4Geneva8May2009/tabid/542/language/en-
　　US/Default.aspx。

8　見：Hansen（2003）。

9　Red Hill，是早先棉花產區，實際種植者大多
　　為黑人奴隸。

10　見：https://en.wikipedia.org/wiki/I_Have_a_
　　Dream#/media/File:IhaveadreamMarines.jpg。

11　見：Theoharis等（1999）。

12　見：Branch（2013）。

13　本書第一作者於1989-1990年在美國加州柏
　　克萊（Berkeley）市訪問時，住所即在「馬
　　丁・路德・金恩」路（Martin Luther King Jr.
　　Way）上。

14　見：https://www.latimes.com/local/crime/la-
　　me-1206-banks-black-stereotypes-20141206-
　　column.html及https://www.latimes.com/nation/
　　nationnow/la-na-nn-ferguson-darren-wilson-
　　20141130-story.html。

15　見：https://www.motherjones.com/politics/
　　2014/08/3-unarmed-black-african-american-men-
　　killed-police/。

16　見：https://www.washingtonpost.com/news/the-
　　watch/wp/2014/09/25/mass-shooting-hysteria-
　　and-the-death-of-john-crawford/。

17　見：https://www.nytimes.com/2015/07/30/
　　opinion/charles-blow-the-shooting-of-samuel-
　　dubose.html。

18　見：https://www.huffpost.com/entry/sandra-
　　bland-investigation-waller-county_n_56017d17e
　　4b08820d91a3900?svy4x6ι=。

19　見：https://www.huffpost.com/entry/allan-
　　corrales-george-diego-steven-washington-
　　shooting-lawsuit_n_6931408。

20　見：https://edition.cnn.com/2018/03/22/us/
　　sacramento-police-shooting/index.html。

21　見：https://www.washingtonpost.com/nation/
　　2020/05/11/family-seeks-answers-fatal-police-
　　shooting-louisville-woman-her-apartment/。

22　見：https://kstp.com/news/investigation-
　　minnesota-bca-fbi-man-in-medical-distress-
　　handcuffs-/5741256/。

23　見：https://udn.com/news/story/6809/
　　4810605。

24　見：《南華早報》網站2020年5月22日。

25　見：Hall and Hwang（2001）。

第六章

1　https://www.crf-usa.org/bill-of-rights-in-
　　action/bria-16-2-b-rockefeller-and-the-standard-
　　oil-monopoly.html。

2　見：Josephson（1962）。

3　見：Lamoreaux（1985）、Porter（1973）、
　　Temin（1964）、Trachtenberg（1982）、
　　Ward（1986）及Zunz（1990）。

4　見：https://www.gilderlehrman.org/history-
　　resources/spotlight-primary-source/grange-
　　movement-1875。

5　見：https://www.history.com/this-day-in-history/
　　oliver-kelley-organizes-the-grange。

6　見：https://www.history.com/this-day-in-history/
　　oliver-kelley-organizes-the-grange。

7　見：https://www.britannica.com/topic/Farmers-
　　Alliance。

8　農民聯盟組織過程中曾遭受到其他組織的
　　反對。如1890年冬天，堪薩斯州加登市
　　（Garden）成立一個名為「互助騎士團」
　　（Knights of Reciprocity）的團體，主要訴求
　　是反對農民聯盟運動。到1895年，互助騎士
　　團共招募125,000名會員，並在堪薩斯州、密
　　蘇里州、愛荷華州、阿肯色州、田納西州、
　　路易斯安那州、密西西比州、北卡羅來納
　　州、南卡羅萊納州和俄亥俄州設立辦事處。
　　其訴求方案，包括貿易互惠、保護美國工
　　業、為退伍軍人提供退休金、以及剝奪接受
　　賄賂或行賄者的投票權等。互助騎士團堅決
　　反對工會與農民聯盟的政治結盟，在1891年
　　的通函中談到：「雙造的結盟訴求之目的不
　　應是提名人選，而是要以服務及契合更多成
　　員需求為主，並瞭解反對者的論點。」其認
　　為農民聯盟的核心成員，在不同地區遊走及
　　遊說，真正目的不是為了人民的利益，而是
　　想要賺更多的錢，並得到政治上的聲望，故
　　人民應團結反對此一龐大聯盟。

9　見：Clanton（1991）、Durden, Robert
　　（1965）、Formisano（2008）及Goodwyn
　　（1978）。

10　見：Kazin（1995）。

11　見：https://wwnorton.com/college/history/
　　eamerica/media/ch22/resources/documents/
　　populist.htm。

12　見：Merriman（1996）。

13　見：Polanyi（1957）。

14 見：Thompson（1966）。

15 見：https://www.galbithink.org/child.htm。

16 見：http://www.victorianweb.org/history/workers2.html。

17 見：https://h2g2.com/edited_entry/A627662。

18 見：https://www.ck12.org/book/u.s.-history-sourcebook---basic/section/6.7/。

19 普爾曼公司員工多在公司經營的鄰近社區租房，租金從工資內扣除。

20 工人除要求加薪外，也要求縮短長達16小時的工時。

21 這是美國第一個「產業」而非「職業」工會。德布斯一直主張應當有產業公會。

22 見：https://www.britannica.com/event/Pullman-Strike。

23 西奧多．羅斯福常被稱為老羅斯福總統，以與富蘭克林．羅斯福區分，如前所述。但當時他其實是美國歷史上最年輕的總統。

24 媒體取的名字，來自以西部故事表演著稱的水牛比爾（Buffalo Bill）劇團所使用的節目名稱，代表西部牛仔的粗獷。

25 見：Samuels（1997）。

26 前者為紐約州共和黨領袖，後者為賓州共和黨的領袖，普拉特之友。

27 見：https://www.britannica.com/place/United-States/Theodore-Roosevelt-and-the-Progressive-movement。

28 老羅斯福的前三任總統哈里森、克里夫蘭和麥金利（Presidents Benjamin Harrison, Grover Cleveland, and William McKinley）總起來只對18家集團企業提起反托拉斯法的訴訟。被老羅斯福法辦的企業遍及肉類、油業、鐵路、石油和菸草等。

29 見：https://ehistory.osu.edu/exhibitions/1912/trusts/NorthernSecurities。

第七章

1 見：https://www.fdrlibrary.org/fdr-biography。

2 他也在此創設了協助小兒麻痺患者復健的基金會，並協助疫苗的研發。

3 參考自羅斯福紀念圖書館及博物館，見：https://www.fdrlibrary.org/polio。

4 見：Doris，王如欣（譯）（2020）。

5 見：https://www.britannica.com/place/United-States/The-United-States-from-1920-to-1945。

6 見：https://www.archives.gov/education/lessons/fdr-inaugural。

7 見：Eckes（1995），另見：https://www.piie.com/blogs/trade-and-investment-policy-watch/trumps-2019-protection-could-push-china-back-smoot-hawley；及https://www.history.com/news/trade-war-great-depression-trump-smoot-hawley。

8 見：https://en.wikipedia.org/wiki/Great_Depression#/media/File:Unemployed_men_queued_outside_a_depression_soup_kitchen_opened_in_Chicago_by_Al_Capone,_02-1931_-_NARA_-_541927.jpg。

9 Whitehouse總統實績介紹，見：https://www.whitehouse.gov/about-the-white-house/presidents/franklin-d-roosevelt/。

10 見：Hurt（2002）。

11 見：Trowbridge（2016）。

12 見：Phillips-Fein（2009）及Wolfskill（1962）。

13 見：https://www.sourcewatch.org/index.php/National_Association_of_Manufacturers。

14 見：Himmelberg（1993）。

15 此組織後來與著名的保守派金主Koch家族基金會建立密切關係，見：https://www.sourcewatch.org/index.php/Foundation_for_Economic_Education。

16 見：https://theconversation.com/the-john-birch-society-is-still-influencing-american-politics-60-years-after-its-founding-107925。

17 在CSIS的官網上沒有提到，但若干作者提到，見：Phillips-Fein（2009）。

18 見：https://web.archive.org/web/20090211203304/http://www.aei.org/about/contentID.20031212154735838/default.asp。

19 見：Evans（2008）。

20 此彈炸彈時會有無數多碎片飛出，可造成大量死傷。

21 查爾斯·瑞克（Charles A. Reich）所寫《綠化美國》的出版（1970），也有助於環保意識的抬頭。

22 見：https://web.archive.org/web/20120104052451/http://www.pbs.org/wnet/supremecourt/personality/sources_document13.html。

23 見：Mayer（2016）。

24 該時期其他的保守派智庫有「加圖研究所」（CATO Institute）與「曼哈頓智庫」（Manhattan Institute）等。

25 見：https://www.nytimes.com/1981/02/01/books/a-guide-to-capitalism.html。

26 見：https://www.nytimes.com/2005/08/31/business/jude-wanniski-69-journalist-who-coined-the-term-supplyside.html。但他自己說靈感來自別人，見：https://archive.is/20051222065150/http://www.adti.net/upi/wanniski.html。

27　見：Phillips-Fein（2009）。

28　*A Time for Truth*（1978）。

第八章

1　卡特在家鄉喬治亞州的馬拉納瑟浸信會
（Maranatha Baptist Church, Plains, George）
主日學中的談話，https://www.youtube.com/
watch?v=ISx6BOU6pcQ

2　見：Rodrik（2011）。

3　參見前世界銀行集團經濟學者Lysy
（2017）。

4　見：Baily and Bosworth（2014），https://pubs.
aeaweb.org/doi/pdf/10.1257/jep.28.1.3。

5　Edwards and Lawrence（2013）也發現貿易無
法解釋2000年之後美國製造業就業的減少。

6　美國對付日本的方法詳見朱雲鵬、歐宜佩
（2019）第四篇。

7　並非所有觀點都認同經濟問題是川普獲勝的
主因。如Mutz（2018）以特定族群地位受到
威脅的觀點，解讀2016年總統大選的結果。
根據Mutz說法，主要因素包括：美國白人在
多個領域的主導地位下降，非裔美國人的地
位不斷上升；以及美國的不安全感，擔憂美
國是否仍占據全球經濟超級強國地位。作者
談到：「整體來看，這是部分菁英團體對未
來不確定性的防禦行為所致」。

8　請參閱https://www.nbcnews.com/storyline/data-
points/nbc-news-exit-poll-trump-dominates-
among-working-class-whites-n681146。

9　請參閱美國人口普查局發布的文件
「Historical Poverty Tables: People and Families
- 1959 to 2018」，https://www.census.gov/
data/tables/time-series/demo/income-poverty/
historical-poverty-people.html#。

10　在2008-09年經濟大蕭條後，2010年出現有史
以來最高的貧窮率，為13.5%。

11　分析數據來自世界銀行的World Development
Indicators資料庫。

12　在美國，這是一個具爭議性的議題。由法
國學者Thomas Piketty領導的學派認為美國
貧富不均現象，從1970年代以來一直持續上
升，到2015年達到高峰，僅次於大蕭條之前
的1920年代末期的情況，一如第一章所述。
另Lindert和Williamson（2016：257）提到：
「即使採用共同的絕對消費標準，定義所有
國家的貧窮線，美國貧困人口比例遠高於多
數先進國家。」

13　吉尼係數（Gini coefficient）是測量所得分配
不均度的一種指標，所得完全平均時，其值
為零，而當所得全部集中於一人時，其值為
1。

14　平均家庭收入的吉尼係數資料獲取自美國
人口普查局的「Income, Poverty, and Health
Insurance Coverage in the United States: 2015」
資料表（表A-3）。

15　請參閱Zabal and Luria（2018）。

16　請參閱https://voxeu.org/article/american-
growth-and-inequality-1700。

17　見Lindert和Williamson（2016）第五章。

18　澳大利亞、文萊、加拿大、日本、馬來西
亞、墨西哥、紐西蘭、秘魯、新加坡、越南
和美國之間研擬的自由貿易協定。川普宣布
美國在2017年1月之後退出。其餘國家又持
續談判一項新的貿易協定，稱為《跨太平洋
夥伴關係全面進步協議》（CPTPP），其
中納入TPP大部分的規定，並於2018年底生
效。

19　請參閱https://www.savingforcollege.com/
529-plans/pennsylvania，和https://files.
constantcontact.com/3e3d36fe201/93c99e3f-
a1c9-471f-adfe-b3edecec148c.pdf。

20　請參閱https://www.savingforcollege.com/
529-plans/pennsylvania，和https://files.
constantcontact.com/3e3d36fe201/93c99e3f-
a1c9-471f-adfe-b3edecec148c.pdf。

21　請參閱https://www.patreasury.gov/newsroom/
archive/2019/12-10-Keystone-Scholars-Doubles.
html。

22　甚至美國的公立大學的學費也越來越貴，影
響低收入家庭的子女接受高等教育的機會，
請參考Huelsman（2018）。

23　見：https://www.keystoneresearch.org/sites/
default/files/KRC_PAPromise.pdf。

24　適用於外州企業在賓州開採非再生資源。

25　Mishel（2015）提醒需要注意以下情況，生
活在混亂且經常不安全的環境中，即使孩童
有天賦，也很難在學校表現良好。可能的情
況包括：因住房不足而經常更換學校、寫家
庭作業時很少獲得協助、成功榜樣很少、經
常接觸鉛和石綿（影響健康），以及視力、
耳朵、牙齒或其他健康問題等。見：https://
prospect.org/power/opportunity-dodge/. 另請參
閱Mujic（2019）and Giridharadas（2018）。

26　見國Hanauer（2019）。

27　參見：Chu（2006）。

28　請參閱https://www.americanprogress.org/issues/
poverty/news/2019/04/19/468918/5-reasons-
strengthening-eitc-ctc-kind-tax-reform-america-
needs/。

29　請參閱https://www.keystoneresearch.org/
sites/default/files/FOW_EXEC_SUMMARY_
UPDATED.pdf。

30 請參閱http://www.wisconsinbudgetproject.org/pulling-apart-2015-focus-on-wisconsins-1。

31 根據Saltsma（2013）研究指出，以紐約州為例，一個單親家庭且需要撫養兩名子女，若每個月只有最低工資收入，其可能的年薪為15,080美元，而在EITC計畫的資助後，其年薪可提高到21,886美元，每小時的實質工資為10.52美元。請參閱http://epionline.org/oped/the-9-minimum-wage-that-already-exists/。

32 請參閱Robbins and Vallas（2019）。

33 請參閱Sommeiller and Price（2018）。

34 請參閱TPC Staff（2017）。

35 作者認為在新鍍金時代，最高所得族群的快速擴張初期是來自於高階主管的勞動收入提高，但在2000年後，擴張力主要來自於資產投資創造的資本收入增加（Piketty, Saez, and Zucman, 2018）。他們談到：「集體化談判的力量相當小，是從1928年以來從未出現過的現象（Freeman 1997; Bivens et al. 2014）……聯邦最低工資購買的商品和服務比1968年還少（Mishel and Schieder 2017）……同時，高階主管的薪酬已從1965年普通工人的20倍增加到2016年的271倍（Mishel and Schieder 2017）」。加上現階段的遺產稅率很低，這樣貧富不均的現象恐延續到下一代（Corak, 2012）。

36 請參閱https://www.cbpp.org/research/state-budget-and-tax/its-time-for-states-to-invest-in-infrastructure。

37 請參閱https://www.whitehouse.gov/briefings-statements/building-stronger-america-president-donald-j-trumps-american-infrastructure-initiative/。

38 此外，Kane和Tomer（2019）指出以下幾點：（1）從2007年到2017年，基礎設施公共支出總額實際減少99億美元；2007年為4,504億美元，到2017年為4,405億美元（2017年美元計價）。（2）在同一時期，維護費用的實際支出增加9.5%。（3）州及地區政府長期處於主導地位，包含擁有超過90%的所有非國防公共基礎設施資產，儘管實際支出從2007年的3,493億美元下降到2017年的3,421億美元，但仍占州政府的77.7%公共基礎設施支出。（4）從2007年以來，美國在交通基礎設施的經費減少42億美元（約達1.4%），但在2012-17年度有部分的回升。（5）在水利基礎設施的經費急遽下降，自2007年以來減少56億美元（約3.8%），主要是資本支出急遽下降。請參閱https://www.brookings.edu/research/shifting-into-an-era-of-repair-us-infrastructure-spending-trends/。

39 請參閱Leibenluft（2018）。

40 通常稱為1940-1970年代的第二次大遷移。第一次發生在1916-1940年。見：Lemann（1991）。

41 通常稱為大移民（New Great Migration），請見：Frey（2004）。

42 也有一些非裔美國人從加州等地區搬回南部州，這些人在加州有較好的收入，對生活品質要求也相對較高，同時也具備高科技技能，因此當其遷移為南部州時，更能找到差不多的薪水與工作，將有助於進一步縮短美國內部的地區差距。這是南部州改善在地基礎設施可能附帶的另一個好處，亦即可能帶動更多此類的新移民回流。

43 請見：Hartley（2015）。

44 Hartley談到著名法國演員Gerard Depardieu移民成為俄羅斯公民，主要是因為所得稅考量。

45 瑞典也有類似經驗，Seim（2017）發現瑞典於2007年廢除的財產稅，在實行期間，也造成大量逃稅和資本外流。

46 請參閱https://www.youtube.com/watch?v=ISx6BOU6pcQ。

47 見：https://en.wikipedia.org/wiki/Strategic_Arms_Limitation_Talks#/media/File:Carter_Brezhnev_sign_SALT_II.jpg。

48 見：https://www.youtube.com/watch?v=8yghOc-lMIM。

49 見：https://www.eastasiaforum.org/2014/06/13/why-china-doesnt-want-to-be-number-one/。

50 原演說是說「學習」，我們加上「主義」二字。

51 見：https://zh.wikipedia.org/wiki/%E4%B8%AD%E5%9B%BD%E5%B1%85%E6%B0%91%E4%BE%9B%E5%BA%94%E7%A5%A8%E8%AF%81#/media/File:HuoQuan_1962_China.jpg。

52 鄉鎮企業主要位於農村。在較都市化的城鎮地區，國有和集體單位的從業人數占全體從業人員的比重，從1978年的99.8%下降到2001年的37.3%。

53 參見：Fishkin（2011）。

54 參見：朱雲鵬等（2017）。

55 參見：朱雲鵬等（2017）。

56 這裡必須注意的是，焦作模式主要為接受由政府主動公布的預算訊息。市民可通過官方平台，查閱詳細政府的財經信息（包括差旅費開支等）。但民眾對於預算的影響與對預算編列的意見表達仍有限制，較無法展現市民意見。焦作模式是一個自上而下的單一訊

息交流模式，請見(Yan and Ge, 2016:226)。此外，焦作模式獲得訊息也較為被動，請參見劉冬舒（2014）。

57　澤國與新河兩鎮模式後來推廣到其他六個鎮；包括溫嶺、新河、濱海、大溪、松門和箬橫。2010年後，審議式民主已推廣到溫嶺市全市，請見張學明（2018）；上海市閔行區古美街道首次把「協商民調」放入古龍小區的修繕工程當中，請見韓福國等（2015）。

58　見朱雲鵬（2017）及http://english.hani.co.kr/arti/english_edition/e_national/815445.html。

第九章

1　湯恩比著《歷史研究》中文版（2009）（原著：上卷，1946；下卷，Somervell等編，1957；中文版，郭小凌等翻譯），頁975及988。但我們把response的翻譯由該中文版的「應戰」，改翻為「應變」。

2　有關「公共財」的詳細解釋，請看本章附錄。

3　彼得‧聖吉說他的「系統思考」模式承師於麻省理工學院佛睿恩特（Jay Forrester）教授所發展的「系統動力學」（system dynamics）；有關此模式在台灣環境問題的研究，可參閱蕭新煌等（2003）。

4　所謂5大修煉，包括：自我超越、改善心智模式、建立共同願景、團隊學習、系統思考；最後一個就是第五項修煉，也就是建立系統思考能力，讓企業能夠從片段事件中推敲整體性故事，掌握結構層次，從而因應外在環境的變化，重新設計企業運作方式，提高企業組織的競爭力。見：Senge, 1990及2006。

5　例如見：Robert Barro and Xavier Sala-i-Martin（1998）；在其模型中，尚考慮了用政治自由指標所衡量的民主程度，故也涉及以上第二面向。Barro（1994）的發現是，民主程度從最低到中等時，有助於成長，但過了中等以後，反而有負面效果。其他不少學者也做過民主程度或政體體制對經濟成長表現的影響，大多數沒有定論；可參見：Przeworski（2004）、Almeida and Ferreira（2002）及Przeworski（2000）。

6　見朱雲鵬（2010：46-48）《關鍵處方》。土耳其跨越歐亞兩洲，為了簡化，未予納入；讀者可參考原著。

7　絕大多數經濟成長理論裡面，或實證研究裡面，都沒有人名，也沒有各時期所頒布政策或法令的名稱及內容，當然就錯失了經濟成長分析的重要關鍵。在許多情況，成功的應

變將導致短期的痛苦。這對於很多領導人構成重大壓力；所以改革不容易，領導者需有擔當、勇氣與毅力；可見許嘉棟（2017）。

8　在被殖民之前，「印度」指印度次大陸上所有王國生產的加總。

9　Chang（2002）認為內戰的基本原因是經濟而非奴隸政策。

10　見朱雲鵬、歐宜佩（2019：100）。

11　為了簡化，鍍金時期之前的挑戰和應變不在討論範圍內。很顯然地，獨立戰爭、實施憲法、早期工業化等，應當都屬於成功應變的一部分。北方在南北戰爭中獲勝，美國保持統一，也應算是成功應變內部分裂的一環。

12　見：Tyonbee（1946），第三章。

13　但可參見許倬雲，2020，《許倬雲說美國》，其中有關疏離感的部分。

14　朱雲鵬、歐宜佩（2019：73）曾引述美國評論家David Rothkopf的話：「美國一直在不屈不撓地尋找敵人……美國似乎從內心深處需要敵人……政客們喜歡敵人，因為敲打敵人有助於煽起公眾的情緒，將他們的注意力從國內問題上轉移開；國防工業喜歡敵人，因為這能幫助他們賺錢；學者喜歡敵人，因為敵人讓他們的出版物暢銷。」

15　據卡特總統自己的敘述（2019），川普總統和他通電話時，表示對中國成長迅速憂心，恐怕會對美國形成威脅。卡特反過來分析給川普聽：過去這幾十年來，中國成長迅速是因為沒有捲入戰爭，而美國則幾乎年年都在打仗；「美國立國以來242年中」，他說，「只有16年沒有打仗。」見：https://www.newsweek.com/donald-trump-jimmy-carter-china-war-infrastructure-economy-trade-war-church-1396086。

16　參見Olson（1971）。

歷史與現場292

美國夢的破碎與重建：從總統大選看新冷戰與國家學習能力

作　者——朱雲鵬、吳崇涵、歐宜佩
主　編——李筱婷
企　畫——王聖惠
封面設計——江儀玲

董事長——趙政岷
出版者——時報文化出版企業股份有限公司
　　　　　108019台北市和平西路三段二四〇號七樓
　　　　　發行專線——（〇二）二三〇六六八四二
　　　　　讀者服務專線——〇八〇〇二三一七〇五
　　　　　　　　　　　　（〇二）二三〇四七一〇三
　　　　　讀者服務傳真——（〇二）二三〇四六八五八
　　　　　郵撥——一九三四四七二四時報文化出版公司
　　　　　信箱——一〇八九九臺北華江橋郵局第九九信箱
時報悅讀網——http://www.readingtimes.com.tw
時報出版愛讀者——http://www.facebook.com/readingtimes.fans
法律顧問——理律法律事務所　陳長文律師、李念祖律師
印　刷——勁達印刷有限公司
初版一刷——二〇二〇年十月八日
定價——新台幣三六〇元
（缺頁或破損的書，請寄回更換）

版權所有　翻印必究

時報文化出版公司成立於一九七五年，
並於一九九九年股票上櫃公開發行，於二〇〇八年脫離中時集團非屬旺中，
以「尊重智慧與創意的文化事業」為信念。

美國夢的破碎與重建：從總統大選看新冷戰與國家學
習能力 / 朱雲鵬, 吳崇涵, 歐宜佩著. -- 初版. -- 臺北
市 : 時報文化, 2020.10
336面 ; 14.8×21公分
ISBN 978-957-13-8399-6(平裝)

1.美國政府　2.政治制度　3.國家發展

574.52　　　　　　　　　　　　　　　109014851

ISBN 978-957-13-8399-6
Printed in Taiwan